New Economics Series

清野一治
Kiyono Kazuharu

シリーズ
新エコノミクス
ミクロ経済学入門

日本評論社

はじめに

　本書は、ミクロ経済学を初めて学ぶ方々のための入門書です。世の中にはすでに数多くの入門書が出版されているにもかかわらず、入門書を書く決心をしたのにはそれなりの理由があります。

　第1に、すでに出版されているものは、内容が豊富すぎて、講義しきれません。教科書をやり残すのは、レストランで意を決して大枚を払ったコースを食べ残すようでとてももったいないと思いますが、既存の教科書を使っている限り「もったいない」という気持ちを常に引きずらざるをえません。とくに本書のような入門レベルの話は実質的に半年間で講義しなければならず、「もったいなさ」はいっそう強まります。

　入門レベルの後には中級レベルのミクロ経済学が配置されていることが多いことをふまえると、消費者行動における無差別曲線分析、生産者行動における生産関数や費用関数などは入門レベルでは学生にも、そして教員にも荷が重すぎるだけでなく、それらを学んだからといって現実の経済についての理解はさほど深まったとは実感できません。むしろ需要・供給分析、余剰分析に焦点を絞ってまず学び、その多様な応用範囲を感じ取ってもらうほうが、経済学の有用性をアピールすることになるのではないでしょうか。

　第2に、微分法などの数学的手法を多用した教科書は、文系の学生諸君には難しすぎ、とても使えたものではありません。経済学を本格的に勉強するためには数学が必要となることはわかっていても、まだ入学したての学生諸君に対して、数学と経済学の両方を同時に、しかも相互の連関をふまえながら理解してもらうのはとうてい無理です。それを希望するのは、教師の側の怠慢ではないかと反省せざるをえません。数学は同時並行で学んでもらうとして、入門コースでは、経済学の基本的な考え方を身につけながら、そこに潜む数学的考え方に慣れ親しむ程度にとどめておくのが望ましいのではないでしょうか。

　第3に、必ずしも経済学を専門としない文系学生（とくに法学・政治学・社会学等を専攻している方々）や経済学を改めて勉強したいと考える社会人とい

った潜在的読者に優しいものが少ないといえます。著者が所属する早稲田大学政治経済学部・国際政治経済学科では政治学も経済学も必修ですが、卒業までに政治学と経済学のいずれをより専門的に勉強するかは学生諸君次第です。しかし、政治行動や政治制度を理解するためにも経済行動や経済制度についての理解が不可欠だという理念のもとに、入門レベルの経済学が必修とされているのです。こうした学生諸君に対しても、経済的考え方を知ってもらえるような教科書を探しても、ぴったりニーズにあったものを見つけることはできませんでした。

こうした理由から、とくに次のような点に注意しながら本書を書き上げました。

> １．90分１コマ週１回のミクロ経済学の講義を半年間行うことを前提に、講義でカバーできるように内容および手法を厳選した。
> ２．微分法などの高度な数学は使わない（ただし図やグラフを読める程度の数学的知識は前提）。
> ３．必ずしも本格的にミクロ経済学を学ばない文系学生諸君や改めて経済学を勉強したい社会人の人たちにもわかりやすい記述につとめた。

各章に付けられた練習問題は、前提とする知識は入門レベルであるものの、非常に手強いものが少なくありません。その分解説は丁寧にしました。「経済学は使える」、「経済学を手にすれば、考え方が広がる」、そうした実感を皆さんに持ってもらえるようなものをと願い、そろえたものです。より上級レベルを学ぶためのきっかけになってくれたらとも期待しています。

市場の失敗については、あまり踏み込んだ議論をすることはあえて避けて、後続の経済政策、公共経済学や財政学等を講義する諸先生にお任せすることにしました。そうしないとこうした科目の試験で出す問題がなくなりますから（笑）。

とはいえ、少しばかりは欲ばって盛り込んだ項目もあります。それらには（＊）を付けておきました。入門レベルとしては必ずしも必要ではありませんが、「知っているとお得」でしょう。

はじめに

　著者が経済学を教え始めたのは、大学院生の頃からで、すでに20年ほどたっています。その20年間の経験が本書でどこまで活かされているかについては、読者の判断にお任せします。

　なお、10年以上前に日本評論社が発行する『経済セミナー』で「入門・ミクロ経済学」という連載を1年間行いました。本当はそのときの原稿を元にしてすぐに教科書にまとめる計画でしたが、当時においてさえ原稿をそのまま教科書にすることは不本意だったので、教科書化はのびのびになってしまいました。当時の連載を覚えている読者がおられたら気がつくでしょうが、それがかろうじて引き継がれているのは第1章だけです。

　最後になりますが、この場を借りて、著者の筆がこのように遅いにもかかわらず、辛抱強く温かく見守ってくださった日本評論社の鵯田祐一氏と武藤誠氏、そして当時の連載と本書の発刊に当たり、執筆者へのご指名と原稿に貴重なコメントをくださった横浜国立大学・倉澤資成先生に深く感謝いたします。

2006年1月
　　　　「父は、いつも数式ばかりいじっているわけではない！」と唱えつつ、

清野一治

ミクロ経済学
入門

目次

はじめに　…i

第1章　経済学とは何だろうか　　1

1.1　経済と経済活動　…1
1.2　経済問題の背景——希少性と選択　…3
1.3　政治経済制度と市場経済　…8
1.4　市場経済の概観　…13
　本章の要点　…21
　練習問題　…23

第2章　市場競争　　27

2.1　さまざまな局面での競争　…27
2.2　市場競争　…31
2.3　市場分析の出発点としての完全競争　…39
　本章の要点　…41
　練習問題　…42

第3章　競争市場と需給の法則　　45

3.1　需要の法則と需要曲線　…46
3.2　供給の法則と供給曲線　…53
3.3　完全競争市場均衡　…56
　本章の要点　…61
　練習問題　…62

第4章　需給変化と比較静学　　65

4.1　需要の大小と増減　…65
4.2　供給の大小と増減　…70
4.3　需給の感応度　…72
4.4*変化率の公式　…80
　本章の要点　…86
　練習問題　…88

目　次

第5章　消費者余剰と交換の利益　93

5.1　消費活動からの利益　…94
5.2　満足最大化と合理的消費決定　…100
5.3　消費者余剰分析の応用　…103
5.4　たかだか1つしか需要しない財　…108
　本章の要点　…110
　練習問題　…111

第6章　生産者余剰と生産の効率性　115

6.1　生産・販売からの利益　…115
6.2　利潤最大化と合理的生産決定　…121
6.3　生産割当と企業間の闇取引　…123
6.4　要素需要曲線と生産者余剰　…127
　本章の要点　…130
　練習問題　…131

第7章　競争市場均衡と効率性　135

7.1　完全競争市場均衡の効率性　…135
7.2　モノ・ヒト・カネの自由な移動と取引　…142
　本章の要点　…151
　練習問題　…152

第8章　市場介入の経済効果　157

8.1　市場介入目的と手段　…157
8.2　物品税の経済効果　…164
8.3　物品税分析の応用　…175
8.4　価格規制　…180
　本章の要点　…183
　練習問題　…185
補論*　公共財の最適供給　…190

第9章 価格支配力と不完全競争　195

9.1 価格支配力の経済学 …*196*
9.2 価格支配力と最適化原理 …*200*
9.3 価格支配力への対応 …*212*
　本章の要点 …*216*
　練習問題 …*218*
補論　平均値と限界値の相互関係 …*229*

中級への道 …*235*
　練習問題解答例 …*237*
索引 …*257*

第1章

経済学とは何だろうか

数学や物理、文学や政治なら、大学に入学する前からどんな学問か、何となく予想ができそうです。結局、そうした予想は当たらないことが多いのですが、（大学受験科目として政治経済を選んだ人を除けば）予想をたてようもない学問の1つが経済学だと思います。学び初めの段階でいろいろご託を並べても、結局は忘れてしまうだろうから学習を進めていく中で自ら経済学についてのイメージを構築せよ！　というのが、教壇に立つ側のおおかたの方針のようにも思えます。とはいっても、これから勉強する学問について、それなりのイメージを持たなければ、いっそうの勉強に対する意欲やそもそも経済学についての興味関心がわきません。ですから、本章では著者流の経済学についてのイメージについてお話ししておきましょう。

1.1 経済と経済活動

「経済学」（economics）とは経済についての研究といっても間違いではありませんが、これでは何ら答えになりません。加えて、そもそも「名は体を表す」とも限りません。けれども全く誤りという訳でもありませんので、まずは経済とは何かについて説明しましょう。

「経済」(economy)の語源

「経済」という言葉は、もともと世の中を治め、人民を救うことを意味する「経世済民」(もしくは「経国済民」)という中国語に由来します。[*1] しかしながら、他の多くの学問と同じように経済学も欧米で生まれ育ち、日本には明治の頃に輸入されました。[*2] 本来の呼び名は economics ですが、それを経済学と翻訳を当てたのは当時の日本人です。

英語の 'economy' の語源は、古典ギリシャ語の oikonomia(家政術)に遡ることができるそうです。ここで oiko は家、nomia は法や慣習、規制を意味します。つまり、家庭で営まれる衣食住にかかわる集団活動をどのように行っていけばよいかが問題にされていたわけです。

しかしちょっと視野を広くとればわかるように、同じような問題は、家族を超えて、地域社会、一国全体、そして各国を取り巻く国際社会でも重要です。時代を超えてどんな社会でも衣食住の問題は、そこに暮らす人々はもちろん、いわゆる社会の統治者の人にとっても頭を悩ます問題です。社会のどこかには飢えや寒さで今にも死にそうな人たちがいる一方で、電力をふんだんに使ったエアコンの効いた部屋で余った食事を捨てている人たちもいます。

飢えや寒さで瀕死の人たちを救うためには、もっと多くの食料、衣料、住居を作ってあげてもいいのでしょうが、たとえば農業に適した土地は一国内はもちろん世界全体でも限られています。贅沢な暮らしをしている人たちから瀕死の人たちへと衣食住が分け与えられれば、もっと社会全体の暮らし向きがよくなるのではないでしょうか。そして、もしこうした状況を放置すれば、社会全体で不遇な人たちの不満が募って、しまいには一揆や暴動などが起こり、社会全体の治安も乱されてしまいます。

ある意味では、経済学は、こうしたさまざまな社会の問題について、そこに暮らす人々ができるだけ不満を持たず、安心して相互信頼のもとに暮らしていける術を提供する学問といえます。

[*1] 「経済」という用語が現れるもっとも古い例は、東晋の葛洪による『抱朴子』(ほうぼくし)とされています。
[*2] 現在、中国でも「経済」という用語が用いられていますが、これは日本から輸入された訳語の1つです。

1.2 経済問題の背景——希少性と選択

前節で述べたような家族・地域・国・世界といったさまざまな共同社会が抱える問題はなぜ生まれるのでしょうか。また、それらはどうして問題なのでしょうか。どの人も何の労苦もかけずに食べたいときに食べたいだけ食べることができ、望み通りの楽しいときを快適な環境で過ごすことができれば、先のような問題は起こりません。つまり、私たちが満足しきれるほどにはモノも時間もないのです。

1.2.1 資源と希少性

経済学では、私たちの満足を充足し高める手段を広く一般に資源（resources）と呼んでいます。とくに自然の恵みや人が手間暇をかけて新たに生み出せる資源は財（goods）と呼ばれます。そうした財の中でも、パンや肉、自動車など直接手に触れることができる有形の財は財貨（commodities）と呼びます。音楽や教育、観光旅行も私たちの満足を高めますから財になりますが、財貨とは異なり、手に触れることのできない無形の財です。これらはとくにサービス（services）と呼ばれています。[*3]

さまざまな財は、鉱物資源や肥沃な土地がどれくらいあるかといった地理的条件や天候に左右されるいわゆる天然資源、人による労力（つまり労働）、鋤・鍬やトラクターなどの機械設備や工場といった実物資本、そして人々が持つ知恵（つまり技術知識）といった資源を用いて初めて生産されます。[*4] 利用できる資源は有限ですから、どの財の生産量にも限りがあります。しかし、私たち個人はもちろん社会全体で見ても満たしたい欲求には限りがありません。以前より暮らし向きがよくなっても、すぐ後にはもっといい暮らしをしたいと

[*3] 以前は用役という呼び名も用いられていました。
[*4] 日常「資本」という用語は資金という意味で使われていますが、本文中の説明にもあるように経済学では機械設備等の生産された生産手段、実物資本を指すことの方が多いことに注意してください。

願うのが常です。

このように充足したい欲求・満足に比べて利用可能な資源の量が限られているとき、資源は希少（scarce）だといいます。希少な資源は無駄なくできるだけ有効に使わなくてはなりません。すなわち、資源の利用方法にはさまざまなものが考えられますが、そうした代替的な選択肢の中からどれを選べばよいか、具体的にはどの用途にどれだけの資源を使えばいいのかを慎重に考えなくてはなりません。実は、人や社会によるこうした選択（choice）の原理や行動について考察・研究するのが経済学なのです。[*5]

1.2.2 選択と機会費用

希少な資源をできるだけ無駄なく有効に使う上で大事なのは、どんな選択にも費用がかかるということです。ただし費用といっても必ずしも金銭で大きさを表せるものとは限りません。もし金銭で表せるものだけが費用だとすれば、ロビンソン・クルーソーのようにお金のない無人島で暮らす人には費用なんて全く無縁のものになります。でも、ロビンソン・クルーソーだって選択の問題は避けて通れません。

機会費用

難破船から降り立ったクルーソーは、限られた食料、銃と火薬などを使って、身の安全を守りながら家を作り、さらなる食料を得るために島を探索し、畑を耕す一方で、海の向こうにいつ自分を助けてくれる船が通るかもしれないと見張ることも忘れてはなりません。何もせずに残り少ない食料をただ食べて時間を過ごしてしまえば、助かる可能性はなくなってしまうでしょう。

狩猟、食料採取、家作り、見張りなど、希少な時間を適切に割り当て、手元の食料、火薬などの使い方に十分思慮を巡らさなければなりません。家作りばかりしていれば食料が尽きます。食料採取ばかりをしていれば、夜の闇間に襲

[*5] 経済学についてのこうした理解は、Lionel Robins, *An Essay on the Nature and Significance of Economic Science*, 1932（邦訳、ライオネル・チャールズ・ロビンズ著『経済学の本質と意義』辻六兵衛訳、東洋経済新報社）に基づいています。ただし邦訳は絶版のようです。

ってくるかもしれない獣から身を守る柵で守られた家を作ることもできません。無人島に漂流した翌朝起きたとき、島の探索をするか否かを決めるためには、探索をしなければできた食料採取、ベッド作り、柵作りなど、それぞれを代わりに行ったら見込めた利益を頭の中で比べなくてはなりません。探索をしたら犠牲にされるそうした利益の中でも最大の利益こそが、探索をすべきか否かを決定する上でもっとも重要です。このようにして犠牲にされる行為・選択の実行機会による利益の中でももっとも大きな利益、つまり最大逸失利益は、経済学では機会費用（opportunity cost）と呼ばれ、選択問題を分析する上で中心的な役割を果たします。

■「ただほど高いものはない」

「ただほど高いものはない」なんていわれることがありますが、この名言（？）は機会費用の重要性を物語っています。大学に合格すると、合格発表の日から一月くらいの間、諸先輩たちの活発なサークル勧誘攻撃の毎日が続きます。そして1つのサークルの手に落ちると、新歓コンパが待っています。先輩たちから「新入生はコンパにご招待！」なんていわれて儲かったと思いノコノコついて行ってはいけません。先ほどの格言ではありませんが、経済学の格言には「ただのランチはない」("There is no free lunch.") というのがあります。

会費はただでもコンパに行けば、今日買ったお気に入りのアーティストによる新作CDを家でゆっくり聞くことはできません。高校時代の友人や最近つきあい始めたばかりの恋人とも会えません。バイトで疲れた身を休ませるためにゆっくり眠ることもできません。何かの選択をすれば必ず犠牲にされる機会があります。このような意味で希少な資源の使い方が問題となる場合に、機会費用という経済的費用が全くかからない選択は決してありません。もし機会費用がかからない選択があるとすれば、選択に先立ってすでに資源の使い方に無駄があるからです。[*6]

[*6] この点については練習問題でもう少し詳しく取り上げることにしましょう。

1.2.3 経済問題

無人島の世界から再び多くの人々から成り立つ社会に戻りましょう。その上で、すでに説明した社会が直面する問題を選択という観点から考えると、次のように整理できます。

1　どの財をどれだけ生産・消費すべきか
2　どのように生産・消費すべきか
3　誰のために生産・消費すべきか
4　こうした決定をどのような手続きに従って行えばよいか

資源配分の効率性

第1と第2の問題は、さまざまな財を生産し、消費する場合の方法にかかわっています。一着の服を作る場合でも、どのような素材を使って、どれだけの人手やどんな機械設備を使えばいいのでしょうか。一方でパンも家屋も作らなくては衣食住は満たされません。パンや家屋の生産に人手をとられれば、服の生産に携われる人手はなくなります。機械で人手不足を補えばいいのでしょうか。でも、機械だってパンや家屋の生産に必要でしょう。つまり、どんな財の生産・消費量を増やそうとしても必ず、何か別の財の生産・消費量を犠牲にしなければなりません。したがって、こうした機会費用として失われる他財の生産・消費量をできるだけ少なくするように、労働や資本を無駄なく、服、パン、家屋の生産に振り分ける、つまり配分していかなくてはなりません。

また、たとえば食事をとる場合でも、料理の仕方次第では出てくるゴミの量は違ってきます。ゴミが増えれば環境が悪化（つまり環境という資源を無駄に消費）します。どういう食材を使ってどのように調理すれば、同じ食事をとるのでも機会費用としての環境悪化を抑えられるか、つまり無駄のない消費の方法が問題になります。

以上のような意味で第1、第2の問題では、希少な資源をさまざまな用途にどのように配分していけば無駄がないか、つまり効率的かが問われています。もう少し別の観点から見れば、得られる成果・利益が同じならばできるだけ費

用の少ない選択、負担しなければいけない費用が同じならできるだけ多くの成果・利益をもたらす選択をする、つまり最小費用・最大成果をもたらすという意味で効率的な選択が大事なのです。このような意味で、第1、第2の問題は<u>資源配分の効率性</u>の問題と呼ばれます。

分配の公平性

第3の問題は、生産や消費といった経済活動は誰のために行われるかという問題です。生産活動に着目すれば、1年の収穫物を社会構成員の間でどのように分ければいいか、つまり<u>分配</u>の問題と言い換えることができます。また、喫煙やゴミの不法投棄のように個人の消費活動が他の個人に損害を与える場合もあります。逆に、教育などのように個人が得た知識は日常の親交を通じて隣人に新たな知識となって伝播し、恩恵を生むこともあります。

このような理由で生産の直接的な成果の分配に限らず、生産に加えて消費活動が社会構成員に及ぼす利益・損失の程度が、特定の個人や集団に偏れば社会全体で不平・不満が募ります。社会の安定を脅かすこうした不満を避けるためには、広く経済活動の成果からの利益の分配が何らかの意味で<u>公平</u>である必要があります。その意味で、第3の問題は<u>分配の公平性</u>の問題と呼ばれています[*7]。

制度設計

第4の問題は、第1、第2の資源配分にかかわる選択と第3の分配にかかわ

[*7] 経済学を学び始めたときに「配分」と「分配」という用語の使い分けがわかりづらいと思う方が多いと思います。通常は、どの企業がどれだけの生産要素を用いて何をどれだけ生産するか、そして各消費者がどんな財をどれだけ消費するかを書き連ねたリスト（つまり組み合わせ）のことを「配分」といいます。「分配」という用語は、とくに消費者間の配分（消費配分）を、社会全体で生産された成果を各個人間に分けた結果とみなすときに用いられます。この場合には、生産成果の分かち合い方が社会全体として公平であるか否かといった評価の対象とされます。これに対して配分という言葉を用いるときには、公平とか公正という評価は下されません。それが効率的か否かという判断しか問題になりません。

　（通常は、少なくとも経済学の入門レベルでは）効率的な配分とはいいますが、公平な配分とはあまりいいません。また公平な分配とはいいますが、効率的分配という表現は使いません。

る選択についての決定をどのような手続きを経て行うかという問題です。

たとえば家族という共同体でも、一家全体で稼いだ所得をどのように使うかを父親がすべて独裁的に決める場合もあれば、夏休みやゴールデン・ウィーク中の家族旅行先を家族全体の話し合いで決める場合もあったりさまざまです。企業の場合も、社長のワンマン経営や事業部ごとに大幅な裁量を認める経営方法もあります。さらに、一国全体でも同じように選択問題の解決手続きは国の数だけ違います。こうしたいわゆる集団的意思決定（collective decision-making）の手続きが多様となるのは、単に集団社会を支える宗教・文化・歴史的背景が異なるというだけではなく、集団全体としてとりうるさまざまな選択肢について集団に属する人々の評価順位が異なるという事情も少なからずかかわっています。

このように集団・共同体社会が行う配分と分配についての選択決定は、社会がどのような意思決定の制度もしくは組織を採用するかに大きく依存しています。この意味で、第4の問題は制度設計の問題といえます。

1.3　政治経済制度と市場経済

集団であれ、国家であれ、さらには国家の集合体としての連邦であれ、配分と分配についての決定制度は、①集権的意思決定制度（centralized decision-making system）と②分権的意思決定制度（decentralized decision-making system）に大別できます。

1.3.1　集権的制度と分権的制度

集権的意思決定制度とは、特定の個人または集団が社会全体の配分と分配にかかわるすべての決定を集中して行う制度です。極端な場合、誰がどのような職業に就き、どの企業が何をどれくらい生産し、誰がどんな財を消費するかは、すべて中央の意思決定機関から指示・統制されます。旧ソ連・東欧や以前の中国などいわゆる計画経済と呼ばれる経済体制が、その代表です。これらの

国々の特徴は、土地をはじめ資源について個人が所有し自由に処分する権利、つまり私的所有権（private property rights）が認められず、配分・分配決定を行う国による所有、つまり社会全体による所有しか認められないところにあります。この点を踏まえて、こうした経済は社会主義経済とも呼ばれます。

　これに対して分権的意思決定制度は、配分・分配についての決定はすべて個々の社会構成員の意思決定に委ねられる制度です。日本をはじめ欧米の先進国では、マッチ1本から高層ビルの建設までその生産も消費もいわゆる私企業や個人の決定に任されています。人々は対価を払って自分が欲しいものを取得し消費できますし、企業は多くの人たちの人気が集まりそうな財を新たに開発・生産して利潤を得ています。これらの財の買い手と売り手が出会う場を市場（market）と呼びます。[*8] 配分と分配についての決定は、市場取引を介して自ずと下されることになりますから、こうした制度は市場経済と呼ばれています。市場経済での売買取引は、対象となる財についてある個人が持つ所有と処分に関する権利を他の個人へ有償で譲渡することにほかなりません。その意味で資源についての私的所有権が認められる社会です。私的所有が認められ、取引等を通じて個人が所有する資源を自由に処分できることに着目して、市場経済は自由主義経済と呼ばれることもあります。

1.3.2　政治経済制度

　旧ソ連・東欧や中国を見ればわかるように、集権的意思決定制度を採用する社会主義経済では、通常、政治的決定も一党独裁が採用されています。経済問題についての決定方針がころころと変更されては安定した社会の発展は見込めませんから、それを避けるための政治的対応と考えられます。

　他方、日欧米のような分権的意思決定制度を採用する市場経済では、政治的制度もいわゆる議会制民主主義が採用されています。これは分権的意思決定制度採用の背景には、構成員個人の価値観と選択を重んじつつ、それを国民社会の運営に反映させることが望ましいという社会的合意があるからです。

[*8] 市場は「いちば」ではなく「しじょう」と読みます。また、ここで「場」というのは、フリー・マーケットのように売り手と買い手が実際に出会う場所を指すのではなく、互いの存在を直接・間接に感じられる関係、つまり抽象的な場を指します。

重要なことは、一党独裁や議会制民主主義という政治制度そのものにあるのではなく、政治的決定と経済的決定とは互いに不可分の関係にあるということです[*9]。したがって配分と分配にかかわる決定をどのような手続き・制度のもとで行うべきかという問題は、政治経済制度の設計という問題ということもできます。

1.3.3 価格と市場機構

本書では集権的意思決定制度・社会主義経済については直接取り上げることはせずに、分権的意思決定制度としての市場経済の働き、メカニズムについて解説していきます。これにはいくつか理由があります。

価格機構の働き

第1に、市場経済こそ、経済学が誕生のときから主要な研究対象だったからです。集権的な計画経済であれば、さまざまな財やサービスが日々生産・消費されても、中央計画当局と呼ばれる政府の機関がそうした経済活動をすべて指示・統制しているのですから、(適切な指示・統制が行われている限り)全体としてそつなく経済が運行していくことは当たり前といえるでしょう。しかし、分権的な市場経済では、そうした指示・統制主体はいません。にもかかわらず、私たちが暮らす日本経済はそこそこにうまく機能しています。なぜでしょうか。経済学を生んだ欧米の学者たちの目にも、この市場経済の働きが神秘的に見えたのです[*10]。

第2に、分権的市場経済のメカニズムを解明できれば、それは代替的な制度としての集権的な社会主義経済の働きについての理解を助けることになるからです。私的所有権を前提として、財の取引は市場で財につけられた価格をシグナルとして行われます。身近な経験からもわかるように、作っても売れ残りの山となるような財の価格は低下し、価格低下によって販売量は少し回復するか

[*9] たとえば所得分配の平等化や経済成長と民主主義の発達とが密接に関係していることを明らかにしようとする研究もあります。
[*10] 経済学の父とも呼ばれるイギリスの経済学者、アダム・スミス (Adam Smith) は、その著書『国富論』の中で、後述の市場経済において価格が果たす役割、つまり価格メカニズムを「神の見えざる手」と呼んでいます。

第1章 経済学とは何だろうか

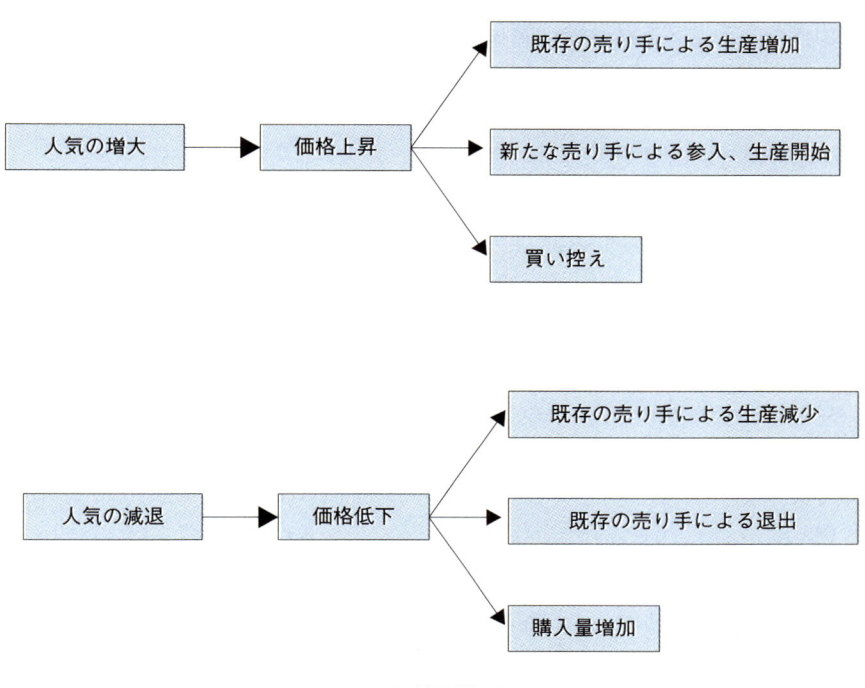

```
人気の増大 → 価格上昇 → 既存の売り手による生産増加
                    → 新たな売り手による参入、生産開始
                    → 買い控え

人気の減退 → 価格低下 → 既存の売り手による生産減少
                    → 既存の売り手による退出
                    → 購入量増加
```

図1-1 価格機構の働き

もしれませんが、多くの場合、しまいには市場で生産・販売、つまり供給されなくなってしまいます。逆に多くの買い手に良品と認められた財は飛ぶように売れ、品切れ続出、しまいには価格が上昇し、そのために顧客の買い控えがあっても、売り手に莫大な利潤をもたらします。すると、「そんなに儲かるモノなら自分も作って一儲けしよう」という新たな売り手が同じような財を大量に売るようになるために、今度は逆に価格が低下し始めることになります（図1-1を参照）。

　このように価格は市場経済では人々の購入意欲、販売意欲によって大きく変化し調整され、それがさらに人々の購入・販売量を調整していくという働きをします。この働きがいわゆる市場機構（market mechanism）または価格機構（price mechanism）です。他方、集権的な計画経済では価格さえも計画で決められてしまいます。市場経済で自由に調整される価格が硬直化してしまった

ら、言い換えると市場機構が働かなかったら、どんなことが起こるでしょうか。これは計画経済のメカニズムを解明する上でも重要な問題です。

価格と機会費用

　価格機構の働きを明らかにすることは入門レベルの経済学での学習目標のひとつですから、本書を読み終えた後に読者自ら再度考えるようにしてください。しかしこの大きなテーマに取り組む前に、市場経済において個人や社会にとっての選択問題で決定を左右する機会費用と価格がどのようなかかわりを持つかについて考えておくことは無駄ではありません。

　ロビンソン・クルーソーが漂流した無人島とは異なり、市場経済に身を置いた私たちが何かを生産したり消費しようとすれば、ほとんどの場合、そのために必要な財を獲得するために価格という対価を払わなくてはなりません。価格は円やドル、元といったお金で表示されることもあれば、密林を隔てた部落間で行われる物々交換のようにモノで表示されることもあります。このように市場経済を支える価格は必ずしもお金の存在を前提としていません。

　それが市場経済の確立により、さまざまな選択を左右する機会費用の程度は価格に反映されるようになります。たとえば1つ千円もするハンバーガーを食べようとすれば、同一の資金で実行可能な他の代替的な行為が犠牲にされるために、費用を金銭（または価格）表示するのが便利になるからです。とはいえ市場経済ならば、あらゆる選択の機会費用が価格水準で表せるとは限らないことにも十分注意しなければなりません。

　第1にある財につけられた価格は、その財を利用して得られる価値が少なくとも価格以上であることを表すに過ぎません。提示された価格で問題となる財を購入するのは、購入しない場合に比べて得になるからです。すなわち享受できる利益は実際に支払う価格を一般に上回る傾向があります。

　第2に市場経済であっても、すべての選択について価格がつけられているわけではありません。一番いい例は配偶者の選択かもしれません。結婚相手の候補者が何人かいる中でどの人を選ぶか、または誰とも結婚しないかを決めなくてはならないとき、各候補と結婚したら、または誰とも結婚しなければ得られる（と期待される）満足を胸の中で比較しなければなりません。それぞれの候

補や一生独身という身分に価格をつけられるはずがありませんから、特定の人を選ぶ際に負う機会費用としての最大逸失利益は主観的です。そして金銭表示できないからといって、こうした結婚の決定はしなくてはなりませんし、実際に行います。

第3に、しかしながら直接価格がつけられない選択肢であっても、価格がついている代替的選択肢に着目してその価値を評価できる場合もあります。たとえば何となく過ごしている余暇の時間。一見、ただ、つまり無料の時間のように思えなくもありません。しかし、本当に「ただ」でしょうか。昨晩牛乳を買ったコンビニでは時給千円でアルバイトを募集していました。部屋でごろごろしないでそのバイトをすることだってできます。だとすれば、今過ごしている余暇はこのように所得を獲得する機会を犠牲にしていることになりますから、少なくとも1時間当たり千円の価値を持っていることになります。このように機会費用に対応した代替的選択肢に価格がついていれば、一見価格がついていない、つけられないものであっても市場でどのような評価になるか、つまり市場価値の近似値を求めることができるということも重要です。

1.4 市場経済の概観

では、このように私たちが暮らす市場経済では何がどう取引されているのでしょうか。経済活動の基本としての生産・消費の概念について説明した上で、市場経済を概観していきましょう。

1.4.1 生産・消費活動

すでに説明したように経済活動の基本は、財の生産と消費です。

生産と企業

生産といえば、土地を耕し種を蒔き苗を植えて農作物を育てたり、植物から繊維をとりだし布を織り衣服に仕立てたり、切り倒してきた材木やコンクリー

トで家屋を建てたりというような行為を思い浮かべることができます。また、皆さんが一生懸命勉強した英語や数学、経済学の知識を活かして家庭教師などのアルバイトをしたとしましょう。この場合、家庭教師という仕事を介して、教え子に教授できた知識は教育というサービスを生み出したことになります。このようにサービスも含めて一般に、さまざまな財を組み合わせて別の財へと変換することを生産活動といい、その担い手を生産者、または企業と呼びます。また、生産活動で生み出されたものは産出（物）（またはアウトプット、生産物）、産出の元になるもの、つまり生産活動に投じられるものは投入（物）（またはインプット、生産要素）と呼ばれています。

経済学で企業というとき、それはいわゆる会社だけを指すのではなく、上記のような広い意味での生産活動の担い手を表すことに注意してください。したがって、家庭教師のアルバイトをしているときでも、皆さん1人1人が教育サービスの生産者、社長1人がすべての仕事をこなす企業なのです。

■ 消費と家計

他方、消費とは、単純にモノを食べる行為のように思えるかもしれません。しかし、経済学でいう生産・消費という用語は、もう少し広い概念を指しています。前述の家庭教師アルバイトの例の場合、皆さんが逆に教えを受ける立場であれば、知識を授けられることは教育サービスを消費することになります。コンサートに行って好きな歌手の歌を聴いたり、芥川賞作家の文学作品を読んだりするのも立派な芸術サービスの消費であるばかりか、それに加えて時間という貴重な資源も消費しています。このように消費活動とは、財・サービスを使ったり食べたりすることで個人が直接満足を得る行為を指し、その担い手を消費者、または家計、個人と呼びます。

ただし経済学で家計とか消費者というとき、それは必ずしも個人を指さないことにも注意してください。これまで取り上げてきた家族のように消費について構成員間の合議などに基づく意思決定を行う集団も含まれます。

■ 第3の経済主体——政府

生産であれ、消費であれ、経済活動を行う主体のことを経済学では経済主体

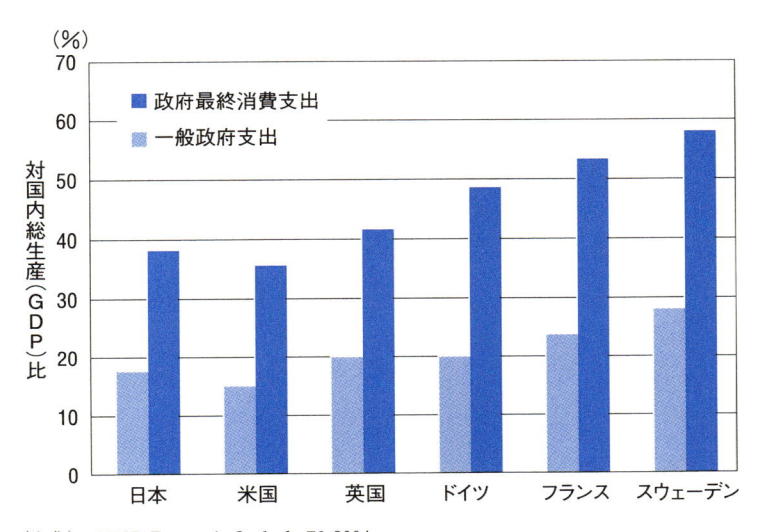

(出典) *OECD Economic Outlook: 76*, 2004.
(注) 一般政府とは、国・地方政府および社会保障基金といった政府の代行的性格の強いものの総体(ただし独立の運営主体となっている公的企業を除く)。

図1-2 政府支出規模の対国内総生産(GDP)比:国際比較(2002年)

と呼ぶことにも注意しましょう。この意味では、制度の説明をしているときに登場した政府もまた重要な経済主体です。政府は家計や企業から租税を徴収して、外交、治安維持、社会保障などさまざまなサービスを生産・提供しています。[*11]

したがって政府はこれらの公共的サービスの生産者といえますが、そのために必要なさまざまな財・サービスを使ったり食べたりする消費者でもあります。図1-2に示されるように中央政府の支出規模に限ってみても、その規模は一国が1年に生み出す所得の1/5以上を占めることもまれではありません。

政府の行動は前出の家計や企業とは異なります。後者と違い前者は、法律の力、つまり強権によって家計や企業から租税を徴収できます。加えて、家計や企業が基本的に自らの利益だけを考慮して行動するのに対して、政府は国民社

---

*11 このように政府が提供する財やサービスの多くは公共財と呼ばれています。公共財については第8章で取り上げます。

会全体の利益を考慮して振る舞わなくてはなりません。このような意味で、家計や企業は民間経済主体と呼ばれ、政府と区別されます。

1.4.2 財と市場

　市場経済においては、どの経済主体も、さまざまな財の取引を通じて結ばれています。こうした財は、企業が生産する財と企業は生産しないものの生産要素としての働きをする財に大別できます。前者を取引するのが生産物市場（product markets）、後者を取引するのが生産要素市場（factor markets）です。[*12] 説明を簡単にするために、民間経済主体の取引だけに着目して、取引される財、そして対応する市場について整理しておきましょう。

生産物市場

　生産物は、他企業の生産活動で原材料として利用される中間財（intermediate goods）と、そうではない最終財（final goods）の2つに大別されます。それぞれ中間財市場、最終財市場を形成します。

　最終財はさらに、家計により使ったり食べたりされその満足を高める消費財、または生産された生産手段として他企業の生産活動で長期にわたって利用される投資財（または資本財）に分けることができます。

　最近では、新しい生産技術知識の発見・開発の面でも企業が担うべき役割が注目され、同時に企業間における技術知識の取引（つまり技術提携や供与、ライセンシング）が盛んになっています。すなわち、技術知識にも特許権などの所有権（知的所有権、知的財産権）が認められ、保護されるようになっているのです（図1-3を参照）。

生産要素市場と金融取引

　生産活動に必要な生産要素は、他企業が生産した部品や原材料などの中間財に限りません。あらかじめ用意した土地に工場を建設し、機械設備を設置し、

[*12] すでに指摘したように、生産物といっても必ずしも有形の財貨だけを指すわけではありません。無形のサービスも含まれることに注意してください。

第1章 経済学とは何だろうか

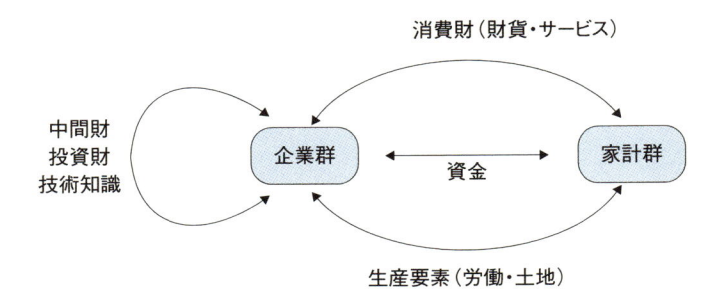

消費財（財貨・サービス）

中間財
投資財
技術知識

企業群 ←資金→ 家計群

生産要素（労働・土地）

図1-3 財と市場

さらに労働者を雇用して働いてもらう、つまり労働サービスを提供してもらわなくてはなりません。こうした労働サービスや土地は本来家計が保有する大事な資源ですので、家計からの提供、つまり購入しなければなりません。この取引が行われるのが、土地市場、労働市場です[*13]。

また現代の生産活動は多くの場合大型の設備が必要となりますが、その設備投資に必要な大量の資金を1人の個人的経営者が調達することは困難です。そのために必要な資金は誰かほかの人から提供してもらわなくてはなりません。現在計画している支出に比べて手持ちの資金が多い、つまり余剰資金を持つ経済主体は黒字主体、逆に手持ち資金では支出を完全にまかなえない、つまり資金不足に陥っている経済主体は赤字主体と呼びます。金融とは、黒字主体から赤字主体へと資金を融通する活動を指します。

現在の日本では余剰資金を持つ大企業も少なくありませんが、全体ではまだごくわずかで、企業は依然として代表的な赤字主体といえます。また最近の日本では、政府は税収だけでは毎年の支出をまかないきれず、多くの国債を発行しなくてはならない非常に規模の大きな赤字主体となっています。他方、個人ローンの発達は家計が赤字主体化していることを表しているとはいうものの、やはり全体としては家計は大きな黒字主体です。金融はこのような家計から企業・政府へと資金を融通しますが、この場合も無料では行われません。こうし

[*13] 土地や労働、そして機械設備や工場といった物的資本は、中間財も含めた他の財やサービスを生み出す上でもっとも基礎的な生産要素ですので、経済学では本源的生産要素（primary factors of production）と呼ばれています。

直接金融（株式・社債）

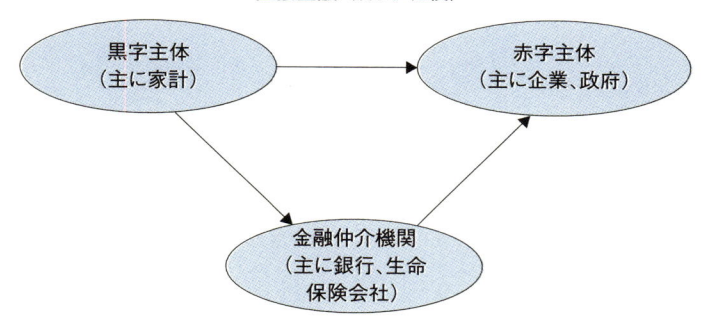

```
       黒字主体  ─────────→  赤字主体
      （主に家計）            （主に企業、政府）
           │                      ↑
           │                      │
           └──→ 金融仲介機関 ─────┘
                （主に銀行、生命
                  保険会社）
```

間接金融
（預金、金融仲介機関による貸付、株式・社債購入）

図1-4　金融取引

た何らかの対価の受け取りを前提とした取引が行われるのが金融市場（financial market）（または資本市場（capital market））です（図1-4を参照）。

　金融の方法は、直接金融と間接金融に大別されます。直接金融とは、企業が発行する株式や社債、政府が発行する国債を家計が購入するといった形で黒字主体から赤字主体へと直接資金が融通される方法です。これに対して間接金融では、家計による預金や生命保険等の保険料を銀行や保険会社が企業に資金を貸し付けたり（融資）、企業が発行する株式や国債などを購入するといった形で資金が融通されます。このように赤字主体と黒字主体との金融的関係を取り持つ銀行や保険会社は金融仲介機関と呼ばれています。

　直接金融の場合、株主となった家計が、企業の保有する機械設備や工場といった資本に対して所有を主張できるという点が重要です。企業が解散する場合には、そのときに残された資産は株主の間で分配されます。企業が利用する資産の実質的な所有者は株主なのです。それゆえ、その資産を企業が利用して利潤をあげれば、保有する株式に対する配当（dividend）という形で利潤の分け前にあずかれることになります。このように考えるとわかるように、金融を通じて家計は企業に対して資本を提供しています。その意味で金融市場は資本市場とも呼ばれているわけです。

これに対して、政府が国民に対する借金として負っている国債の経済的意味は複雑です。確かに政府の借金は収入と支出を適切に管理できないために発生しているのですが、政府はもともと国民を代表する組織です。したがって一国全体から見れば、自らに負っている借金となりますから、個人や企業が負う借金とは違ってどんなにふくらんでもそれ自身は問題とはなりません。[*14] むしろ問題なのは借金の背景にある政府支出の拡大です。それにより公共医療サービスや教育サービス、国防を充実でき、国民の利益を高められても、借金による支出拡大がなければこれらのサービス供給に必要な資源は、他の財やサービスの生産量を増やすために使えたはずです。政府支出の増加は、このように民間部門が供給する財の生産・消費量を減らすという形で私たち国民に負担を強いるのです。そのためにしばしば政府活動規模はどれくらいが望ましいかについて、激しい議論が交わされることになります。

1.4.3 社会的分業と交換

これまでの説明からもわかるように市場経済は、さまざまな市場で人々が互いに取引を行う社会です。江戸時代の日本、中世のヨーロッパのような世界においても、規模こそ現代の世界よりも格段に小さいとはいえ、全国各地の農家や陶芸家などから農産物、繊維、陶磁器などを買い上げて、都市部で売りさばくといった形で市場取引は行われていました。

■ 社会的分業

こうした時代では、交易を仲介する商人の訪問がなければ、地方の共同体で各個人はほぼ自給自足の生活を送っていました。しかし、領主が住む城下町では、多くの商人、大工や左官、鍛冶屋などの製造業者がそれぞれの専門的職業に就いていました。経済の発展に伴い地方の共同体もこうした城下町社会に取り込まれ、特産物の生産に専門化、つまり特化（specializatoin）していくこ

---

*14 外国の居住者が日本の国債を保有する場合には、ちょっと事情が異なります。一国全体として対外債務を負えばその返済のために、借金がなければ国民には可能だった財やサービスの購入・消費を断念しなくてはならなくなるからです。こうした問題はいわゆる公債負担の問題として財政学では重要な問題となっています。

とになります。

　各個人が自給自足のように生活に必要なすべての財を自ら生産・調達するのではなく、特定の仕事・職に就いて行われる専門化は、分業（division of labor）と呼ばれます。経済の発展は人々の生活水準を高めていきますが、それを支える財・サービスの生産量増加は、こうした社会を形成する各個人による分業、すなわち社会的分業の発達と密接なかかわりを持っています。[*15]

■ 分業と比較優位

　人はより多くの財・サービスを消費できるより豊かな生活を営めることを望む傾向があります。しかし、自分1人ですべての財・サービスを生産するのはけっこう大変です。もっと見栄えのする素敵な衣服を着たくても、裁縫が苦手だったり、デザインが不得意な人にはなかなか難しい問題です。もっとたくさんの肉を食べたくても、射撃や弓を射るのが苦手だったり、そもそも銃の破裂音が怖いなんて人にはそんな夢は叶いそうにありません。

　でも自分が住む共同体社会を見回すと、しゃれたデザインを思いつく人、みるみる布地を縫い合わせて服を仕立ててしまう人、一発で獣をしとめる人はいるものです。だったらそうした仕事は彼らに任せて、自分はもっと得意な家作りに専門化した大工になって、彼らのために家を作ってあげて、その対価に服と肉を得ればいいのではないでしょうか。経済学では、他の仕事に比べて相対的に家作りが得意であることを、家作りに比較優位（comparative advantage）を持つといいます。比較優位にしたがって人々が分業していけば、たとえば社会全体でさまざまな財・サービスを生産するのであっても、必要な労働者、労働時間を減らせます。言い方を変えると、同じ労働時間をかけても、財やサービスの生産量を格段に増やせます。なぜなら苦手な作業をしていた人の労働を得意な人が代わって行ってくれるからです。

　以上の議論からもわかるように、社会全体で効率的な分業が行われるために

[*15] 「百姓」というと農民を思い出しそうですが、実は農業以外のさまざまな職に就く人たちを指していて、中世日本でも非常に広範囲にわたる社会的分業と交易ネットワークが形成されていたという説もあります。たとえば網野善彦著『日本の歴史をよみなおす（全）』ちくま学術文庫（2005）を読むと、日本人が古くから高度に発展した分業社会を形成していたことがわかります。

は、個々人が比較優位にしたがった職業の選択をしなくてはなりません。実際にどの職業に就けばいいかという決定は、それぞれの職業に就いたら見込める所得に大きく依存します。大工になって建てた一軒の家や仕立屋になって縫い上げた一着の服がどのくらいの価格で売れて儲けはいくらになるかが、職業選択の鍵を握っています。ですから各財の価格が人々の欲求の程度を適切に反映した水準に決まっているか否かにより、社会全体での分業パターンも大きく影響されます。この意味でもやはり価格機構が有効に働いているか否かが、効率的な分業が行われるか否かの決め手となることに注意しなければなりません。

市場経済と交換

このように個々人が比較優位にしたがって専門化して発達する分業は、社会全体で消費可能な財やサービスの量を格段に増やしてくれます。それぞれ増産された生産物はその生産に特化した個人の手に残るために、それを他の財の生産に特化した人と交換しなければなりません。つまり、分業は市場経済の基礎となる交換取引を拡大、活発化する働きを備えています。

分業と交換取引の発達は、人々の暮らし向きをよくしていきます。そして生活水準の改善は人々のさらに新しい欲求を創り出し、それをより首尾よく提供するための競争、分業が促進されていきます。この意味で、経済社会の発展は社会的分業の発展と非常に密接な関係を持っているといえます。

最後になりますが、こうした発展の原動力は、人々のやる気・意欲です。経済学では、人々がある行動をとる動機付け、いわばやる気・意欲のことを誘因またはインセンティブ（incentive）と呼んでいます。市場経済では、どんな社会的分業が行われ、何がどれくらい生産・消費されるかが、それぞれの財の希少性をはかるシグナルとしての価格により左右されます。つまり価格によって個々の経済主体がどのようなインセンティブを持つかが決まるのです。

本章の要点

❶ 資源と希少性：天然資源、労働、実物資本と技術知識など人々の欲求に比べて充足手段としての資源に限りがあるために希少性が生まれる。

❷ 機会費用：ある選択をするとき、それによって実行できなかった選択

肢をとっていれば得られたと見込まれる最大逸失利益。
❸ 経済問題：希少な資源の利用方法の選択という経済問題は、次のような3つの側面を持つ。
　ⓐ 資源配分の効率性：①何をどれくらい、②どのように生産・消費すべきか（希少な資源をいかに無駄なく利用するか）という問題。
　ⓑ 分配の公平性：③誰のために生産・消費すべきか（経済活動の成果を社会構成員間でどのように分け合うか）という問題。
　ⓒ 制度設計の問題：④以上のような意思決定をどのような手続きで行うべきか（どのような集団的意思決定制度を構築すべきか）という問題。
❹ 政治経済制度：集団的意思決定のための政治経済制度は、①社会主義・計画経済のような集権的意思決定制度と②自由主義・市場経済のような分権的意思決定制度に大別される。
❺ 市場経済と価格：市場経済では価格を見て人々は生産・消費について分権的意思決定を行う。
❻ 価格の役割：①財・サービスの希少程度についての情報を伝える働き（希少性のシグナル機能）と②需給不一致をなくす働き（需給調整機能）（②については第2章で学ぶ）。
❼ 財・サービスと市場：家計と企業という民間経済主体と政府が、①最終財、中間財といった生産物市場、②労働や資本といった生産要素市場（金融市場を含む）でさまざまな取引を行う。さらに政府は税や補助金等の政策で民間の市場取引に大きな影響を及ぼす。
❽ 市場と分業：市場経済では人々がさまざまな職業に専門化してより多くの所得を得ようとする結果、社会全体では分業が進む。他者よりも優れた技能を発揮できる分野ではなく、自分としては相対的により技能を発揮できる分野に就くという比較優位に基づく分業が進む。

練習問題

問 1. 次の( )内を適当な語句等で埋めなさい。

① 経済学は（　　）を科学する学問だといわれる。この問題が発生するのは、人々の欲求は限りないのに対してそれを充足する手段・資源が限られ、（　　）となるために、資源をどのように利用していくべきか、つまりさまざまな用途にどのように（　　）していけばよいかがいつの世でも問われているからである。

② 経済学がより具体的に考察するのは、(1)資源配分の（　　）と(2)所得分配の（　　）、そして(3)これらの目標をよりよく実現するための経済（　　）の設計という問題である。

③ どんな選択を行っても必ずほかに実行できたはずの選択を犠牲にしている。その意味で、すべての選択には必ず（　　）費用が発生する。これは、他の代替的選択を行うことで見込めた（　　）を表す。

問 2. たとえば米と鉄を生産・消費する社会を考えると、利用できる生産技術、労働や資本などの資源が限られているために、どちらの財でも生産できる数量には限りがあります。実現可能な米と鉄の生産量の組み合わせを描けば、次の図の曲線 $\bar{Q}_s\bar{Q}_r$ のような右下がりの曲線上とその内側の領域として表すことができるでしょう。この曲線 $\bar{Q}_s\bar{Q}_r$ は生産可能性フロンティア（production

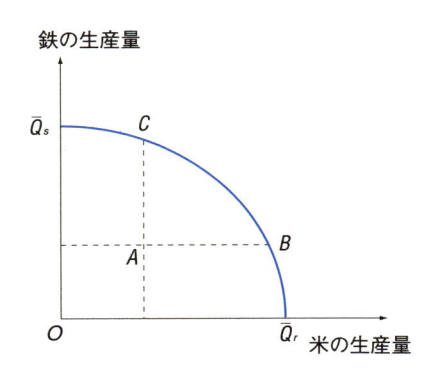

possibilities frontier) と呼ばれています。以下の各問に答えなさい。
① 生産可能性フロンティア上の点 C から点 B へと米の生産量を増やすとき、その費用はいくらになりますか。
② 生産可能性フロンティアの内側の点 A で示される組み合わせは、効率的な生産といえるでしょうか。
③ 生産可能性フロンティア上の点 C で示される組み合わせは、効率的な生産といえるでしょうか。

問3. 集団的意思決定　父、母、子の3人からなる家族が夏休みの家族旅行先を、米国、中国、日本国内の3つの中から選ぼうとしています。3カ所の旅行先についてもっとも望ましいと考えられる順位は、各人について次の表のように表されているとして、以下の各問に答えなさい。

	日本	米国	中国
父	1	2	3
母	3	1	2
子	2	3	1

旅先についての家族の好み

① 父が単独で決定権を持つ場合には、どの旅行先が選ばれるでしょうか。
② 最初に日本と米国について行われる多数決で勝ったものと中国についてさらに多数決を行って旅行先を決めるとどの国が選ばれるでしょうか。
③ ②のような多数決で、最初に多数決の対象となる組み合わせが米国と中国ならどうでしょうか。
④ ②のような多数決で、最終的に米国が選ばれるようにするにはどうすればいいでしょうか。
⑤ 母が「変更したら誰かが不満を持つような旅行先は公平ではない」と言い出しました。この条件を満たす旅行先はどこでしょうか。

問4. 下記のような一見金銭では価値・費用を表せないと考えられるものの金

銭的価値・費用を計るためにはどうすればいいでしょうか。
① 通勤・通学時の混雑による苦痛
② 公務員の雇用安定
③ 郊外に住居を構える不便

第2章

市場競争

　私たちが暮らしている自由市場経済における基本は、市場取引です。家計または個人なら、労働市場で職業を選択しどのくらい働くか、資本市場で余剰資金をどのように運用するかを決定し所得を得ます。こうして得た所得を使って、生産物市場で自分が消費したい財やサービスを購入します。他方、企業なら、労働・資本市場はもちろん原材料などの中間財を取引する市場で必要な生産要素を調達し、持ち前の技術知識を活用してさまざまな財やサービスを生産し、生産物市場で販売・供給することで利潤を獲得します。

　このような市場取引で大事なのは、企業はもちろん個人も互いに熾烈な競争を繰り広げているという点です。そして、競争の過程で人々の選択に重要な指針を与え、社会全体をまとめ上げる働きを持つのがいわゆる市場機構または価格機構と呼ばれる価格の役割です。希少な資源の有効利用という問題に対して市場経済がどのように対応しているかを適切に理解するために、本章では、売り手や買い手がどのような競争を市場で繰り広げているかについて整理していきましょう。

2.1　さまざまな局面での競争

　市場における競争といえば、企業同士の販売競争を思い浮かべる人が多いこ

とでしょう。しかし、企業は販売面だけでなくもっと幅広い領域で競争しています。また、家計としての個人の間にも熾烈な競争が繰り広げられています。まずは企業間の競争から考えていきましょう。

2.1.1 企業間競争

利潤最大化を追求する企業にとって重要なのは、自分が生産・販売する財やサービスが実際に売れる、つまりできるだけ多くの顧客によって受け入れられることです。iPodのような携帯音楽プレイヤーひとつとっても、アップルだけでなく、東芝、松下など日本のメーカーはもちろん多くの欧米メーカーがさまざまな製品を生産・販売しています。どのメーカーの製品をとっても似たり寄ったりだといえなくもありませんが、それでも購入する側からすれば音質、携帯性、価格などいろいろな面で比較してどの製品がもっとも優れているかが問題です。企業は、こうした消費者による審査を受けて合格、つまり他社製品との競争に打ち勝たなければ、市場で生き残れません。

価格競争と製品差別化競争

生産物市場におけるこのような競争で、企業はどのような手段を使うのでしょうか。他社製品よりもどれくらい安いか（価格）、性能がいいか（品質）、デザインや購入後に受けられるアフター・サービス（付帯サービス）が充実しているかなどが重要な競争手段といえます。

デザインも含めた製品の質や付帯サービスなどがほとんど同じなら、価格が一番大事でしょう。どうしても他社製品よりも価格が割高になってしまうなら、自社製品が他社製品よりも優れていることを顧客にアピールするでしょう。また、他社製品よりも格段に品質が優れていれば、むしろそれを強味として積極的に他社よりも高い販売価格をつけることも可能になります。このような品質や付帯サービスの差異化は、**製品差別化**（product differentiation）と呼ばれています。

研究開発競争

このように企業間競争は、他社よりもより安い価格を目指した**価格競争**と、

より優れた質の財・サービスの生産・販売を目指した製品差別化競争という2つの側面からとらえることができます。そして、価格競争のためには生産・流通・販売にかかわる費用の削減、製品差別化競争のためには新製品の開発・導入が大きな役割を果たします。いずれの場合も、企業活動に必要な技術知識の向上・改善にほかならず、広い意味で研究開発（または技術開発、R&D (Research & Development)）と呼ばれています。とくに従来の生産・流通・販売にかかわる技術と比べて格段に優れたものは革新 (innovation) と呼ばれています。[*1]

これまでの議論からもわかるように企業による技術開発活動の規模・活発さは、生産物市場で繰り広げられる競争の熾烈さに大きく依存しています。しかし今ひとつ重要なのは、技術開発により新たに発見・確立された知識もまた希少な財・資源だということです。したがって、たとえば新たな技術を開発する主体は、自らその技術を利用したり、また他の企業に使用を許可する（技術供与、ライセンシング）ことで収益を獲得しようとします。これが可能になるのは、すでに第1章でもふれた知的所有権が認められているからです。逆に、これが認められなければ、対価を払わない第三者による模倣 (imitation) が蔓延して、誰も新技術開発のインセンティブを持たなくなってしまうことでしょう。

2.1.2 個人間競争

個人の間でも、熾烈な競争が繰り広げられています。毎年大学卒業を翌春に控えた多くの学生が就職活動を行います。就職先としての人気企業には多くの学生が詰めかけますが、全員がその企業に就職できることはとうてい見込めません。採用する側は、将来自社の経営を支え、いっそう発展させてくれるような人材を欲していますから、詰めかけた多くの学生の中からできるだけ優秀な

[*1] 経済発展におけるこうした研究開発の役割を重視したのは、J.シュムペーター (Joseph Alois Schumpeter, 1883-1950) です。（技術）革新は、彼がその著書『経済発展の理論――企業者利潤・資本・信用・利子および景気の回転に関する一研究』（*The Theory of Economic Development: An inquiry into profits, capital, credit, interest and the business cycle*, 1911. 邦訳は塩野谷祐一・東畑精一・中山伊知郎訳で岩波書店から出版）で用いた用語ですが、これは新機軸と呼ばれることもあります。

学生を見つけ出そうとします。こうした事情は学生たちにもわかっていますから、ほかの応募者よりも自分の方が「御社の期待に沿える人材」だといろいろな方法を使って売り込もうとします。これもまた競争です。同じような競争は、中途採用者やパート・タイマーの職を求める人々の間でも起こります。

　弁護士や会計士、公務員といった職業の場合はどうでしょうか。必要な資格試験に合格すればなれると考えている方も多いのではないでしょうか？　確かに試験に合格すれば資格を得ることはできます。しかし、それで商売ができるかどうかといえば、話は別です。弁護士や会計士の場合、個人で事務所を開けば、弁護サービス、会計サービスを提供する生産者となり、前述の企業間競争に勝ち抜かなければなりません。公務員の場合であっても、やはり試験合格後には各省庁を回って個別に採用してもらわなければなりません。試験合格者数＝採用予定者数とは限らないので、結局前述の就職活動をする大卒予定者と同じ競争に直面します。

人的資本形成

　ライバルよりも優れた能力、資質を持っていると採用者側を説得できなければ、社会で独り立ちできないのです。そのためにどのような備えをすればよいでしょうか。就きたい仕事に見合った能力や資質を磨けばよいのです。経済学ではこうした行為を人的資本形成（または人的投資）と呼んでいます。これは、高校や大学（さらには大学院）、そして専門学校で教育を受けたり、独学、さらには就業中に先輩・上司からの指導（OJT（on-the-job training））を受けることで可能です。[*2]

[*2] 人的資本の役割について優れた研究業績を上げたのは、米国の経済学者ゲーリー・ベッカー（Gary Stanley Becker, 1930 - ）です。彼は教育や犯罪など人間行動や社会現象についてミクロ経済学の手法を用いて優れた分析を行ったことで1992年にノーベル経済学賞を受賞しています。代表作としては『人的資本――教育を中心とした理論的・経験的分析』（佐野陽子訳、東洋経済新報社）がありますが、彼の『経済理論――人間行動へのシカゴ・アプローチ』（*The Economic Approach to Human Behavior*, Univ. of Chicago Press, 1976. 宮沢健一・清水啓典訳、東洋経済新報社、1976）は今でも優れた経済学入門書です。ただし残念なことに邦訳は絶版となってしまいました。

教育のシグナル効果

　大学などで受ける教育は社会に出ても役に立たないと思われている方もいるかもしれません。大学での専攻と入社直後に配属された仕事とは一致する保証はありません。採用側でも面接時に自己申告された評価通りの能力・資質を新入社員が備えているとは思わずに、潜在能力の発見もかねて、まずは様子見を決めることもあるからです。

　しかし、いわゆる難関大学に合格した者は、合格できるだけの学習をこなせるという意味での知識吸収力と忍耐・根気を持っていると考えられます。その意味で学歴は、皆さんが持っている潜在的能力・資質を表す指標、シグナルだといえます。こうしたシグナルを採用側に送る行為は、金融・労働市場や契約理論を扱う情報の経済学という分野でも重要な役割を果たすシグナリング（signaling）と呼ばれています。[*3]

2.2　市場競争

　このようにさまざまな局面で企業や家計・個人が競争を繰り広げているのが、自由主義市場経済です。そこで各経済主体がどのような活動をどのくらいの規模で行うか（つまり家計ならどの職業に就いてどれくらいの所得を稼ぎ、どんな財・サービスをどれだけ消費するか、企業ならどのような生産要素を用いてどんな財・サービスをどれだけ生産するか）という決定を大きく左右するのが、取引対象となる財やサービスの価格がいくらかということです。

　この点は、計画経済のように中央計画当局が価格を決めてしまうと予想外の

[*3] 学歴が持つこうしたシグナル効果に着目したのは、米国の経済学者マイケル・スペンス（Michael Spence, 1943-）です。彼の代表作的著作は *Market Signaling*（1974）です。スペンスは、ジョージ・アカロフ（George Akerlof, 1940-）、ジョセフ・スティグリッツ（Joseph E. Stiglitz, 1942-）とともに、取引対象の財の質についての情報を取引相手の一方しか持たない非対称情報（asymmetric information）の経済分析についての研究業績が認められ、2001年にノーベル経済学賞を受賞しています。情報が非対称な世界では、アカロフの逆淘汰または逆選択（adverse selection）や、スティグリッツのスクリーニングなど価格機構の働きを抑制・補完する人々の行為が問題になります。

売れ残りや物不足が発生し、価格が適切に改定されないとしまいには経済が機能麻痺状態に陥ってしまうことからもおおよそ見当がつきます。[*4] そこで、まずは価格決定の観点から市場競争にはどのようなタイプがあるかを、主に生産物市場を例にとって整理していきましょう。

2.2.1 価格支配力

市場における価格決定という観点から見ると、一番重要なのは市場価格に対して無視できない影響力、すなわち価格支配力を行使できる主体が存在するか否かです。

計画経済下の中央計画当局・政府を除けば、それは売り手と買い手の相対的な数の割合に大きく依存すると考えられます。電力や水のような財を生産・供給できる者がたった1人しかいなかったらどうでしょうか。砂漠の真ん中でようやく見つけた1人の水売り商人のように、売り手は買い手の足下を見て法外な値をつけてくるでしょう。しかし、できるだけ儲けをあげたい売り手には当然の行為なのです。

逆に、水売り商人がたくさんいる場合はどうでしょうか。今度は買い手の方が大いに値切ることができるでしょう。なぜならばある売り手が高い価格をつけようものなら、「あなたからは買わない。ほかを探す」と脅しをかければいいからです。

2.2.2 市場の区分——代替性

再び砂漠に戻ってみましょう。確かに水売り商人は1人ですが、ほかにワイン売り商人がいたらどうでしょうか。確かに水とワインは違います。でも、ワインだって立派に喉の渇きを癒やせるでしょう。[*5] そうなると水売り商人は、ワイン売りがいなかった場合ほどには高い価格を買い手にふっかけられなくなります。ワイン売りに顧客を奪われてしまうからです。

[*4] 社会主義経済体制が崩壊する直前の旧ソ連・東欧の経済がどうであったか、各自、調べてみましょう。
[*5] グリム童話に登場する子供たちは、森に出かけるときに、水ではなくワインやビールを持って行きます。

代替財と補完財

　消費活動に限らずどんな経済活動でも、それに必要な財やサービスにも選択の余地があります。喉の渇きを癒やすためには、ワインは水に対して比較的良質な代用品といえます。このときワインと水は互いに代替財（substitute）と呼びます。鋼鉄製の最新鋭生産設備を購入した明治時代の日本では、素材を木など比較的当時の日本でも簡単に利用できるものに代えて自前の生産設備を大量に作るようになったと聞きます。この場合は、鉄鋼は木に代替されたことになります。

　これに対して経済活動を互いに助け合う働きを持つ財やサービスもあります。たとえばトラック運輸という輸送サービスの提供であれば、トラックとガソリンはともに不可欠です。いずれか一方が欠ければ、他方は用無しになってしまうからです。パソコンとソフトウェア、カメラとフィルム、着物と帯などについても同様です。これらの財は、互いに補完財（complement）と呼びます。

　ただしこうした財の分類は時代を通じて不変なものではありません。技術革新によって従来なら思いもかけない財の結合・分割によって新しい財が生まれることもあるからです。たとえば一昔前までは、電卓やそれが高度化した電子計算機（つまりコンピュータ）はもっぱら計算するだけで、文章を書いたり印刷するための写植とは全く関係ないと考えられていました。しかし今やそれらは表計算・ワープロソフトを介して小さなコンピュータ上で切っても切れない関係にあるといえます。また自宅でインターネットをする場合なら、やはり数年前までは電話回線を介してのみ可能という意味でインターネット・サービスと電話による通信サービスは密接な補完財でしたが、現在のようにケーブル・テレビなどを介したインターネット環境が充実すると従来よりも補完性は薄らいでいるといえるでしょう。

市場と財の範囲

　これまで市場や財という用語はもはや意味が明らかだという前提のもとに話をしてきました。（補完財の場合はともかく）よく考えてみると代替財で問題になる代用の容易さというのは程度問題です。水とワインはやや極端な例のよ

うに思われるかもしれませんが、ペット・ボトル入りの緑茶とミネラル・ウォーターではどうでしょうか。雑誌なら漫画雑誌からニュース雑誌、婦人雑誌、スポーツ雑誌などすぐには数え上げられないほど出版されています。

確かに緑茶とミネラル・ウォーターなど、厳密にいえば別の財です。物理的性質が異なったり、また顧客の立場から見て掲載された読み物の中身や質は必ずしも同じでなく製品差別化があるからです。しかしこれらの商品の価格を比べるとわかるように、つねにほぼ同じくらいです。これは互いの代用の容易さが非常に高い、つまり密接な代替財であることを表しています。したがって、場合によっては、喉の渇きを癒す清涼飲料水、娯楽を提供する雑誌という具合にそれぞれをひとまとめに考えてもさほど問題ではないといえるでしょう。このような理由で、経済分析で取り上げられる財や市場という概念は、実際に取引されている個々の商品ではなく、少々の製品差別化、質の違いには目をつぶって1つにまとめたごく密接な代替財同士の集まりやそれが取引される場を指すことが多いので注意して下さい。[*6]

2.2.3 市場構造

前述の市場や財という考えを踏まえつつ、水売り商人の話を思い出してみるとわかるように、買い手に比べて売り手の数が十分少ないと売り手が、逆であれば買い手が価格支配力を持ち、かつそれを行使しようとします。そこで多くの買い手がいる市場を例にとり、売り手の数に着目して市場競争のあり方、つまり市場構造（market structure）をおおざっぱに分類してみましょう。

[*6] もちろん個々の財に着目して緑茶の市場、漫画雑誌の市場というものを考えることもできますし、そう考えなくてはならない場合もあります。話題として取り上げたい対象次第で、市場や財の区分を仕切り直さなくてはなりません。また本文で述べたような消費者の好みから見た市場区分だけでなく、企業が利用可能な生産技術の観点から見た産業の分類を考える方が重要となることもあります。たとえばビール飲料だけでなくビール酵母を利用して医薬品も生産するビール会社のように、主力製品にかかわる研究開発から全く異業種の製品が生産できるようになることは珍しくありません。もっと身近な例なら、生花店が開く生け花教室、郊外のフランス料理店が開くお料理教室・ソムリエ教室のように本業と教育サービスの結合といった例も少なくありません。このような場合について企業行動を検討するためには、技術面から見た代替・補完という視点が有用です。

■ 売り手・買い手の数と市場構造

問題となっている財やサービスに対して手頃な代わり、つまり密接な代替財がなく、売り手がたった1人となる市場を（売り手または供給）独占（monopoly）と呼びます。また売り手が少数な市場は（売り手）寡占（oligopoly）、とくに売り手が2人の市場を（売り手）複占と呼びます。[*7]

■ ライバルの行動を読む

売り手の数だけに着目するのは十分ではありません。独占であるか、寡占であるかによって大きな違いが生まれるからです。独占者の場合は、（買い手の足下を見つつ）自分がつける価格次第でどのくらい販売できるか予想を立てられるでしょう。しかし寡占市場ではそう簡単にはいきません。自分と競合するライバルがいるからです。

たとえば自動車産業ではトヨタと日産、ホンダが日々熾烈な競争を繰り広げています。トヨタの販売量はトヨタ自動車の価格だけでは決まりません。ライバルの日産やホンダの自動車販売価格次第では、さっぱり売れなくなるからです。トヨタはこうした事情を十分理解した上で、ライバル製品がいくらで売られるかをあらかじめ的確に読まなければ自社製品の価格を決められず、いったいいくら販売できるかも予想がつきません。

寡占競争の際だった特徴は、各売り手が価格支配力を持つという点に加えて、こうした企業間の相互依存関係が働くことです。経済学では、ある経済主体のグループの中で他者の意思決定次第で各自の収益や費用が影響を被り、かつそのことを各主体があらかじめ的確に理解して意思決定する状況を戦略的相互依存関係（strategic interdependence）が働く状況と呼びます。寡占市場では、密接な戦略的相互依存関係のもとで互いにライバルの行動を読みあいながら生産・販売、そして技術開発活動を通じた激しい競争が繰り広げられるといえるでしょう。[*8]

[*7] 逆に多くの売り手がいる市場でも、買い手がただ1人の市場を買い手（または需要）独占（monopsony）、少数の市場を買い手寡占、とくに2人の市場を買い手複占と呼びます。

[*8] 寡占企業間の競争を的確に分析するためには、いわゆるゲーム理論（game theory）が非常に有用です。

消費の多様性

　寡占競争において価格だけでライバルとの競争に勝ち抜こうとするのは、非常に大変です。他社製品よりもデザインやアフター・ケアなどの面で自社製品の方が優れていることを広告や宣伝を通じて消費者に受け入れてもらえれば、少々価格が割高でも販売量を確保できるようになります。すなわち製品差別化は価格競争からの圧力を弱め、企業の価格支配力を高める働きを持ちます。

　このような製品差別化は、寡占競争に限らず身近な財やサービスに非常に広範囲にわたって見受けられます。ファスト・フード、ファミリー・レストランはもとより、そば屋や中華料理店などの外食産業では、提供される料理のメニュー、素材、味付けなど、学習塾では講師陣の質や生徒に対する面倒見の良さ、医者では治療や投薬についての情報提供の丁寧さなどが評判の決め手になります。店の評判がいいほど、つまり製品差別化に成功すれば、それだけ売り手は価格支配力を行使できるようになります。

　しかし、寡占競争とは異なり、こうした産業ではライバル企業数は非常に多く、数え上げることさえできません。そのためにすべてのライバルの経営戦略をあらかじめ読み込もうとしても、必要な情報は膨大になり、かつ適切な対応を練るのはほとんど不可能です。むしろ世間相場としての価格や財の質を考慮に入れながら、自社製品の差別化と価格を決定しているといえます。このように製品差別化がありながらも非常に多くの、それぞれ密接な代替財を生産・販売し、かつ他企業との戦略的相互依存関係までは考慮せずに競争している市場は独占的競争（monopolisitc competition）下にあるといわれます。この産業では、それぞれの財がどんな価格で販売されるかだけでなく、同時にどれだけ多様な財が提供されるかが消費者の選択の幅、つまり消費の多様性（variety）を広げるという意味で重要です[*9]。

[*9] 大雑把にいって、製品差別化は製品に品質の差があることを意味します。この質の差は、電池の寿命やコンピュータのCPUのようにどの人にも品質の高さについての指標が一致する垂直的差別化（vertical differentiation）と、衣服の色やデザインのように必ずしも人々の間で品質の違いについての判断尺度が一致しない水平的差別化（horizontal differentiation）に大別されます。

世間相場で売買

それでは、たとえば試験直前になると大流行(おおはやり)のコピー・サービスではどうでしょうか。大学の周りには多数の文房具屋、コンビニ、本屋などがコピー機をおいて大流行です。コピー・サービスと前述の外食産業等の違いは、前者ではどの売り手による財・サービスもほとんど同じだということです。銘柄を気にしなければ米や肉、野菜などもほぼ同様でしょう。

提供される財・サービスの質がどの売り手をとっても全く変わらないとき、それらは完全に同質的（homogeneous）だといいます。完全に同質的な財ならば、もっとも低い価格をつけた売り手に顧客は群がります。しかし、個々の売り手の立場からすれば、そんなに多くの顧客はさばききれません。相場としての市場価格に影響を行使するためには、個々の売り手が生産・販売できる規模は市場で買われる規模に対して十分大きくなければなりません。財やサービスの中には、こうした提供規模を個々の売り手が確保できないものがいくらでも存在します。その結果、どの売り手も価格支配力を直接行使できなくなります。同様に、個々の買い手による購入規模が市場全体の取引規模から見て十分少なければ、どの買い手も価格支配力を行使するのは非常に難しくなります。

このように価格支配力を持たず、したがって市場で成立する相場としての市場価格には影響力を行使できず、与えられたものとして（所与として）行動する取引主体のことを、価格受容者（プライス・テイカー）（price-taker）と呼びます。どの売り手も買い手も価格受容者として振る舞いつつ繰り広げられる競争が、経済学で市場競争を分析する上で議論の出発点となる完全競争（perfect competition）、そしてそれが展開される市場が完全競争市場（perfectly competitive markets）です。

完全競争市場の要件

完全競争市場が成り立つためには、どのような条件が必要でしょうか。これまでの議論からもわかるように、①非常に多くの売り手と買い手の存在、②取引される財は（製品差別化されず）完全に同質的という条件がまず必要です。

実はこれに加えて、③取引される財の品質や価格についての情報は完全、つまりどの売り手や買い手にも知れ渡っているという条件と④市場取引への参加

も、それからの退出も、ともに完全に自由という条件が必要です。これらの条件が必要な理由は、逆にそれが成り立たない場合にどうなるかを考えてみると理解しやすいでしょう。

　第3の条件（財の質と価格に関する情報の完全性）が成り立たないとどうでしょうか。見知らぬ土地へ旅行したときに、場末の居酒屋や食堂に入ってびっくりすることがあります。期待を裏切る味の料理、信じられない価格の高さ。こうした「ぼったくり」まがいの商売が成り立つのは、そこで販売されている財の質や価格について私たちが事前に情報を得ていないからです。情報の不完全性につけ込んで、売り手は法外な価格をつける、つまり価格支配力を行使できるのです。

　第4の条件（参入・退出の自由）はどうでしょうか。この条件が成り立たないと、どんなに多くの売り手や買い手がいても、その構成メンバーは固定化し、次第に互いの存在がわかるようになります。たとえば建設業者のように、本来なら互いに公共事業や個人からの請負住宅建設で持ち前の技術と価格で競争しなければならなくても、ライバルの顔がわかればどうなるでしょうか。いつもいつも顧客の奪い合いをするのはやめて仕事を分け合う方が互いに楽じゃないか、と話を持って行けるようになります。このような価格や販売数量、販売地域などの面で結ばれる事業者間の協定はカルテル（cartel）と呼ばれています。明確な協定契約を伴わない談合や共謀（collusion）もカルテルの一種で、自由な競争を阻害する行為として独占禁止法により禁止されています。

　とはいえ産業によっては、何らかの理由で新しい企業が参入できない場合がないわけではありません。参入障壁（entry barrier）と呼ばれる、新規参入を妨げる要因が働くことがあるからです。この参入障壁は、既存企業が大規模な設備投資や研究開発投資によってすでに十分安い費用で生産できる環境をあらかじめ構築して潜在的な新規参入の魅力を奪うといった戦略的参入阻止行動によるものと、少し以前の郵便事業や電力産業のように政府自身があらかじめ特定の企業だけに事業を認めるといった参入規制によるものとに大別されます。戦略的参入阻止行動は、短期的には既存企業がつける低価格により消費者が利益を得る一方で、長期的に見れば産業全体の競争を阻害するために好ましくない影響を生む傾向があります。また政府の許認可行政に基づく参入規制も同じ

ような働きを持ちますが、そもそもどうして新規参入を認めないのか、また参入規制により社会全体が被る影響を慎重に見極める必要があります。[*10]

2.2.4 相対評価と絶対評価

市場で繰り広げられる競争はとても熾烈です。どんなに優れた品質の財やサービスを提供しようとも、ライバルがほんの少しでも優れた品質の財をわずかに低い価格で提供してしまうと全く顧客を得られないといったことは珍しくありません。小中学校での成績は従来の相対評価から絶対評価に移行しているようですが、市場における競争の結果は各企業に対する厳しい相対評価を反映する傾向があります。

他企業よりもわずかでもいいから質を改善し、より安く生産できるように、個々の企業が日々創意工夫に励む。こうした努力が市場経済に依拠した社会の発展の原動力になっているといえます。もちろん自由な競争がいつでも社会の発展に寄与するとは限りません。たとえば環境汚染など無規制な競争はしばしば社会に損害を及ぼすこともあります。しかしながら市場経済が備える、人々の創意工夫と無駄をなくすインセンティブを引き出す力を超えた社会発展の原動力となる経済制度はなかなか見つかりません。そのために、ときには自由競争の行き過ぎにより弊害が生まれないように手綱を取りながら、つまり適切な規制を実施しながら、市場経済の長所をできるだけ活かす方策をつねに考えていく必要があるといえるでしょう。

2.3 市場分析の出発点としての完全競争

市場構造にかかわるこれまでの議論を整理すれば、表2-1のようにまとめることができます。すでに触れましたが、これらの市場の中でも市場取引で実現

[*10] 参入規制に対する経済的論拠のひとつとして、複数企業で生産するよりも一社で生産する方が社会全体で見て総生産費用を節約できるという自然独占の議論があります。この問題については第8章で改めて取り上げます。

	価格支配力	戦略的相互依存	製品差別化
独占	○	×	×
寡占（含、複占）	○	○	△
独占的競争	○	×	○
完全競争	×	×	×

表2-1 市場競争の分類

される結果の良し悪し、つまりパフォーマンスを経済学で分析する際に出発点となるのが、完全競争市場です。これはどのような理由によるのでしょうか。

2.3.1 競争制限と価格支配力

社会に競争が行き渡っていれば、もっとも品質がよくもっとも安価な財・サービスが消費されるようになるでしょう。またそうなることで、限られた土地や資本、労働力が無駄なく、つまり効率的に利用されるようになります。もし無駄があれば、それを省くことでもっと安く、品質のよりよいものを提供できるようになるからです。経済学者が競争の役割を重視するのは、それには資源の無駄遣いを省く働きが備わっているからです。

競争が制限されたらどうなるでしょうか。顧客を奪われるライバルがいなくなった企業は、品質改善や費用削減のインセンティブを失うばかりか、買い手に高値をふっかけることで儲けを得ようとするでしょう。近所に競争相手がいない医者ならば、無用な投薬や過剰な治療によって儲けることも不可能ではありません。こうした行為は価格支配力の行使にほかなりません。

ですから、競争が有効であれば、誰も価格支配力の行使ができない状況でなければなりません。すなわち、有効な競争が社会にどのような利益を生むかを明らかにするためには、まず完全競争市場の働きを解明しなくてはなりません。このような理由で、経済学者は、市場競争を議論する上での出発点を完全競争市場におくのです。

2.3.2 世間相場の決定

とはいっても、ひとつ疑問が生まれてくるでしょう。誰も価格支配力を行使

せず、世間相場のもとで生産・販売量や購入量を決定するような市場で、相場そのものはどう決まるのでしょうか。

またずいぶん昔になりますが、今ではどこでも安価に購入できるティラミス・ケーキが世に初めて出た頃は、とても高価でした。とてもおいしいケーキがあるという話を聞きつけ、多くの人が一口味わいたいとティラミス・ケーキを販売する少数のお店に群がったものです。しかしその後大量生産の方法が開発され、簡単にティラミス・ケーキは生産できるようになり、スナック菓子にも使われるようにまでなりました。その結果、今ではティラミス・ケーキは非常に安価になりました。

こうした経験からもわかるように、どんな財やサービスの価格も、それを購入しようとする買い手の購入意欲、つまり需要（demand）が強いほど価格は高く、生産・販売しようとする売り手の販売意欲、つまり供給（supply）が強いほど価格は低くなる傾向があります。世間相場としての市場価格は、このように需要と供給の相互作用によって決まるといえます。次の章では、この需要と供給の相互作用による価格決定、つまり価格機構の役割について検討していきましょう。

本章の要点

❶ さまざまな競争：市場経済ではさまざまな場面でいろいろなタイプの競争が繰り広げられている。
  ⓐ 企業間競争：価格、製品差別化、研究開発。
  ⓑ 個人間競争：教育・訓練を通じた技能形成（人的資本形成）。
❷ 市場競争をとらえる視点：市場で繰り広げられる売り手間の競争を見る上では、次のような視点がとくに重要である。
  ⓐ 価格支配力：自己の取引量変化により市場価格に無視できない影響を及ぼせる力。
  ⓑ 市場の区分：取引される財が、消費者の好みや用途、また生産者の技術的視点から見た代替性や補完性の程度により、一市場としてのまとめ方が異なる。
  ⓒ 市場構造：価格支配力の有無、戦略的相互依存関係の有無、製品差

別化の程度によって①完全競争、②独占、③寡占、④独占的競争といった市場タイプに分けることができる。

❸ 完全競争市場の要件：いかなる売り手も買い手も価格支配力を持たない（価格受容者、プライス・テイカーとなる）市場。
  (a) 非常に多くの売り手と買い手の存在。
  (b) 取引される財は完全代替財（製品差別化はない）。
  (c) 取引される財の質や価格についての情報が完全。
  (d) 市場取引への参加も完全に自由（自由参入・退出）。

練習問題

問1. 製品差別化を生む要因をまとめなさい。

問2. 身近な財やサービスについて、各企業が占める市場シェアを調べ、どのような要因が市場シェアの違いにつながっているかを検討してみましょう（たとえば、日本経済新聞社が毎年出版している『市場占有率』という本には、さまざまな商品について各企業の市場シェアが記載されている）。

問3. 次のような財やサービスについてどのような代替財（と考えられる行為）が考えられるでしょうか。
① 郵便
② 電力
③ 学校教育
④ 警察による治安維持
⑤ 単行本小説

問4. 次のような財やサービスについてどのような補完財（と考えられる行

為）が考えられるでしょうか。
① 和服
② 海外旅行
③ 音楽鑑賞

問5. 身の回りで本業以外に副業を行うことで利潤をあげている企業や事業の例を探して、どのような理由で副業は経営に貢献しているかを検討しましょう。

問6. 砂漠の真ん中で喉が渇ききった旅人が、ラクダに乗って遠い隣町へと向かう途中の水売り商人に出会いました。水売り商人は、隣町なら1リットルの水は500円で売ることができます。旅人のポケットには2000円しかありません。このような状況を踏まえて、1リットルの水を巡る2人の取引について次の各問に答えなさい。
① 水売り商人は手持ちの1リットルの水をいくらで旅人に売るでしょうか。
② 別の水売り商人も通りかかり旅人に水を売れるとしたら、旅人はいくらで水を買えるでしょうか。
③ 2人の水売り商人が互いに目を交わしニヤリと笑った。旅人はいくらで水を買えるでしょうか。

第 3 章

競争市場と需給の法則

　完全競争市場ではどんな売り手も買い手も市場価格を世間相場として受け止め、生産・販売や購入・消費を決定しなくてはなりません。相場、すなわち市場価格を決めるのは買い手たちの購入意欲と売り手たちの販売意欲です。本章では、経済分析の上でもっとも基本となる完全競争市場におけるこうした価格形成のメカニズムについて検討しましょう。

　ただし学習を始める前に次の点だけは注意してください。前章でも注意したように市場の範囲は、財・サービスの代替性の程度に依存します。自動車や家電製品といった日本国内でいえば比較的少数の企業により生産・販売されているものでも、市場の地理的範囲を世界に広げてみると実に多くの売り手が供給しています。また化粧品や雑誌などでも1つ1つをとれば非常にユニークな商品が販売されているといえますが、ライバル社の製品はその密接な代替財といえます。

　こうした理由で場合によっては競争的市場とみなして議論の出発点とすることができるでしょう。まずは価格支配力が行使されない状況がどうなるかがわかれば、その上で価格支配力の行使が市場取引に対してどのような影響を生むかをはっきりさせることができます。したがって以下で例として取り上げる財やサービスについて、現実には競争的ではないと一笑に付して勉強を中断されないようにしてください。

3.1 需要の法則と需要曲線

　文字通り、非常に多くの売り手と買い手が取引する財といえばどんなものがあるでしょうか。たとえば米や野菜といった農産物ならどの作物をとっても日本国内だけでさえ多くの生産農家がいますし、それを消費する家計も世帯数だけあるといえます。また小さい頃に通ったお菓子屋やコンビニには、スナック菓子はもちろん、せんべいやキャラメル、アイス・クリームなど、名もない小さなメーカーによって生産されたいわゆる駄菓子も売られています。最近ではクッキーやケーキなどを生産するメーカーや個人商店（ケーキ屋）が数えられないくらいあります。そこで少々の製品差別化には目をつぶって、クッキーという財を例にとり、その購入意欲と販売意欲を経済学で表すための需要・供給曲線という分析道具を紹介していきましょう。

3.1.1 需要量の決定要因

　まずは個人によるクッキーの購入意欲を考えてみましょう。個人がクッキーを購入するとき、どのような事情を考慮して購入量、つまり需要量を決定するでしょうか。それを理解するためには、クッキーが並ぶウィンドーを前にしている自分を思い浮かべてみましょう。

　まず見るのはクッキー自身の価格です。お茶の時間におやつとして食べようと思っていたのですが、どうもクッキーは高そうです。クッキーの隣においしそうなショート・ケーキがあります。ケーキはけっこう安そうです。待ってください。お気に入りの紅茶が切れていることを思い出しました。その紅茶も売っています。価格はどうでしょうか。こんなに安いなら紅茶も買いましょう。「紅茶にはケーキよりもクッキー」が信条のあなたなら、クッキーもちょっと多めに買いたくなるかもしれません。ところで自分の財布の中は……。

　こうした情景からクッキーの需要量を決める要因には次のようなものがあることがわかります。

要因 1　それ自身の価格
要因 2　他財の価格。とくにクッキーに対するケーキのような代替財の価格と紅茶のような補完財の価格
要因 3　所得または予算

　これ以外にも個人による財やサービスの需要量に影響を及ぼす要因が考えられます。たとえば消費しようとする財についての情報によっても需要量は異なります。クッキーに含まれた糖分は健康に悪いという情報が行き渡るようなら、上記の要因が変わらずともクッキーの購入を手控えるようになるでしょう。

　情報に関連して、将来どのような事態が起こりそうかといった予想が需要量に影響を及ぼすこともあります。将来クッキーの人気が出そうなら今のうちクッキーを買い占めて、人気が出て市場価格が高騰した後で売りさばけば大儲けができます。そのために現在の市場ではクッキーの需要量が急増するでしょう。こうした価格変動から儲けを得ようとする行為は投機（speculation）と呼ばれています。

　また、本当なら自分の懐が寒くて買えなくても、店に偶然いあわせた親友からお金を借りることができれば、購入できるようになります。これは信用の入手可能性の問題と呼ばれています[*1]。

　さらに、価格が同じでも、クッキーが大好きな人ならば他の人よりも多く、逆にクッキーがさほど好きでない人ならば少なく購入するでしょう。すなわち個人の好みも需要量の決定を大きく左右します。経済学では、こうした個人の好みを選好（preference, tastes）と呼んでいます。

3.1.2　需要の法則

　このようにさまざまな事情を考慮してクッキーの需要量は決定されます[*2]

[*1] 親友がお金を貸してくれるのは、必ず返済してくれるものとあなたを信用しているからです。その意味でどのくらい信用されているかにより借金できる額も異なってきます。こうした資金の貸借は金融取引ですが、金融の分野では他人から受ける資金融資を信用と呼ぶのも、こうした理由によります。

しかし、クッキーの取引がどうなるか、さらにはそれを大きく左右する相場としてのクッキー市場価格がどのような水準に決まるか、この価格決定に人々の購入意欲や販売意欲がどのようにかかわっているかを検討するなら、もっとも重要な決定要因としてそれ自身の価格に着目してよいでしょう。

■ 他の条件一定

クッキー自身の価格以外の条件はまとめて他の条件と呼び、当面、変わらないもの、つまり所与（または一定）としましょう。このときクッキーの価格が低下したらどうなるでしょうか。ケーキやチョコレートといった代替財に比べてクッキーは割安になりますから、相対的に割高になったものから割安なものへと代用、代替しようとするインセンティブがわきます。その結果、クッキーの需要量は増加する傾向があるといえます。このように他の条件を一定にしたとき、それ自身の価格低下（または上昇）は財需要量を増やす（または減らす）傾向を、経済学では需要の法則（law of demand）と呼んでいます。[3]

■ 個別需要曲線

需要の法則を視覚的に見えるようにしたものが、いわゆる需要曲線（demand curve）です。これを描くためには、図3-1のようにまず横軸にクッキー購入量、縦軸にはクッキーの価格をはかった図を描いてみましょう。[4]

たとえば個人Aについて、クッキーの価格が p_1 円であれば q_1^a、価格がもっと低い p_2 円であれば需要の法則に従い需要量が q_2^a と増える場合を考えてみましょう。それぞれの価格のもとで選ばれる需要量の組み合わせは点 d_1、d_2 と

---

[2] 1つ「需要量」という用語について注意しておきましょう。それは単に購入・消費したい数量を表すのではなく、所得や予算といった対価支払い能力に裏付けられた購入希望量を指します。したがって、実際に上記のようなさまざまな事情が定まれば、個人が実際に購入する数量を表します。このような意味に注意しつつ、本書では需要量と購入量という用語をときには同じ意味で使っていることに注意してください。

[3] 需要の法則をはじめ経済学にはいくつか「法則」という名前のついた概念が登場します。しかし、万有引力の法則など自然科学における法則とは異なり、多くの場合、実験などを通じていつでも成立することが確認された現象ではありません。「法則」という用語は、経験的に観察される、またはそう考えられる傾向、という意味で用いられていることに注意してください。とはいえ、最近では実際に実験してそれらを検証しようとする実験経済学（experimental economics）という分野も急速に発展しています。

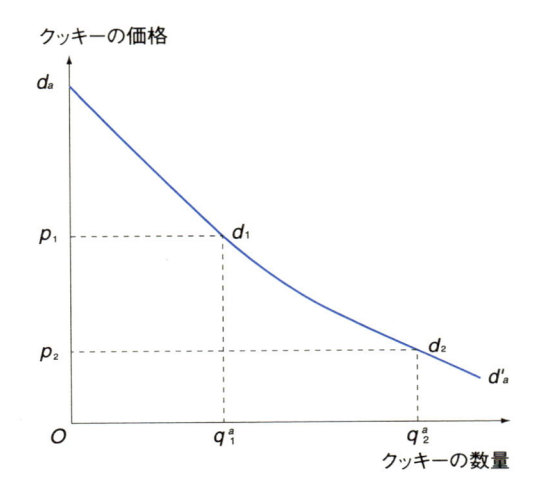

図3-1 個別需要曲線

して表されています。このようにさまざまな価格について対応する需要量の組み合わせをとり、それらを連ねていけば、図3-1の曲線 $d_a d'_a$ のような右下がりの曲線が描けます。これが個人Aのクッキーに対する需要曲線であり、個々の買い手の需要曲線を表すという意味で個別需要曲線（individual demand curve）と呼ばれています。需要の法則はこうした右下がりの需要曲線を意味します。

3.1.3 経済変数の取り扱い

図3-1のように需要曲線を描くときに、とまどった方がいるのではないでし

---

*4 実際にクッキーを購入する場合を考えてみると、1枚1枚個包装されている店もあれば、袋売りされている店もあります。1袋に入っているクッキーの枚数が数枚であれば、袋売りでも個包装売りでも1枚当たりの価格はさほど違わなくなります。たとえば1枚当たりの価格が袋売りの方が格段に安ければ、個包装のクッキーは全く売れなくなってしまいます。その結果、個包装売りのクッキーの価格は下がらざるをえないからです。ただし1袋に入っているクッキーの枚数が多くなると、ちょっと問題が出てきます。クッキーが大好きな人はたくさんクッキーを購入しますから、個包装で買うよりも袋買いでまとめて購入する方が得で、さほどクッキーが好きでない人は個包装買いで購入量を少しに抑える方が得になることがあるからです。これらの販売方法がどのような違いを持つかは、価格差別と呼ばれる問題ですので、入門レベルでは取り上げません。中級レベルで改めて検討することにしましょう。

ょうか。価格の最小単位は円、数量の最小単位は1枚（または袋）となると、これから描こうとする需要曲線は、曲線ではなく、点の集まりにしかなりません。それなのになぜ経済学者は、図3-1で需要曲線を切れ目なくつながった曲線として描いているのでしょうか。

■ 有理数、無理数と実数

　需要曲線を切れ目のない曲線として描くのは、取り上げている数量や価格といった経済現象を記述する変数、つまり<u>経済変数</u>（economic variables）がとれる範囲を、0と自然数（つまり正の整数）に限らず、整数の比率としての分数で表せる数（<u>有理数</u>）や分数では表せない数（<u>無理数</u>）まで広げているからです。[*5] 自然数も有理数ですから、[*6] 私たちが直接触れることのできる長さはすべて、有理数と無理数を合わせた<u>実数</u>（real number）によって表せることになります。経済学の教科書や学術雑誌等で登場する経済変数は、通常、非負（つまり0以上）の実数として表されています。[*7] このような取り扱いをするのは、次の2つの理由によります。

　第1の理由は、本当は非負の整数の組み合わせとしての点の集まりでしか表せないものでも、経済変数のとれる範囲を実数まで広げてなめらかな曲線で表せば変数間の関係がとても見やすくなります。間がスカスカ空いた点の集まりの相互関係を連続した曲線で近似するのが無謀だと思う方でも、たとえば経済全体でのクッキー取引量を考えると1日当たりの消費量は膨大な規模になります。全体から見れば1枚、1袋はほとんど無視できるほどの割合でしかありま

[*5] 無理数の代表例として、$\sqrt{2}$ や $\sqrt{3}$ といった平方根、円周率 π、自然対数の底 e などをあげることができます。

[*6] たとえば5は5/1と表せますから、有理数です。

[*7] 場合によっては財の生産活動を議論する際に、生産要素の投入量を負の数で、生産される財の数量を正の数で表すこともあります。生産過程に投入される分だけ他の用途に使える資源が減ってしまうために負の数で、産出された成果は他の用途に使える資源を増やすために正の数で表すというわけです。
　　蛇足になりますが、経済計算を例にとれば、中学の頃に悩まされた正負のかけ算にもちょっとした意味づけができます。たとえば$(-2) \times (-5000)$といった計算なら、毎月5000円の赤字が続いているときに、赤字の月が2カ月減ったら収支はどうなるかといった問題と読み替えることができます。すると確かに中学で習った計算の通り、1万円だけ収支が改善します。

せん。つまり1枚、1袋が見分けられるほどに拡大してやれば点と点の間がスカスカ空いていても、取引量全体を見渡せるほどに後ろに引いて点の集まりを眺めてあげると、連続した曲線とみなせます。

フロー変数とストック変数

　第2の理由は、経済変数としての消費・生産量は期間を定めなくてはならないフロー変数（flow variables）であることにかかわっています。クッキーを調理し、食するためには、それぞれ時間が必要です。一瞬のうちに何百枚ものクッキーを作り出すことも、また胃袋に詰め込んでしまうこともできません。必ず1日、1週間、1月など、期間を定めなければ、生産量も消費量も表せません。[*8] こうした数は、蛇口をひねって出てくる水道水の流量を表すのにたとえば1分間当たり何リットルというように期間を定めて初めて記述できるフロー変数です。[*9]

　ちなみにフロー変数に対して、期間ではなく時点を定めなくてはならないストック変数（stock variables）と呼ばれるものがあります。蛇口から出た水道水がバスタブにたまった溜量を表しています。たとえば一国に存在する人口は出生・死亡を通じて時々刻々変化しますから、問題とする時点を指示しなくてはなりません。預金残高や株式・社債の保有残高といった資産残高も同様にストック変数です。[*10]

　さて、フロー変数であれば、それを表すのに分数を含めた有理数が必要となります。たとえば1週間のうち3日だけクッキーを1枚ずつ消費するなら、1日平均当たりでは3/7枚消費することになるからです。また、価格についても1単位当たりの価格ですが、何も1単位ずつ必ずばら売りしなければならない

[*8] ですから厳密にいえば、需要曲線やすぐ後で紹介する供給曲線を描くときでも、どのような期間における取引であるかを、少なくとも議論の前提としてあらかじめ決めておかなければなりません。1ヵ月当たりの需要量や供給量に比べて1年間の需要量は格段に多くなり、期間の異なる取引量を比べることは意味がないからです。以下では、たとえばさしあたり1ヵ月当たりの取引量を念頭に置いていくことにしましょう。
[*9] フロー変数のほかの例としては、所得や輸出入量などがあげられます。
[*10] ある物理学者は、フロー変数を流数、ストック変数を溜数と翻訳したそうです。ちょうど浴槽に水を張るときに、蛇口から流れ出る水量はフロー変数、浴槽に溜まった水量はストック変数ですから、名訳といえます。

という訳ではありません。2枚まとめていくらという販売方法まで考えると、1枚当たりの価格を表すのに1円未満の分数で表される価値も考慮対象となります。[*11]

経済学と数学

（価格についての考え方はやや強引かもしれませんが）このように価格も数量も分数の世界まで取り扱う数の範囲を広げることができます。そうなればスカスカ空いた点の間にも新たに点を付けることができ、図から目をそれほど離さなくても全体として切れ目のない曲線が姿を現すはずです。

連続な曲線として近似できるなら、いっそのこと元から連続な曲線として表せる関係としてみなしたらどうでしょうか。使える数の範囲は実数全体に広がりますから、数学の授業で学んだように需要曲線のようなグラフに対してそれを表す関数を考えることができます。このことからも推察されるように経済分析、とくに理論研究の面で数学の力を利用できるようになります。[*12] 実際、経済学の教育・研究の分野で数学が活用されるようになったのは比較的最近（ほぼ第2次大戦前後からといってよいでしょう）のことですが、それにより経済学研究の発展は加速化したといえます。

ただしご安心ください。本書では難しい数学はほとんど使わずに、経済学の基本的な考え方を解説していきます。

3.1.4 個別需要曲線と市場需要曲線

買い手全体としての需要曲線、つまり市場需要曲線（market demand curve）はどのように導けるでしょうか。買い手の数が多いといってもたかだか有限ですから、以下ではクッキーの買い手が個人A、個人Bの2人からなる

[*11] ただし経済分析で扱われる変数は、フロー変数とストック変数だけというわけではありません。取引数量1単位当たりの対価を表す価格は、フロー変数でもストック変数でもありません。また資金の貸借時に元金に対する利子返済額の割合を表す利子率（rate of interest, interest rate）は本来単位を持たない無名数です。

[*12] 経済変数は基本的に実数として取り扱われますから、必要な数学もほぼ実解析と呼ばれる分野が基本となります。もちろん最近流行のファイナンスをはじめ少し上級な理論を学ぶためには、もっと高度な位相数学や関数解析などが必要となります。

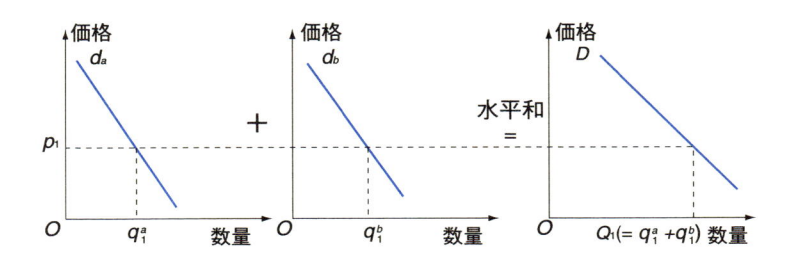

図3-2 個別需要曲線と市場需要曲線

市場について、市場需要曲線を求めてみましょう。

図3-2では個人Aの個別需要曲線が d_a、個人Bの個別需要曲線が d_b で表されています。たとえばクッキーの価格が図の p_1 の水準ならば、個人Aの需要量は q_1^a、個人Bの需要量は q_1^b です。市場全体ではこれらを合計した $Q_1 = q_1^a + q_1^b$ だけクッキーは需要されることになります。同様にしてさまざまな価格について各個人の需要量を求め、それらを合計すれば対応する市場全体での総需要量を求められます。こうして求められた価格と総需要量の組み合わせをつなぎ合わせれば、図の一番右側にあるような右下がりの曲線 D が求められます。これが市場需要曲線です。個別需要曲線が右下がりである限り、市場需要曲線も右下がりとなります。

こうした操作は、図の上では個別需要曲線を水平方向に足し合わせることになります。その意味で、**市場需要曲線は個別需要曲線の水平和として求められる**ともいわれます。また、市場需要曲線の求め方からわかるように、同じ価格でも、クッキーの買い手が増えれば市場需要量が増えますし（買い手の数）、買い手の数が同じであってもどのような好みを持つ買い手たちがいるかによっても市場需要量は影響を受けることに注意してください。

3.2 供給の法則と供給曲線

市場需要曲線が求まりましたので、今度はそれぞれの価格とそのもとでの売

り手たちの販売意欲を表す供給曲線（supply curve）を求めていきましょう。

3.2.1 供給量の決定要因

皆さんがクッキー職人兼販売者となる場合を考えてみましょう。どのくらい生産・販売したらいいか決めるときには、どのようなことを考慮するでしょうか。

クッキーなんて売っても儲かるものだろうか。そんなことをまず考えるでしょう。そして世間ではどのくらいいい値でクッキーは売れるのだろうかと考えるでしょう。けっこういい価格で売れていそうだとわかっても、自分が生産・販売するとなれば、原材料の小麦粉やバターが高かったら儲けはさほど見込めません。自分はクッキーの焼き方なんてわからないというなら、クッキーを焼ける人を雇わなくてはなりません。高い手間賃を払わなくてはならないようなら、やっぱりたいした儲けになりません。ほかの人と同じやり方では儲けが見込めないと思う人は、何かもっと安くおいしいクッキーの焼き方を編み出そうとするかもしれません。

こうした事情を踏まえてみると、個別の売り手の立場から見てクッキーをどれだけ生産・販売しようとする数量、すなわち供給量は次のような事情を考慮して決定されるといえるでしょう。

要因 1　それ自身の価格
要因 2　原材料や労働サービスといった生産要素価格
要因 3　技術知識

もちろんこれら以外にもさまざまな決定要因が考えられます。クッキーが飛ぶように売れるならもっと大型のオーブンを導入して販売拡大を目指したいところですが、手持ち資金がありません。こんな場合には、たとえば銀行からどのくらい融資を取り付けられるかにより事業の拡大規模は制限されます（信用の入手可能性）。またクッキーよりもケーキの方がいい値で売れるようなら、同じオーブンでケーキを焼く方が儲けが大きくなりそうです（他財の価格）。さらに今日は商店街が催すイベントでたくさん来ているお客さんも、明日にな

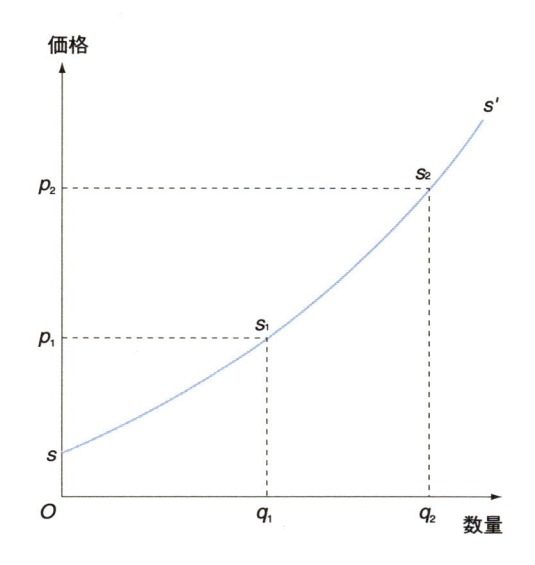

図3-3 供給の法則と供給曲線

ったら少なくなりそうです。だったら今がかき入れ時ですから、いつもよりもがんばって売ろうということになるでしょう（将来の予想）。

3.2.2 供給の法則と供給曲線

需要量の決定要因を検討した場合と同じ理由で、さまざまな要因の中でもクッキーの供給量決定要因としてそれ自身の価格に着目しましょう。他の条件が変わらなければ、それ自身の価格が上昇すると、個々の売り手にはクッキーの供給量を増やすインセンティブが働くと考えられます。生産・販売量の拡大によって以前よりも多くの利潤を得られるからです。

このように他の条件を一定にしたとき、それ自身の価格上昇（または低下）により供給量が増加（または減少）する傾向が、供給の法則 (law of supply) です。需要の法則と同様に、供給の法則も簡単に図解できます。

図3-3のように横軸にクッキーの数量、縦軸に価格をとってみましょう。たとえばクッキーの価格が図の p_1 のような水準で q_1 だけ供給されているとして、供給の法則が満たされていれば、価格が p_2 へと上昇すれば供給量は q_2 の

ような水準まで増えます。他のさまざまな価格についても、点 s_1 や s_2 のような価格と対応する供給量の組み合わせをとっていき、それらをつなげていけば、図の曲線 ss' のような右上がりの曲線、供給曲線が描けます。すなわち供給の法則は右上がりの供給曲線によって表されるのです。

図3-3で求めた供給曲線 ss' は個々の売り手による供給曲線ですから、とくに個別供給曲線（individual supply curve）と呼ばれます。市場需要曲線の場合と同様にして、個別供給曲線の水平和をとれば市場供給曲線（market supply curve）を求めることができます。個別供給曲線が供給の法則に従う限り、市場供給曲線も右上がりとなります。また、クッキーの市場価格が同じであっても、売り手の数が増えれば市場供給量は増えることにも注意しましょう。

3.3 完全競争市場均衡

市場需要曲線は市場全体でのクッキーに対する購買意欲を、市場供給曲線は市場全体でのクッキーの生産・販売意欲を表しています。これらの2つの力はクッキーの相場、つまり市場価格をどのような水準へと導くでしょうか。2つの曲線を組み合わせて完全競争市場における価格の形成過程について検討していきましょう。

3.3.1 超過需給と価格調整

図3-4には、これまでに求めたクッキーの市場需要曲線と市場供給曲線が描かれています。個々の売り手や買い手は価格支配力を持たず、市場価格を与えられたものとして行動するわけですが、どのような価格と取引数量に落ち着くでしょうか。

たとえば価格が比較的高い p_1 だったらどうでしょうか。需要量を表す点は D_1、供給量を表す点は S_1 となり、線分 D_1S_1 だけ売れ残りが発生します。このように供給量が需要量を上回る数量を超過供給量と呼びますが、逆に需要量が供給量を上回る数量を超過需要量と呼びます。超過供給量が正であれば市場

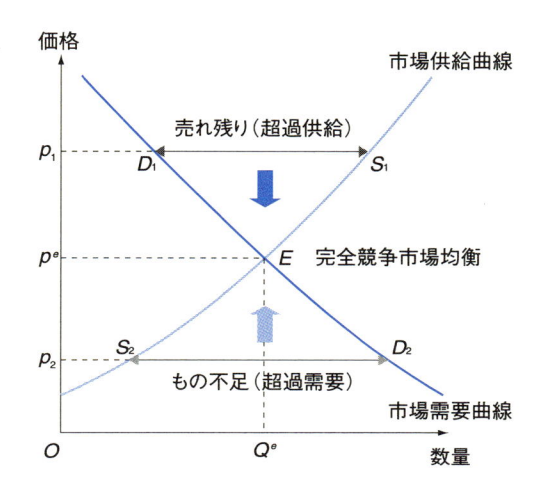

図3-4 価格の需給調整機能と完全競争市場均衡

は<u>超過供給</u>（excess supply）の状態、超過需要量が正となれば<u>超過需要</u>（excess demand）の状態にあるといいます。[*13]

相場で売れるものと思って生産したのに売れ残りを抱えてしまったクッキー生産者たちはどうなるでしょうか。もちろんとても不満です。だからといってせっかく作ったクッキーを捨てるなんてことはしないでしょう。そんなことをするよりも、相場より安くてもいいから販売しようとするでしょう。このように売れ残りを抱えて現在の相場に不満を持った売り手たちが、販売価格を引き下げ始めます。

こうした値下げの圧力が市場全体に行き渡り始めると、相場も下がっていきます。それに伴い買い手たちはクッキーの購入量を増やす一方、売り手たちが生産・販売する数量は減っていきます。

逆に価格が比較的低い p_2 のような水準だったらどうでしょうか。需要量を表す点は D_2、供給量を表す点は S_2 となり、線分 $S_2 D_2$ だけの正の超過需要量、つまりもの不足が発生します。相場で買えるものと思ってクッキーを求めに来

[*13] 定義からわかるように超過供給量の符号を逆にすれば、超過需要量となります。ですから、たとえば超過供給の状態とは超過需要量が負の状態ということもできます。

た買い手たちは、予定していた数量を手に入れられず大いに不満を持つことになります。買い手たちはあきらめて手ぶらで帰宅するでしょうか。そんなことをするよりも、少々高くてもクッキーを買い求めたいと願うでしょう。店主に向かって「もう少し高くてもいいからクッキーを譲ってくれ」という買い手たちの声が聞こえてきそうです。こうした値上げの圧力が市場全体に行き渡っていくことで、相場が上がっていきます。市場価格の上昇に伴い、クッキー生産者たちはこれまでよりも供給量を増やし、逆に買い手たちは購入量を手控えるようになります。

3.3.2 価格機構の役割

　前項の議論から市場経済では価格が次のような2つの役割を持つことがわかります。

　第1に、価格は売り手や買い手に対して財の希少性の指標、言い換えるとシグナルとしての役割を果たします。たとえば超過供給が生まれたのはクッキーの価格が高すぎたからです。買い手にとっては、価格が高い財の購入は手控えてもっと割安な財ですませようというインセンティブが働きます。高価であることは、買い手にとってその財が入手しづらい希少なものであり、節約して有効に使うように促すわけです。逆に売り手の側からいえば、高価であることは世間ではその財が強く求められているものとして生産・販売量を増やして利潤を増やそうとするインセンティブが働きます。つまり高価であることは慎重に消費しつつ生産を増やし、安価であることは大いに消費し生産は手控えるという選択を社会全体に促すシグナルなのです。

　第2に、需給量が一致しない場合に働く価格調整は、需給の不一致、つまり乖離(かい り)の程度を減らすという需給調整の役割を果たしています。もの不足な超過需要の状態では価格は上昇して需要量を減らし供給量を増やすことで、逆に売れ残りを抱えた超過供給の状態では価格が低下して需要量を増やし供給量を減らすことで、需給量が調整されていきます。

3.3.3 市場均衡

　市場経済において価格がこうした2つの機能を十分発揮すれば、最終的に需

給の乖離は解消されていくと期待されます。実際、図3-4の場合には、市場価格は市場需要曲線と市場供給曲線との交点Eに対応したp^eという水準に落ち着くことが確認できます。

価格がいったんこの水準に到達したら、これまでのような相場に対する不満は売り手からも買い手からも生まれません。需給量はともに線分$p^e E$に等しくなり、現行価格p^eのもとで売り手は売りたいだけ、買い手は買いたいだけ取引できるからです。その結果、市場価格がp^eから離れる力は、売り手からも買い手からも生まれません。このようにいったん実現したら誰もそこから離れるインセンティブを持たない状態を、経済学では均衡（equilibrium）と呼んでいます。逆に誰かが現在の状態に不満を持ちそこから離れる、またはそれを変えようとするインセンティブを持つ状態は、不均衡（disequilibrium）と呼びます。

市場取引における均衡は、需要量と供給量が等しくなるときに実現しますが、その状態はとくに市場均衡（market equilibrium）と呼んでいます。これを表すためには、市場価格の水準がいくらかも大事ですが、実現する取引量も同様に重要です。したがって、市場均衡は需給を一致させる価格、均衡価格（equilibrium price）と対応する取引数量、均衡数量（equilibirum quantity）の対として表されることに注意してください。

3.3.4 希少性の市場評価

これまで説明してきたように選択問題が重要なのは、私たちが満たそうとする欲求に比べてその充足手段の利用可能量が限られている、つまり少ない、希少だからです。市場経済においては財やサービスが持つ希少性の程度を価格を使って非常にわかりやすく表すことができます。利用可能な数量に比べて私たちの欲求が強いほど、財の価格が高くなるからです。ここで重要なのは、価格の高低は欲求、すなわち需要だけでなく、利用可能量、すなわち供給の条件のいずれがどれだけ強く働くかによって決まるということです。この点に注意すれば、以下に紹介する「水とダイヤモンドの逆説（パラドックス）」と呼ばれる現象がなぜ起こるかも簡単に理解できます。

読者の皆さんもご承知のようにダイヤモンドなんて日常生活ではとくに必要

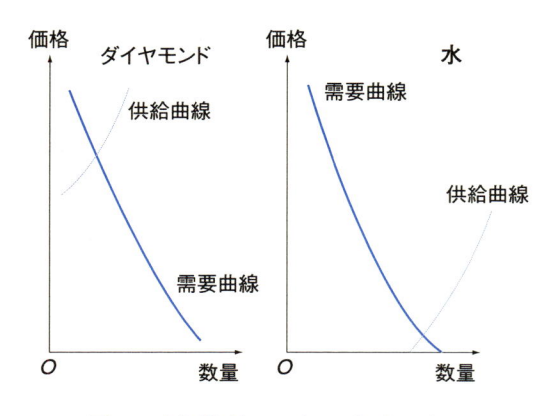

図3-5 水とダイヤモンドのパラドックス

なものではありませんが、非常に高価です。これに対して水は、それなしでは人は生存を維持できませんが、（ダイヤモンドと比べたら）取るに足らないくらい安価です。このように私たちが暮らしていく上でほとんど必要のないダイヤモンドが非常に高価で、逆に生活に不可欠な水が非常に安価なのはなぜでしょうか。

　図3-5で描かれているように、需要供給分析を使えば簡単にその謎解きができます。つまりダイヤモンドの場合には需要に比べて供給がごくわずかなのに対して、水の場合には需要に比べて供給が非常に豊富だからです。とくに後者の場合、供給が十分多いと価格がゼロになってしまうこともあります。価格がゼロになってしまえば誰もがただで好きなだけ利用できますから、節約する必要はありません。経済学ではこのように価格がゼロとなる財を自由財（free goods）と呼び、正の価格がつく財を経済財（economic goods）と呼んでいます。市場経済において選択決定が問題となるのは、主に経済財です。

　しかしながら、市場取引でつく価格がゼロだったり、またゼロに非常に近い水準であったからといって必ずしも希少でないとはいえないことにも注意しましょう。以前の日本なら水はただ同然と思われたかもしれませんが、今では清浄で良質の水を求める需要が増えたためにペットボトル入りのミネラル・ウォーターが、非常に高価であってもよく売れるようになりました。人々の水の質に関する知識・情報が高まったからだといえます。同じことが自然環境や地球

環境についてもいえます。澄んだ空気が満ち、ゴミや汚染物質がたれ流されない暮らしの大事さを知ることで、水や環境の価値が高まってきたのです。逆にいえば、そうした知識がなかった以前の市場では、環境という資源には適切な価格がつけられていなかったといえます。このように社会全体から見たときに資源の適切な希少性の程度、価値が、価格機構を通じては適切に評価されないことがあります。その場合には、価格機構の働きを助けるために何らかの支援、つまり政策的措置が必要となります。[*14]

本章の要点

❶ 需要量の主な決定要因：それ自身の価格、他財の価格、所得（予算）、財についての情報、将来の予想、信用の入手可能性、選好など。

❷ 需要の法則：（それ自身の価格以外の）他の条件を一定にしたとき、財に対する需要量はそれ自身の価格が低いほど多くなる。

❸ 供給量の主な決定要因：それ自身の価格、生産要素の価格、技術知識、信用の入手可能性、他財の価格、将来の予想など。

❹ 供給の法則：（それ自身の価格以外の）他の条件を一定にしたときに、財の供給量はそれ自身の価格が高いほど多くなる。

❺ 個別需給曲線と市場需給曲線
 ⓐ 個別需要曲線を水平方向に足し併せると市場需要曲線となる。
 ⓑ 個別供給曲線を水平方向に足し併せると市場供給曲線になる。

❻ 市場均衡：競争的市場において財は、需要曲線と供給曲線の交点が示す価格（均衡価格）と数量（均衡取引量）の組み合わせ（市場均衡）で取引される。

❼ 経済財と自由財：需要・供給で決まる価格が正となる財は経済財、価格がゼロとなる財は自由財である。

[*14] 価格機構が資源利用の価値を適切に反映できず、したがって効率的資源配分の実現を妨げる要因は、市場の失敗と呼ばれています。この問題については第8章で取り上げます。

練習問題

問 1. 下の図 A、B において直線 $D_1 D_1'$ は個人 1 のクッキー需要曲線、直線 $D_2 D_2'$ は個人 2 のクッキー需要曲線を表しています。市場における買い手はこれら 2 個人に限られるとして、市場需要曲線を図示しなさい。

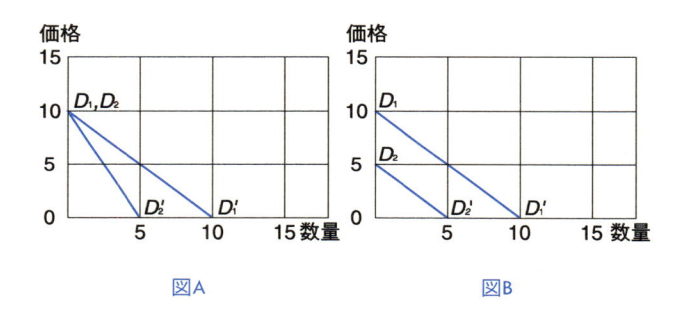

図A

図B

問 2. クッキーの供給が売り手 1、売り手 2 により行われている状況を考えましょう。売り手 1 と売り手 2 の個別供給曲線が下図 C または図 D のように表されるとき、市場供給曲線を求めなさい。

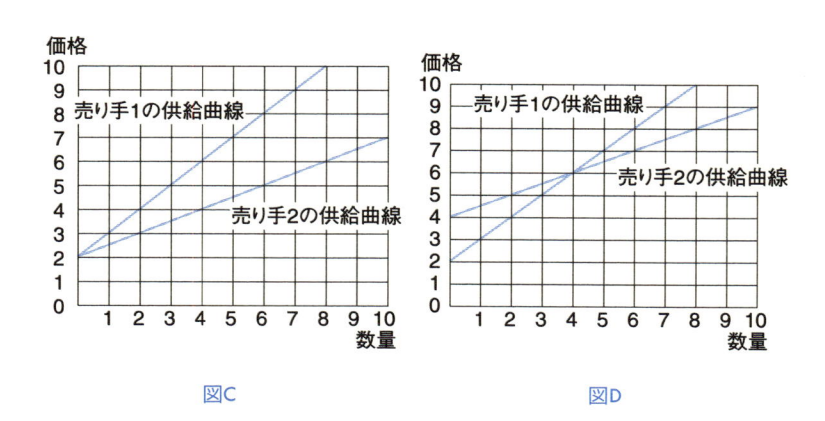

図C

図D

問 3. 次の図は競争下にあるクッキー市場を描いています。下の各問に答えなさい（①〜④については、（　）内を適当な語句等で埋めること）。

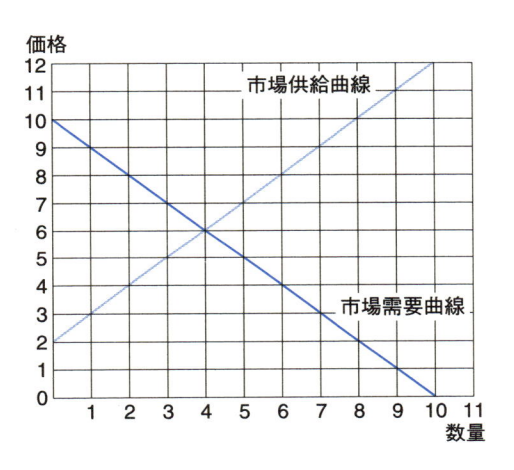

図E

① 価格が 7 のときには市場需要量は（　）、市場供給量は（　）なので、市場は超過（　）の状態にある。
② 価格が 3 のときには市場需要量は（　）、市場供給量は（　）なので、市場は超過（　）の状態にある。
③ 市場均衡は価格が（　）のときに実現し、対応する均衡取引数量は（　）となる。
④ 均衡とは本来（　）状態だが、市場取引における均衡では（　）と（　）が等しくなる状態を指す。
⑤ 図Eの市場需要曲線を表す市場需要関数を求めよ。
⑥ 図Eの市場供給曲線を表す市場供給関数を求めよ。

問 4. 上の図Eに表されたクッキー市場を考えましょう。
① クッキーの価格が変わらずとも、クッキーの需要量が以前よりも 2 単位増えると市場均衡はどのように変化するでしょうか。また、新しい需要曲線はどのような関数で表せるでしょうか。

② クッキーの価格が変わらずとも、クッキーの供給量が以前よりも2単位増えると市場均衡はどのように変化するでしょうか。また、新しい供給曲線はどのような関数で表せるでしょうか。

問5. 骨董品の価格は、日用品に比べて高いのはなぜでしょうか。需要供給分析を用いて説明しなさい。

第4章

需給変化と比較静学

前章では完全競争のもとで市場価格がどのように形成されるかについて、需要・供給曲線を用いて検討してきました。他の条件を一定にする限り、クッキーの価格が上昇すれば需要量は減る傾向があること（需要の法則）に着目して買い手の購入意欲を需要曲線、そして価格上昇とともに供給量は増える傾向があること（供給の法則）に着目して、売り手の生産・販売意欲を供給曲線を用いて表しました。

しかし、個々の買い手や売り手の行動を見ると同じ価格でも需給量が違うものがいたり、同一の取引主体であっても一定としていた他の条件が異なれば以前と同じ価格でも需給量は変化するでしょう。後者のような購入・販売意欲、つまり需給の変化は市場均衡にも影響を及ぼします。こうした他の条件が変化するときに均衡がどう変化するかを明らかにすることを比較静学分析と言いますが、需給条件の違いや変化はどう記述すればいいのでしょうか。需給条件が変わることで生じる均衡の変化にはどのような特徴があるでしょうか。本章ではこれらの問題について取り上げていきます。

4.1 需要の大小と増減

まずはどのような方法を用いれば需要条件の違いや変化をうまく表せるかに

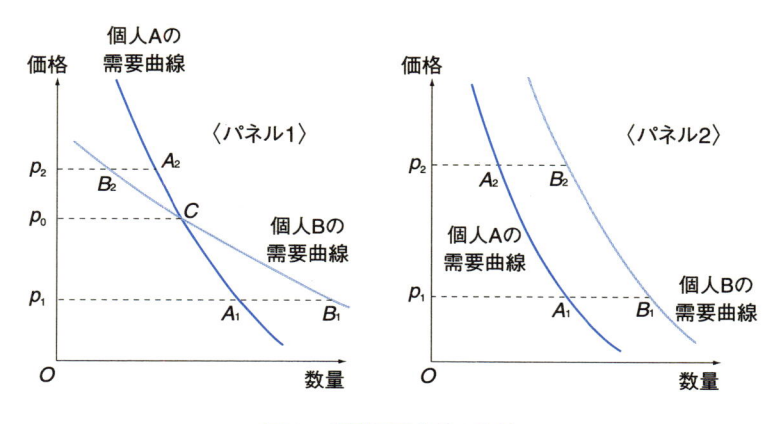

図4-1 個別需要曲線の比較

ついて検討していきましょう。他財の価格や所得・予算の変化によっても個々の買い手のクッキー需要量は変化するでしょうが、まずはじめに、もう少し簡単なクッキーに対する好みなど個々の買い手に固有な条件の違いに着目して需要量がどのように異なるかを見ていきましょう。実は、この問題を検討した結果は、他の条件変化が引き起こす需要条件の変化を表すのにも非常に役立ちます。

4.1.1 個別需要の大小比較

図4-1に表されるような2人の個人A、Bの個別需要曲線を比べてみましょう。

パネル1に描かれた2人の需要曲線を比べてみると、価格 p_0 を境にして、同じ価格でも需要量の大小関係が逆転しています。これではどちらの方がクッキーに対する購入意欲が強いかは定かではありません。価格次第だからです。

他方、パネル2ではどうでしょうか。価格 p_1、p_2 などどんな価格のもとでも個人Aより個人Bの方が需要量が多くなっています。このような場合ならば価格の水準にかかわらず個人Aより個人Bの方がクッキーの購入意欲が強いといえます。このように個人Aの需要曲線よりも個人Bの需要曲線が右方に位置しているとき、個人Aよりも個人Bの方が needs が（より）大きいといいます。

4.1.2 需要曲線のシフト

 同じ個人でも他の条件が変化すれば、価格が同じであっても需要量は異なってきます。購入意欲、つまり需要は変化します。以下では、所得（または予算）が変化する場合と他財の価格が変化する場合を例にとって需要の変化を検討しましょう。

■ 所得増加による需要増減

 通常懐具合があたたかくなれば、多くの財やサービスの購入量は増える傾向があります。しかし、たとえば本当ならきちんとした定食屋やレストランで食事をしたくても懐具合がそれを許さないために、カップ麺しか食べられないという場合もあるでしょう。このような場合には所得が増えれば、カップ麺の消費量は減ることになります。

 経済学では所得の増加とともに需要量が増える財を正常財（normal goods）または上級財（superior goods）、逆に減る財を劣等財または下級財（inferior goods）と呼んでいます。[*1] なお、所得が増えても需要量が変わらない財は、中立財または中級財（neutral goods）と呼びます。

 たとえばクッキーは正常財、カップ麺は劣等財としましょう。図4-2に描かれているように、この場合に所得が増加すれば、以前と同じ価格でもクッキー需要量は増えますから、クッキーの需要曲線は所得増加前に比べて右側の位置に新たに引けます。需要曲線が右側に移動する、つまり右方シフトするわけです。このように需要曲線が右方シフトし、以前と同じどんな価格であっても需要量が増える場合、需要は増加したといいます。

 逆に、カップ麺の場合はどうでしょうか。クッキーの場合とは逆に、その需要曲線は左方シフトします。このような場合、需要は減少したといいます。

[*1] 「正常」や「劣等」、「上級」や「下級」という言葉には、日常使うような意味はないことに注意してください。

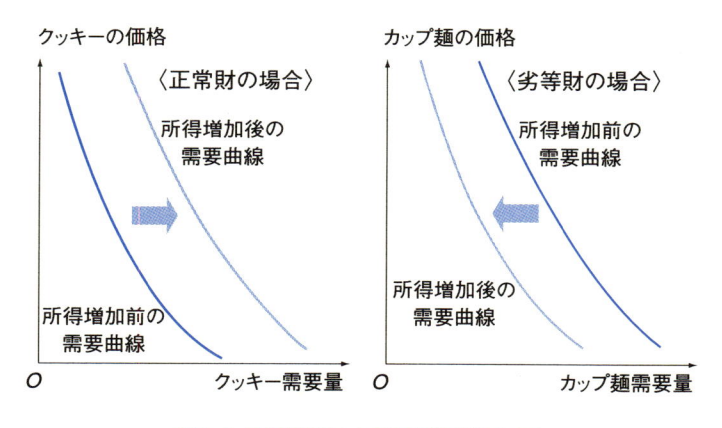

図4-2 所得増加による需要曲線のシフト

他財の価格上昇による需要増減

　同じような需要の増減は、他財の価格が変化しても起こります。クッキーを例にとって考えてみましょう。

　前章でも触れましたが、ケーキやチョコレートといったものはクッキーの代替財と考えられます。それらの価格が上昇すれば、買い手はこれまで購入していたケーキやチョコレートの購入を手控え、相対的に割安になったクッキーで代用しようとするでしょう。その結果、クッキー自身の価格が変わらずともその需要量は以前よりも増加します。すなわち図4-3に示されているように、クッキー需要は増加し、需要曲線は右方シフトします。

　他方、紅茶やコーヒーなどクッキーの補完財の価格が上昇する場合はどうでしょうか。補完財自身の需要量、つまり紅茶やコーヒーを飲む量が減るために、お茶の時間につまむクッキーの量も減少するでしょう。こうした結果、クッキーの価格が変わらずともその需要量は減少する、つまり需要曲線は図4-3に示されているように左方シフトします。

需要曲線のシフトと市場均衡の変化

　買い手の中に需要曲線がシフトするものがいれば、それに対応して市場需要曲線も同じ方向にシフトします。たとえば市場需要が増加すると、市場均衡はどのように変化するでしょうか。クッキー市場を例にとって検討しましょう。

第4章 | 需給変化と比較静学

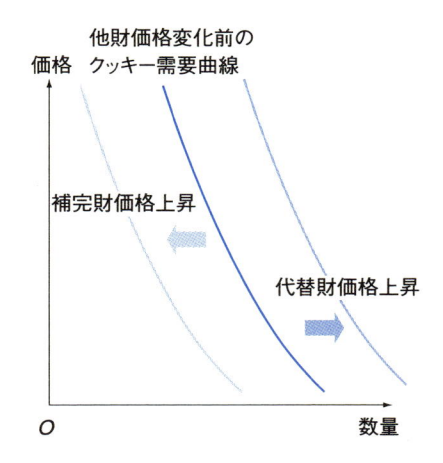

価格

他財価格変化前の
クッキー需要曲線

補完財価格上昇

代替財価格上昇

O 数量

図4-3 他財の価格上昇と需要曲線のシフト

価格

市場供給曲線

p_1 ─────── E_1
p_0 ── E_0 ─────── D_0

旧市場需要曲線

新市場需要曲線

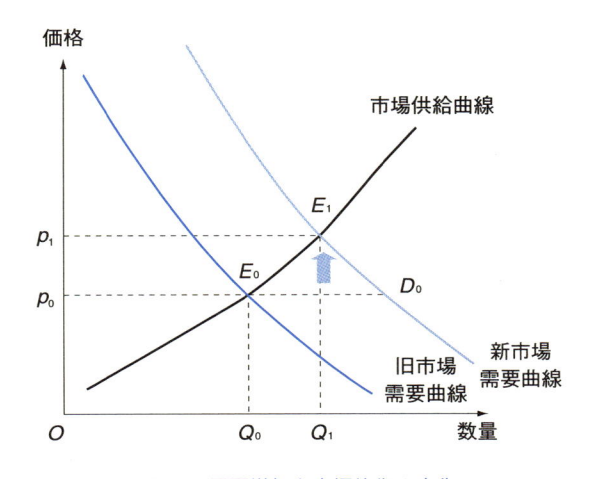

O Q_0 Q_1 数量

図4-4 需要増加と市場均衡の変化

　図4-4には、当初の市場需要曲線（図の旧市場需要曲線）と市場供給曲線のもとで実現する市場均衡が点 E_0 で表されています。ここで所得や他財の価格が変化して市場需要が増加するとどうでしょうか。新しい需要曲線は、図の新市場需要曲線のように旧市場需要曲線よりも右側に引けますから、価格が当初の均衡価格 p_0 にあれば、線分 $E_0 D_0$ だけ超過需要が生まれます。その結果、

69

価格上昇の圧力が働きだして、最終的には新しい均衡点 E_1 に到達します。価格は上昇し、取引数量が増加します。

　他の条件が変化して市場需要が減少する場合はどうなるでしょうか。各自、図を描いて、市場価格が低下し、取引数量が減少することを確認してください。

4.2　供給の大小と増減

需要の場合と同様な方法で供給の大小・増減も表すことができます。

4.2.1　個別供給の大小比較

　たとえば企業Aと企業Bの2社について、クッキーの供給意欲を比べてみましょう。それぞれの供給曲線が図4-5のように描かれている場合はどうでしょうか。

　パネル1の場合には、企業Aに比べて企業Bの供給量が多くなるか否かは価格の水準に依存します。しかし、パネル2のようにどんな価格でも企業Aに比べて企業Bの供給量がより多くなれば、企業Aに比べて企業Bの供給意欲は強いといえます。このように企業Bの供給曲線が企業Aの供給曲線よりも右側に位置する場合に、企業Bの方が供給が（より）大きいといいます。

4.2.2　供給曲線のシフト

　売り手の供給意欲は、生産・販売を取り巻く環境の変化により影響を受けます。以下では、生産活動に必要な生産要素の価格が変化する場合と生産・販売にかかわる費用を減らす技術進歩が起こる場合を例にとって、供給曲線がどのような影響を被るかを検討しましょう。

■ 生産要素価格上昇による供給減少

　クッキーの原材料である小麦粉やバターの価格が上昇したら、以前と同じだ

第4章 需給変化と比較静学

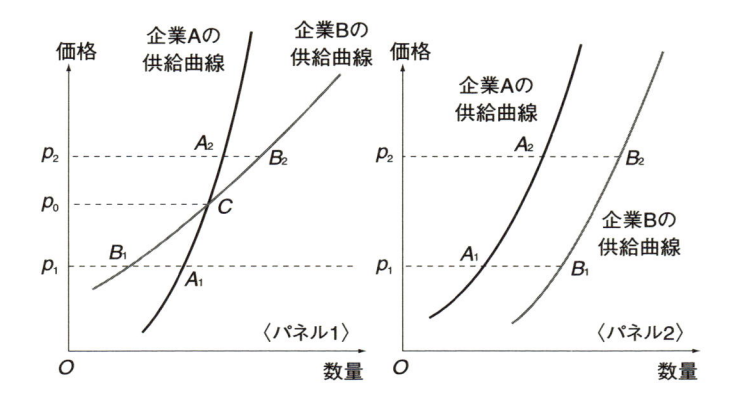

図4-5 個別供給曲線の比較

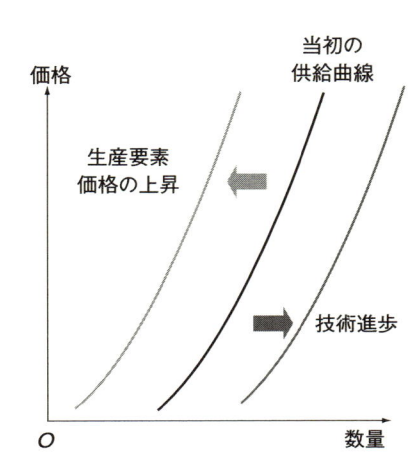

図4-6 生産要素価格変化・技術進歩と供給曲線のシフト

け生産・販売しても儲けが減ってしまうでしょう。アルバイトを雇って夜遅くまでクッキーを焼いても割に合わなくなります。

このように原材料や労働サービスのような生産要素の価格が上昇すれば、生産・販売費用が以前よりも増えるために、個々の売り手の供給意欲は弱められてしまいます。そのために、図4-6が示すように価格が変わらずとも、売り手によるクッキー供給量は減ってしまいます。このような場合を、供給は減少す

るといいます。生産要素価格が上昇する前と比べると、その左側に新しい供給曲線が引けますから、供給の減少は供給曲線の左方シフトにほかなりません。

■技術進歩による供給増加

新型のオーブンを使うと従来に比べて大量のクッキーを格段に安価に、かつ手早く焼けるとのことです。クッキー生産者がこのオーブンを使うようになれば、それはクッキー産業における新技術の導入、技術進歩です。新技術を導入した売り手は、価格が変わらずともクッキー供給量を増やしてより大きな利潤を得ようとします。つまり供給は増加して、供給曲線は図4-6に描かれているように右方にシフトします。

■市場供給の増加と市場均衡の変化

上のように売り手の生産・販売活動を取り巻く環境が変化すれば、クッキーの価格が変わらずとも供給量が変化し、供給曲線がシフトします。個別供給曲線の変化は市場供給曲線の変化を引き起こし、市場均衡に影響を及ぼすことになります。

市場供給が増加、つまり市場供給曲線が右方にシフトすれば、均衡価格は低下し、均衡取引数量は増加します。逆に市場供給が減少すれば、価格は上昇し、取引数量は減少します。これらの点については前掲の図4-4と同様の図を描いて確認してください。そして、友人とその図を比べてみましょう。

的確な図を描けているか否かも大事ですが、どうもあなたの図と友人のとでは価格や数量の変化の程度が違いませんか。その原因は、需要曲線や供給曲線の傾き具合が違うからだということもすぐにわかります。節を改めて、もう少しこの違いについて検討していきましょう。

4.3 需給の感応度

たとえば市場供給が増加する場合について、図4-7を用いて、需要曲線の傾

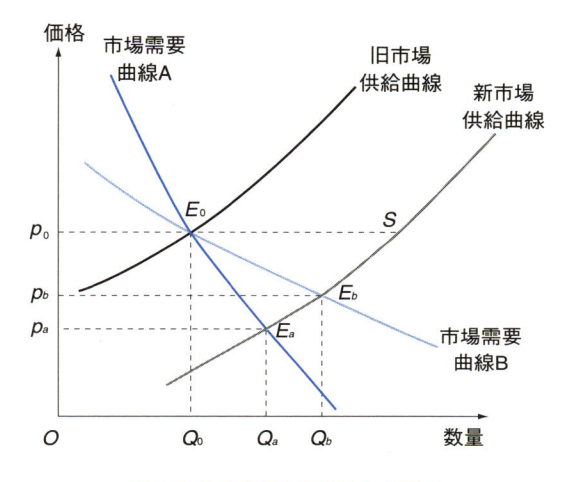

図4-7 供給増加と価格変化の違い

き具合で均衡の変化がどのように違ってくるかを見ていきましょう。

4.3.1 価格変化に対する需要の感応度

　当初、クッキー市場供給曲線が図の旧市場供給曲線で表されているとしましょう。その上でクッキー市場需要曲線が曲線Aまたは曲線Bのいずれかで表されるものとします。需要曲線がいずれの場合であっても、当初の均衡は点 E_0 と同じです。ここで生産要素価格が低下したり、または技術進歩により供給曲線が新市場供給曲線まで右方シフトしたらどうでしょうか。

需要曲線の傾きと価格・数量の単位

　新しい均衡点は、需要曲線が曲線Aで示される場合なら点 E_a、曲線Bで示されるなら点 E_b となります。2つの新しい均衡点を比較するとわかるように、需要曲線Aの場合の方が価格低下幅は大きく、取引数量の増加幅は小さくなります。すでに前節の最後に指摘したように、こうした違いが生まれる理由は、需要曲線の傾き具合の違いにあります。傾きが違うということは、同じ価格変化でも曲線Aと曲線Bとでは需要量の変化幅が違う、つまり価格変化に対する需要の感応度、需要の価格感応度が違うことを意味します。すでに個別需

要曲線の違いを検討した際に用いた図4-1のパネル1でも同様ですが、個人Aに比べて個人Bの方が価格変化に対する需要の感応度が高いといえそうです。

しかし、需要曲線の傾きの大きさだけで需要の価格感応度を比べるのは適当でしょうか。需要曲線の傾きは価格変化と対応する需要量の変化の比率を表しています。いずれも単位の取り方に大きく依存しています。たとえばアメリカの通貨単位はドル、重量の単位はオンスです。クッキーの取引が目方に応じて行われるとすれば、日本では100円の価格低下で需要量が2キログラム増えるから需要曲線の傾き（の大きさ、つまり絶対値）が2/100＝0.02、米国では1ドルの価格低下により需要量が2オンス増えるから傾きが2/1＝2となります。このとき、米国の方が需要の価格感応度が大きいといえるでしょうか。為替レートの水準によってもこうした価格変化の幅は、どちらの通貨に換算しても違ってきます。

■ 需要の価格弾力性

このように需要曲線の傾きは価格・数量の単位の取り方から大きく影響を受けますから、価格感応度の指標としては適当ではありません。それぞれの変化率を百分比で表したらどうでしょうか。当初の価格に比べて価格が1％低下（または上昇）したら需要量は何％増えるか（または減るか）を考えれば、これらの値は価格や数量の単位の取り方から影響を受けません。これが、需要の価格弾力性（price elasticity of demand）です。式で表せば、次のようになります。

$$需要の価格弾力性 = -\frac{需要量の変化率}{価格変化率}$$

上の式の右辺にマイナスの符号がついているのは、需要の法則が満たされている限り価格変化の方向と需要量の変化の方向は逆になり、単純に変化率の比率をとると値が負になってしまうのを補正するためです。こうすることで数学的な意味での負の数の大小と需要の価格感応度の大小とが逆になるという混乱を避けています。

需要の価格弾力性についての理解を確実にするために、1つ例を挙げておきましょう。需要の価格弾力性がたとえば3で、価格が10％上昇するとき、需要

量はどのくらい変化するでしょうか。上の式を書き直すとわかるように、

　　需要量の変化率＝－需要の価格弾力性×価格変化率

という関係が成り立ちます。したがって、求める需要量の変化率は、

　　需要量の変化率＝－3×0.1＝－0.3

すなわち需要量は30％減少することがわかります。[*2]

需要の価格弾力性と支出変化

　需要の法則が満たされている限り、クッキーの価格が上昇すればクッキー需要量は減少します。その結果、買い手のクッキー購入に向けた支出額も変化します。それは減少するでしょうか、それとも増加するでしょうか。

　クッキー価格の上昇割合に比べて需要量の減少割合が大きければ、つまり需要の価格弾力性が1を上回れば、支出額は減少します。逆に、クッキー需要量の減少割合が価格の上昇割合に及ばず、需要の価格弾力性が1を下回れば、支出額はかえって増加してしまうでしょう。この点に着目して、需要の価格弾力性が1を上回る場合には需要は価格弾力的（price-elastic）、1を下回る場合には価格非弾力的（price-inelastic）だといいます。

　また、クッキー需要の価格弾力性が1ならば、価格水準に限らずクッキーへの支出額は一定となることにも注意しましょう。なぜならば、価格上昇と需要量減少とがちょうど相殺しあうからです。このような場合、対応する需要曲線は図4-8のような直角双曲線となります。

　需要の価格弾力性が1でない場合についても、対応する需要曲線が特徴ある形になるものがあります。たとえば価格がわずかでも低下すれば需要量がいくらでも増える、つまり需要の価格弾力性が無限大（∞）となる場合には、需要曲線は図4-8に描いたように数量軸に完全に水平となります。この場合には需要は完全に（価格）弾力的（infinitely price-elastic）だともいいます。

　逆に、価格が変化しても需要量が全く変化しない、つまり需要の価格弾力性

[*2]　－3×10％＝－30％と計算してもかまいません。

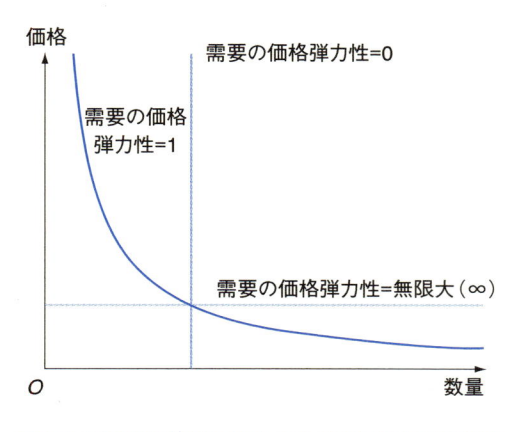

図4-8 需要の価格弾力性とさまざまな形の需要曲線

が0（ゼロ）の場合には、需要曲線は図4-8のように数量軸に完全に垂直となります。この場合には、需要は完全に（価格）非弾力的（perfectly price-inelastic）だともいいます。[*3]

需要の価格弾力性の決定要因

このように需要の価格弾力性の大きさは、供給変化に伴う価格変化率、加えてその結果生じる支出額変化の方向を左右するという意味で、経済分析上、とても有用な概念です。しかし、弾力性の値はどのような場合に大きくなったり、小さくなったりするのでしょうか。

もっとも大きな要因は、代替財の豊富さです。たとえばガソリン価格が上昇する場合を考えてみましょう。バスも鉄道もない遠隔地では自家用車は必須の交通手段です。ガソリンの価格が上昇したからといって、仕事や通学のために自家用車やバイクの利用を手控えるのは容易ではありません。ほんの近所への移動に限って自転車や徒歩ですませるくらいでしか、ガソリンの消費量を節約

[*3] ただし、必ずしも1本の需要曲線上のどこではかっても需要の価格弾力性が一定となるわけではありません。たとえば練習問題でよく取り上げられるように需要曲線が直線で表される場合には、価格1円の低下による需要量の増分は一定なので、価格が十分高く需要量が少ないと需要の価格弾力性は大きく、逆に価格が十分低く需要量が多いと弾力性は小さくなります。各自、図を描いて確かめてください。

できません。

しかし、バスや鉄道、地下鉄、モノレールなどが発達した都市部ではどうでしょうか。ガソリンの価格が上昇すれば、これらの公共交通手段の利用料金も上昇するでしょうが、ガソリン価格ほどではありません。[*4] そのため都市部では自家用車利用から代替的な公共交通手段の利用へと多くの人が乗り換えるために、ガソリン需要量の減少割合も地方より大きくなります。

買い手側の消費行動を考察する期間が長くなるほど、そして価格変化が永続化するほど、代替財が豊富になるということにも注意しましょう。前述の例でも、ガソリン価格が安いときに買った燃費の悪い大型車を燃費のよい小型車に買い換えることができれば、ガソリン購入量を相当節約できます。こうした買い換えが実際に起こるためには、単により長い時間が必要なだけでなく、買い換える方が得策だと人々に判断されなくてはなりません。すなわち、ガソリンの高価格が今後も続くと人々が思えるようにならなくてはなりません。

このように、高価格が続けばほかのもので代用でき、そして代用品の種類が多いほど、価格変化に対する需要の感応度は高くなる傾向があることに注意してください。

供給の価格弾力性

価格変化に対する需要の感応度と同様に、供給の価格感応度を定義することができます。供給の法則が満たされる限り、価格変化の方向と供給量変化の方向は同じになりますから、供給の価格弾力性は次のように表せます。

$$供給の価格弾力性 = \frac{供給量の変化率}{価格変化率}$$

供給の価格弾力性は、1％の価格上昇（または低下）により供給量が何％増加（または減少）するかを表します。したがって、たとえば供給の価格弾力性が5である場合に価格が10％上昇すれば、供給量は $5 \times 0.1 = 0.5$、つまり50％増加することになります。

[*4] なぜでしょうか。よく考えてみると、第8章で取り上げられる問題（規模の経済や料金規制など）に行き着くことと思います。ここでは「そういう傾向がある」という程度の理解で十分です。

供給の価格弾力性が大きいか小さいかにより、市場需要の増減による均衡価格の変化率が影響を受けます。需要が増加する場合なら、供給の価格弾力性が大きいほど価格の上昇率は小さく取引数量の増加率は大きくなります。各自、図を描いて確認するようにしましょう。

　需要の価格弾力性についてと同様の注意がいくつかあります。

　第1は、供給の価格弾力性の大きさを定める要因についての注意です。クッキー以外の財を生産・販売できる売り手ならば、クッキー販売による儲けがわずかでも少なくなれば、ケーキやチョコレートといった他の財の生産・販売を増やして利潤を確保しようとするインセンティブが働くでしょう。この場合、わずかばかりのクッキー価格の低下でも、クッキーの供給量の削減幅は大きくなります。

　また、クッキー生産のための設備を拡張・廃棄できるほどの時間に余裕があれば、価格変化による供給量変化もより大きくなると期待されます。価格が上昇してクッキー販売による儲けが大きくなれば、売り手はクッキー専用の大型オーブンを導入したり、より多くのアルバイトを雇ったりして、生産・販売量を大幅に増やせるからです。

　このように生産・販売における代替財が豊富であるほど、そして生産・販売の調整により長い時間をかけられるほど、供給の価格弾力性は大きくなる傾向があります。

　第2は、供給曲線の形状にかかわる注意です。供給曲線が右上がりであれば、供給の価格弾力性の大きさは有限なプラスの値となります。しかし、世の中には土地や骨董品・絵画のように供給量がそもそも限られているものがあります。このような場合には供給の価格弾力性はゼロとなり、供給曲線は数量軸に完全に垂直となります。このとき、供給は完全に（価格）非弾力的だともいいます。また、大学界隈のコピー・サービスを考えると、一枚10円程度の相場水準ならいくらでも提供しようとするコンビニや文具屋がたくさんあります。このような場合には、供給曲線は数量軸に対して完全に水平、したがって供給の価格弾力性は無限大（∞）となります。このとき、供給は完全に（価格）弾力的だともいいます。図4-9には、こうした供給曲線が描かれています[*5]

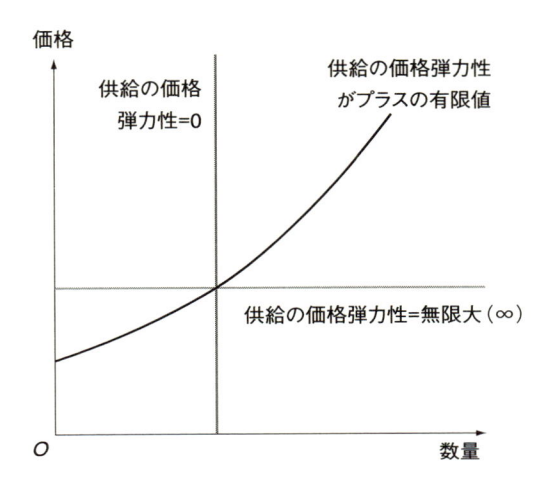

図4-9 供給の価格弾力性と供給曲線の形状

4.3.2 所得変化に対する需要の感応度

価格変化に対する需要の感応度を考えたと同じように、所得変化に対する需要の感応度というものも考えることができます。

すでに説明したように、価格が同じであっても所得や予算が変化すれば、各財の需要量は変化します。正常財であれば需要量が増えますが、たとえば国内・海外などの観光旅行といったレジャーやカルチャー・スクールなどでの教養・娯楽サービスに対する需要量は、多くの場合、所得の増加程度を超えて増える傾向があります。活字文化離れが嘆かれる今日だと、大学生の（専門書を含めた）書籍の消費量は所得が増えるほどには増加しないかもしれません。

このような所得変化率と対応する需要量変化率の相対的大きさに着目して、需要の所得弾力性（income elasticity of demand）という概念が、次のように定義されています。

$$需要の所得弾力性 = \frac{需要量の変化率}{所得変化率}$$

---

*5 需要曲線の場合と同様に、同一の供給曲線上でも供給の価格弾力性は必ずしも一定となるわけではありません。各自で検討してみてください。

この式は、

　　需要量の変化率＝需要の所得弾力性×所得変化率

と書き直せることに注意しましょう。したがって、たとえば需要の所得弾力性が1.5の場合に、所得が30％増加すれば、その財の需要量は1.5×0.3＝0.45、つまり45％増えることになります。

　需要の所得弾力性が１を上回る観光旅行であれば、所得の増加割合を上回る率で需要量が増えますから、所得に占める観光旅行への支出割合は以前よりも多くなります。こうした傾向は日常贅沢品と呼ばれるものに多く見られるために、経済学では奢侈財（luxuries）と呼ばれています。逆に、正常財（したがって需要の所得弾力性がプラス）であっても所得弾力性が１未満のものは、所得水準にかかわらず誰もが日常で使うものに多く見られる傾向があるので、経済学では必需財(necessities) と呼ばれています。ただし経済学における奢侈財・必需財と、日常の意味での奢侈財・必需財とは必ずしも一致しないことにも十分注意しなければなりません。

4.4* 変化率の公式

　需給の価格弾力性であれ、需要の所得弾力性であれ、それぞれ価格や所得、需給量の変化率を問題にしています。また、需要の価格弾力性の場合には、それが１よりも大きいか否かによって、価格低下による支出変化率がプラスとなるか否か、つまり支出が増えるかどうかが決まりました。このように経済学ではしばしばさまざまな変数の変化率の間に成り立つ関係に着目します。そこで本節では密接に関連する変数の変化率の間にどのような関係が成り立つかを検討していきましょう。

4.4.1 積の関係で結ばれた諸変数

　たとえばクッキーに対する支出を考えると、

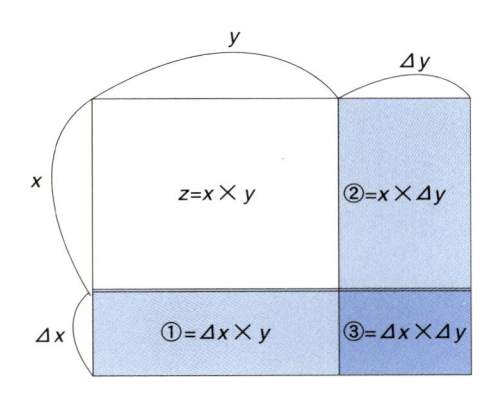

図4-10 長方形の面積 $z = x \times y$ の変化

　　支出＝価格×数量

という関係が成り立ちます。積で結ばれる変数は、支出以外にも、一国全体の大雑把な所得を表す「GDP（国内総生産）＝人口×1人当たりGDP」のように数多くあります。そこで、

　　$z = x \times y$

というように積の関係で結ばれた3つの変数 x、y、z について、それぞれの変数の変化率が互いにどのような関係にあるかを考えてみましょう。手がかりは、この関係式を見てすぐに思い出す長方形の面積を求める公式です。図4-10は、縦の長さが x、横の長さが y、面積が z の長方形を表しています。ここで縦の長さがわずかに Δx、横の長さが Δy だけ増えたらどうでしょうか。[6] 対応する面積の増分を Δz と表せば、図からわかるようにそれは①～③の合計に等しくなりますから、次の関係式が成り立ちます。

---

[6] ある経済変数 x の5％や10％といったわずかな割合だけ考えるとき、対応する変数の変化分を表すのにギリシア文字デルタの大文字 Δ を使って Δx と表記します。以下の章でもときどき用いますが、微少な変化分を表す記号 Δ は経済学でしばしば用いられますから、少しずつ慣れるようにしましょう。

$$\Delta z = \Delta x \times y + x \times \Delta y + \Delta x \times \Delta y$$

$z = x \times y$ というもともと成り立っている関係に注意しながら、左辺を z、右辺を $x \times y$ で割ると次のようになります。

$$\frac{\Delta z}{z} = \frac{\Delta x}{x} + \frac{\Delta y}{y} + \frac{\Delta x}{x} \times \frac{\Delta y}{y}$$

縦の長さも、横の長さもごくわずかな変化だけを考えれば、右辺第3項の x と y の変化率は第1項、第2項に比べて相当小さくなります。実際、たとえば x が10％増加し、y が5％増える場合には、

$$\frac{\Delta x}{x} \times \frac{\Delta y}{y} = 0.1 \times 0.05 = 0.005$$

となり、x や y の変化率よりも小数点以下の桁数がさらに小さくなります。したがって、3つの変数 x、y、z の変化率の間に成り立つ大雑把な関係を見ようとする場合には、第3項を無視してもさほど問題ではありません。すなわち、ごくわずかな変化率を扱う限り3つの変数の変化率の間には次のような近似式が成り立つことがわかります。

$$\frac{\Delta z}{z} = \frac{\Delta x}{x} + \frac{\Delta y}{y}$$

このように、2つの積として求められる変数 z の変化率は、掛け合わされる変数 x、y それぞれの変化率の和に等しくなります。

この結果を、支出の式に当てはめてみましょう。すると次の関係が成り立ちます。

　　支出の変化率＝価格の変化率＋需要量の変化率

右辺を価格の変化率でくくり、需要量の変化率を価格変化率で割りマイナスをつけたものが需要の価格弾力性に等しいことに注意すれば、上式は次のように変形できます。

　　支出の変化率＝価格変化率（1－需要の価格弾力性）

この結果から、先に検討した価格変化と支出変化の関係を確認することがで

きます。すなわち、価格が上昇するとき支出が低下するためには、需要の価格弾力性が1を上回らなくてはなりません。

4.4.2 商で結ばれた諸変数

次式のように、積ではなく商で結ばれた3つの変数の場合はどうでしょうか。

$$z = \frac{x}{y}$$

前項でも紹介した1人当たりGDPなどを求める場合によくお目にかかる関係です。一見難しそうですが、上式の両辺にyを掛ければ、

$$x = yz$$

となりますから、これに前項で求めた積で結ばれた変数間について成り立つ変化率の公式を当てはめることができます。つまり、

$$\frac{\Delta x}{x} = \frac{\Delta y}{y} + \frac{\Delta z}{z}$$

が成り立ちますから、これを書き直して次のような関係が得られます。

$$\frac{\Delta z}{z} = \frac{\Delta x}{x} - \frac{\Delta y}{y}$$

すなわち、2つの変数の商として表される変数の変化率は、商を構成する分子の変化率から分母の変化率を引いたものに等しくなります。したがって、1人当たりGDP変化率（つまり成長率）を求めるのであれば、次式が表すように一国全体のGDP変化率（つまり国内経済成長率）から人口成長率を差し引けばよいことになります。

　　1人当たりGDP成長率
　　　＝一国全体のGDP変化率（国内経済成長率）－人口成長率

需要の所得弾力性という概念を説明したときに、その値が1を上回る奢侈財は所得増加とともに支出割合が上昇する財であることを指摘しました。この点も積や商で結ばれた変数についての変化率の公式を使うと、簡単に確認できま

す。たとえばクッキーへの支出が所得に占める割合は、次のように表されます。

$$クッキーの支出割合 = \frac{クッキーの支出額}{所得}$$

クッキーの支出額＝クッキーの価格×クッキーの購入（需要）量ですから、上式はさらに次のように書き直すことができます。

$$クッキーの支出割合 = \frac{クッキーの価格 \times クッキーの需要量}{所得}$$

　まず商で結ばれた変数についての変化率の公式、ついで積で結ばれた変数についての変化率の公式を使えば、クッキー支出割合の変化率を次のように表すことができます。

$$\frac{\varDelta クッキーの支出割合}{クッキーの支出割合}$$

$$= \frac{\varDelta クッキーの支出額}{クッキーの支出額} - \frac{\varDelta 所得}{所得}$$

$$= \frac{\varDelta クッキーの価格}{クッキーの価格} + \frac{\varDelta クッキーの需要量}{クッキーの需要量} - \frac{\varDelta 所得}{所得}$$

どの財の価格も変わらずに所得だけが変化する場合には、クッキーの価格変化率（第1項）はゼロになります。そこで、クッキー需要の所得弾力性が、

$$クッキー需要の所得弾力性 = \frac{\varDelta クッキーの需要量/クッキーの需要量}{\varDelta 所得/所得}$$

と定義されたことを思い出せば、上記の支出割合の変化率は次のように書き直すことができます。

$$\frac{\varDelta クッキーの支出割合}{クッキーの支出割合} = \frac{\varDelta 所得}{所得}（クッキー需要の所得弾力性 - 1）$$

したがって、所得が増加するとき、需要の所得弾力性が1を上回るときに支出割合が増加することが確認できます。

4.4.3 和・差で結ばれた諸変数

　個人は所得を得て、それをさまざまな財やサービスへと支出して残りを貯蓄に回しますから、所得が変化すれば各財への支出および貯蓄が変化します。ま

た一国全体の雇用量はさまざまな産業に就業する労働者の合計ですから、各産業での雇用量（就業者数）が変われば一国全体の雇用量も変化します。このような場合には、和（や差）で結ばれた諸変数について変化率の関係が問題になります。そこでたとえば次式のように２つの変数 x、y の和として表される変数 z について、変化率の公式を求めてみましょう。

$$z = x + y$$

明らかに z の変化は、２つの変数 x、y の変化の和として表されますから、次の関係が成り立ちます。

$$\Delta z = \Delta x + \Delta y$$

そこで両辺を（変化前の）z で割り、右辺を適当に変形すると、次のような関係式が得られます。

$$\frac{\Delta z}{z} = \frac{x}{z} \times \frac{\Delta x}{x} + \frac{y}{z} \times \frac{\Delta y}{y}$$

z を構成する各変数の変化率 $\Delta x/x$、$\Delta y/y$ にかかる係数 x/z、y/z は z に占める各変数の割合を表し、その合計は１に等しくなります。したがって、z の変化率は、それを構成する各変数の変化率をそれが全体に占める割合でウェイト付けした加重平均となることを表しています。

少しわかりづらいでしょうから、クッキーとワインだけを消費する個人の総支出変化率を例にとって上の結果を確認していきましょう。総支出はクッキーとワインの支出の和に等しいので、総支出の変化もそれぞれの財への支出額変化の和として次のように表されます。

$$\Delta 総支出 = \Delta クッキーへの支出 + \Delta ワインへの支出$$

両辺を当初の支出で割り、右辺を適当に書き換えると次のようになります。

$$\frac{\Delta 総支出}{総支出} = \frac{クッキーへの支出}{総支出} \times \frac{\Delta クッキーへの支出}{クッキーへの支出}$$
$$+ \frac{ワインへの支出}{総支出} \times \frac{\Delta ワインへの支出}{ワインへの支出}$$

クッキー支出の変化率およびワイン支出の変化率にかかる係数は、それぞれクッキーへの支出割合、ワインへの支出割合にほかなりませんから、上式は結局次のように表せることになります。

$$\frac{\varDelta 総支出}{総支出}＝クッキーへの支出割合\times\frac{\varDelta クッキーへの支出}{クッキーへの支出}$$
$$＋ワインへの支出割合\times\frac{\varDelta ワインへの支出}{ワインへの支出}$$

以上のような3つの変化率の公式がわかると、さまざまな経済変数間の関係や働きについてより深い分析ができるようになります。その恩恵は、ミクロ経済学を勉強する場合よりもむしろマクロ経済学を勉強する場合に大きいかもしれません。[*7]

――――――――――――――――――――――――――――― 本章 の 要点

❶ 比較静学分析：（需給量を決定する価格以外の）他の条件が変化することで市場均衡がどう変化するかを検討すること。
❷ 需要の大小・増加：同じ価格でも、他の買い手よりも需要量が多ければ需要は多く、以前よりも需要量が多ければ需要が増えたという。需要が多くなると需要曲線は右方にシフトする。
❸ 所得変化による需要への影響
　⒜ 同じ価格でも所得増加とともに需要量が増える財＝正常財（または上級財）の需要曲線は所得増加とともに右方シフトする。
　⒝ 同じ価格でも所得増加とともに需要量が減る財＝劣等財（または下級財）の需要曲線は所得増加とともに左方シフトする。

[*7] 一国全体の生活水準の向上率を図る指標の1つとして、いわゆる経済成長率という概念があります。これは一国全体がたとえば1年間で稼ぎ出した所得の増加率として表せますが、所得の増加はより多くの労働者がより長く労働したり、以前よりも高性能な機械設備をより多く利用することによって可能となります。したがって、経済成長を支える要因を各生産要素の投入量増加による貢献に分解できることになります。こうした経済成長の要因分解はしばしば成長会計（growth accounting）と呼ばれています。また、所得を生み出す背景にある生産・販売活動を考えると所得は一国全体の支出に等しくなります。支出は、家計による消費支出や企業による投資、政府による支出、海外からの需要（＝輸出）から構成されますが、こうした各支出項目の増加分へ一国全体の所得＝支出の変化（＝成長）を分解するという方法も用いられます。どちらの場合であっても、ここで紹介した変化率の公式が非常に大きな働きをします。

ⓒ 同じ価格において所得が変化しても需要量が変化しない財＝中立財（または中級財）の需要曲線は所得が変化しても不変である。
❹ 他財の価格変化による需要への影響
　ⓐ 同じ価格でも、代替財の価格が上昇すれば需要曲線は右方シフトする。
　ⓑ 同じ価格でも、補完財の価格が上昇すれば需要曲線は左方シフトする。
❺ 供給の大小・増加：同じ価格でも、他の売り手よりも供給量が多ければ供給は多く、以前よりも供給量が多ければ供給が増えたという。供給が多くなると供給曲線は右方にシフトする。
❻ 他の条件変化による供給への影響
　ⓐ 生産要素価格が上昇すれば、供給曲線は左方にシフトする。
　ⓑ 技術進歩により費用が低下すれば、供給曲線は右方にシフトする。
❼ 需要・供給の価格感応度
　ⓐ 需要の価格弾力性：価格低下（または上昇）率に対する需要量の増加（または減少）率の比率。たとえばこの弾力性が5であれば、1％の価格上昇は需要量を5％減らす。需要の価格弾力性が1を上回る財需要は価格弾力的、1を下回る財は価格非弾力的という。
　ⓑ 価格変化と支出変化：価格が上昇するとき、需要の価格弾力性が1を上回る財への支出は減り、1を下回る財への支出は増加する。
　ⓒ 供給の価格弾力性：価格上昇（または低下）率に対する供給量の増加（または減少）率の比率。
❽ 需要の所得弾力性：所得変化率に対する需要量の変化率の比率。
❾ 所得変化と財需要

$$\text{需要の所得弾力性}\begin{cases} >0\cdots\text{正常財}\begin{cases} >1\cdots\text{奢侈財} \\ =1\cdots\text{需要の所得弾力性1の財} \\ <1\cdots\text{必需財} \end{cases} \\ =0\cdots\text{中立財} \\ <0\cdots\text{劣等財} \end{cases}$$

❿ 変化率の公式*

　(a) 積で結ばれた変数：$z = x \times y \Longrightarrow \dfrac{\Delta z}{z} = \dfrac{\Delta x}{x} + \dfrac{\Delta y}{y}$

　(b) 商で結ばれた変数：$z = \dfrac{x}{y} \Longrightarrow \dfrac{\Delta z}{z} = \dfrac{\Delta x}{x} - \dfrac{\Delta y}{y}$

　(c) 和・差で結ばれた変数：$z = x + y \Longrightarrow \dfrac{\Delta z}{z} = \dfrac{x}{z}\dfrac{\Delta x}{x} + \dfrac{y}{z}\dfrac{\Delta y}{y}$

練習問題

問1．次の文章の（　）内を適当な語句や数字等で埋めなさい。

① クッキー需要の価格弾力性とは、クッキー（　　）変化率に対するクッキー（　　）変化率の絶対値として定義される。したがって、それはクッキーの価格が（　　）上昇したときのクッキー需要量の（　　）を表す。

② クッキー需要の価格弾力性が3の時、クッキー価格が10％上昇すれば、クッキー需要量は（　　）％減少し、クッキーに対する支出額はおよそ（　　）％だけ（　　）する。

③ クッキー需要の価格弾力性が0.5の時、クッキー価格が10％低下すれば、クッキー需要量は（　　）％（　　）、クッキーに対する支出額はおよそ（　　）％だけ（　　）。

④ クッキー需要が価格弾力的であるとは、クッキー需要の価格弾力性が（　　）場合を指す。逆に、クッキー需要が価格非弾力的であるとは、クッキー需要の価格弾力性が（　　）場合を指す。

⑤ クッキー需要の所得弾力性が3であれば、所得が10％増加するとクッキー需要量は（　　）％増加し、所得が20％減少すればクッキー需要量は（　　）％増加する。

⑥ クッキー需要の所得弾力性が−5であれば、クッキー需要量は10％の所得増加により（　　）％増加し、20％の所得減少により（　　）％増加する。

⑦ クッキー需要の所得弾力性が0.5であれば、所得倍増（つまり所得増加率が100％）により所得に占めるクッキー支出額の比率は所得増加以前に比べて（　　）する。

⑧ クッキー需要の所得弾力性が−0.6であれば、所得が半減すると、所得に占めるクッキー支出額の比率は所得半減以前に比べて（　　）する。

⑨ 所得すべてを何らかの財の購入に当てる個人を考えると、その個人にとってすべての財が同時に奢侈財となること（　　）。また、その個人にとってすべての財が同時に劣等財となること（　　）。

問2. 下の図に表されたクッキー市場を考えましょう。

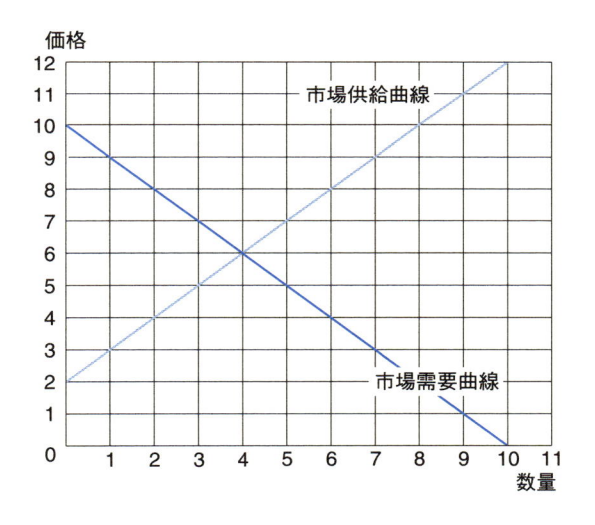

① 当初の均衡から出発して価格1単位の低下による支出変化に着目して、当初の価格のもとでは需要の価格弾力性は1より大きいか否かを判断しなさい。

② クッキーが正常財だとする。買い手たちの所得が増えると市場均衡はどのように変化するでしょうか。

③ クッキーに対して補完財の関係にある紅茶の価格が上昇すると、クッキー市場の均衡はどのように変化するでしょうか。

④ クッキー生産の原材料である小麦粉の価格が上昇すると、市場均衡はどの

ように変化するでしょうか。

⑤ クッキー需要の所得弾力性が2/3で所得が2倍に増加した後のクッキー需要曲線はどうなるでしょうか。また、この場合の市場均衡を求めなさい。

問3. **エンゲル曲線**：次の図の各曲線は所得以外の要因をすべて一定としたときに、各所得水準とそのとき需要されるクッキー需要量との関係を表し、**エンゲル曲線**と呼ばれています。それぞれの曲線（$a \sim e$）は、クッキーがどのような財である場合を表すでしょうか。

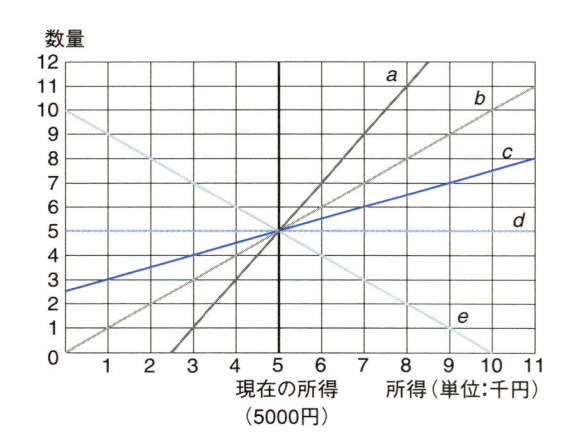

問4. **豊作貧乏**：キャベツを取引する競争的市場を考えましょう。例年よりもキャベツが豊作になれば、市場価格と取引数量はどのように変化するかを需要・供給曲線を用いて説明しなさい。さらに豊作の結果、キャベツ農家の販売収入は増えるでしょう。必ずしも増えないとすれば、どのような条件が成り立てば販売収入は増えるでしょうか。

問5. これまで海外旅行先として人気を博していたA国でテロが発生しました。これはA国への海外旅行者数およびA国へのツアー料金にどのような影響を及ぼすでしょうか。また、その結果、国内旅行者数および国内ツアー料金にはどのような影響を及ぼすでしょうか。需要・供給曲線を用いて検討しなさ

い。

問 6. 従来、海外からの移民受入を規制してきた B 国が規制を緩和すると、国内の労働市場にはどのような影響が及ぶでしょうか。需要・供給曲線を用いて検討しなさい。

問 7. 地方での震災が続き、人々は近い将来一層大規模な震災が自分が住む地域にも起こるのではないかと心配になってきました。これは防災用品の価格や取引数量にどのような影響を及ぼすでしょうか。需要・供給曲線を用いて検討しなさい。

問 8. 需要の価格弾力性が一定となる需要関数：他財の価格や所得を一定にすれば、クッキーの需要量 x はクッキー価格 p を用いて $x = Ap^{-\epsilon}$（ただし A および ϵ はともに正の定数）と表せるとします。需要の価格弾力性が 1 より大きくなるのは、どのような条件が成り立つ場合でしょうか。

第5章

消費者余剰と交換の利益

これまでは完全競争市場において価格がどのように形成され、また需要・供給曲線を描く際に一定にしていた他の条件が変化したら価格がどのような影響を被るかについて検討してきました。他の条件が変化しても価格機構が有効に働けば、市場は新たな均衡に到達し、そこでは買い手は買いたいだけ、売り手は売りたいだけ売ることができるようになります。

こうした市場取引が起こるのは、もちろん取引によって売り手も買い手も利益を得るからです。しかし、どれくらい利益を得ることができるのでしょうか。その利益の大きさを客観的に表すことができれば、さまざまな局面に利用できます。たとえばたばこやガソリンといった財の取引に税を課したりしたら売り手や買い手にどれほどの税負担を生むかとか、独占のように売り手の誰かが価格支配力を行使するようになったらどのような弊害がどれくらい社会全体に及ぶか、さらには新たに敷こうとしている整備新幹線の利用から人々がどのくらい利益を得るかなどといったことも、的確に評価できるようになるからです。

家計が買い手、企業が売り手となる生産物市場を例にとれば、買い手が取引から得る利益は消費者余剰（consumer surplus）、売り手が得る取引利益は生産者余剰（producer surplus）と呼ばれています。本章および次章では、こうした余剰が需要・供給曲線と密接なかかわりを持っていることを明らかにし、その上で完全競争市場均衡が社会全体の利益を最大化するという意味で望ましい性質を持つことを明らかにしていきます。本章では消費者余剰について紹介し、その概念を用いて自由な交換取引の利益について検討してい

きましょう。

5.1 消費活動からの利益

　クッキーを消費する個人なら、クッキーを消費するのはそうしない場合に比べて得だからです。クッキーを消費しなければ、あの口に入れたときのほのかな甘さも空腹に対する癒しも得られません。とはいってもただではクッキーは消費できません。そのためには対価を支払ってクッキーを購入しなければならないからです。したがって個人がクッキーを実際に消費するのは、クッキーの消費に必要な費用負担に比べて消費から得られる満足の方が大きいからです。両者を比べるためには消費から得られる満足・便益を費用と同じ尺度、つまり金銭で評価し直してやればよいことになります。このようにしてはかった消費から得られる便益額が消費に必要な費用を超過する額、つまり超過利益が、消費者余剰です。

　「クッキーから得られる満足をどうやって金銭で評価するんだ？」なんて声が聞こえてきそうです。実はできるんです。しかも、需要曲線の形さえわかれば、クッキーを消費して得られる総便益額も、したがってそれから購入費用を差し引いた消費者余剰も比較的簡単に求めることができます。手がかりは消費者余剰を求める上で比較されている2つの状況です。

　比較対象となっている2つの状態のうち実際に購入・消費している状況、つまりどんな価格でどれくらいクッキーを消費しているかは、需要曲線上の一点で表せます。

　他方、比較の対象となっているクッキーを消費しない状況はどのように考えればいいでしょうか。価格が高すぎて買えない状況と考えることもできます。そのように考えると、問題となる消費者余剰は、手が出せないほどに高価格の状況から手ごろな価格まで低下したことによる利益、つまり値下がりからの購入利益とみなすことができるでしょう。

第5章 消費者余剰と交換の利益

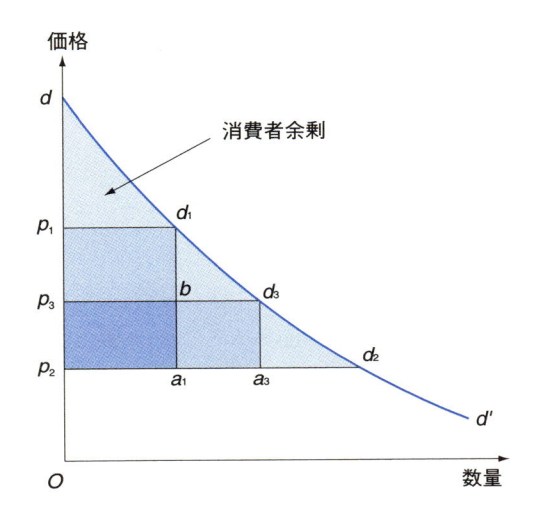

図5-1 値下がり益と消費者余剰

こうした考えをもとにして、消費者余剰を求めていきましょう。

5.1.1 値下がりによる消費利益

図5-1で、曲線 dd' は、ある買い手についてのクッキー需要曲線を表しています。当初の価格が p_1 であれば、買い手は点 d_1 に対応する数量を購入・消費しています。ここで価格が p_2 まで低下すれば、需要量は点 d_2 に対応する水準まで増加します。このときの値下がりの利益はどのように表せるでしょうか。

■ 一挙の値下がり

もっとも単純な値下がり益の算定方法は、値下がり前の需要量（= 線分 p_1d_1）を値下がり後の価格で購入したときに節約できる支出額を求めることです。これは、長方形 $p_1p_2a_1d_1$ の面積で表せます。

しかし、この額だけでは不十分です。価格が低下すると、他の財に比べてクッキーが割安になったために以前よりも需要量を増やしています。この需要量増加によって得た利益が含まれていないからです。

小刻みな値下がりからの利益

こうした値引き後の需要量増加による利益を知るために、価格を p_1 から p_2 へと一挙に引き下げるのではなく、何段階かに分けていきましょう。たとえば図に描かれているように、p_1 から p_3、p_3 から p_2 へというように2段階に分けたらどうでしょうか。第1段階の p_1 から p_3 への価格低下について先ほどと同じように値下がり益を求めれば、それは長方形 $p_1p_3bd_1$ の面積となります。第2段階の p_3 から p_2 への価格低下に際しては、需要量は線分 p_3d_3 へと増えていますから、値下がり益は長方形 $p_3p_2a_3d_3$ となります。前述の一挙に価格が p_1 から p_2 へと低下する場合の値下がり益に比べて長方形 $ba_1a_3d_3$ だけ増えています。

もっと値下がり幅を小刻みにしていったらどうでしょうか。値下がりの段階数を増やした分だけ値下がり益は増えていき、しまいには需要曲線と当初の価格 p_1 と最終的な価格 p_2 とで囲まれた台形 $p_1p_2d_2d_1$ の面積に等しくなります。すなわち、これが価格が p_1 から p_2 へと低下することで、買い手が享受できる利益なのです。

消費者余剰と需要曲線

それでは当初買い手が直面している価格が図の線分 Od 以上だったらどうでしょうか。こうした価格では買い手はクッキーを全く需要しません。たとえば線分 Od という価格を出発点として、先ほど紹介した値下がり益の算定方法を用いるとどうでしょうか。

その価格と、実際に買い手が直面している価格 p_1 を比較するとわかるように、値下がり益は需要曲線と現在直面している価格とで囲まれる三角形のような領域 dp_1d_1 の面積に等しくなります。これは、まさに買い手が全く消費しなかった場合に比べて実際にクッキーを消費して得られる超過利益、つまり消費者余剰を表しています。

5.1.2 総消費便益と限界消費便益

買い手が消費活動から得ることのできる利益、消費者余剰は、需要曲線と価格線とで囲まれた領域の面積により表せることがわかりました。需要曲線はそ

第5章 | 消費者余剰と交換の利益

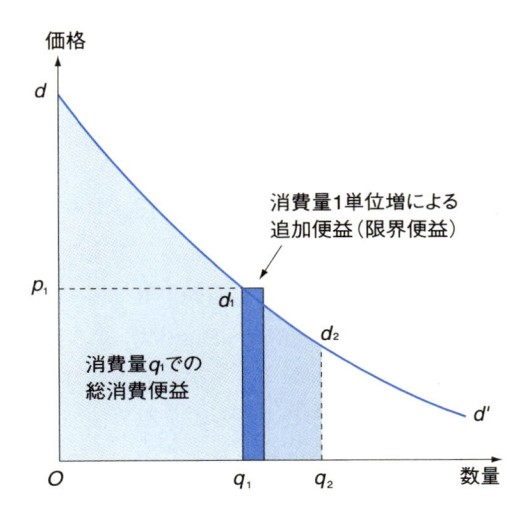

図5-2 総消費便益と限界消費便益

れぞれの価格とそのもとでどれくらいの数量が需要されるか、その購入計画表を表すだけでなく、その結果享受できる利益の大きさも表していることは大変重要なことです。しかし、需要曲線にはもっと有用な情報が隠されているのです。

消費者余剰は、対価を払った上で買い手が享受できる利益を表していました。もし対価を払わなくてもすんだら、買い手にはもっと得です。たとえば図5-2で価格 p_1 に直面している買い手は領域 dp_1d_1 だけの消費者余剰を享受しますが、その際には長方形 $p_1Oq_1d_1$ だけの費用を負担しています。無料で q_1 だけのクッキーを消費できれば、消費費用 $p_1Oq_1d_1$ の支出を節約できますから、総額で需要曲線の下側の領域 dOq_1d_1 だけの面積に等しい利益を得ることができます。この額こそ、買い手がクッキーを q_1 だけ消費することで本来享受できた便益の総額、つまり**総消費便益**（total consumption benefits）を表すのです。

消費量が増えれば、対応する総消費便益も増えます。たとえば図5-2で消費量が q_1 から q_2 へと増えれば、対応する総消費便益も台形 dOq_2d_2 へと台形 $d_1q_1q_2d_2$ だけ増えます。消費量の単位の取り方を十分小さくし、かつ q_1 から

1単位だけ消費量を増やす場合を考えると、対応する総消費便益の増分は、大雑把にいってはじめの消費量 q_1 を1つの頂点とし、対応する需要曲線までの線分を縦、追加1単位の長さを横とした短冊形の面積、言い換えると需要曲線の高さで表せます。

　このようにして得られた追加1単位当たりの総便益（や総費用）の増分という考え方は、経済学では限界概念と呼ばれ、非常に重要な役割を果たします。ここで取り上げている例ならば、消費量の追加1単位による総消費便益の増分は限界消費便益（marginal consumption benefits）またはより簡単に限界便益と呼びます。先ほどの議論からわかるように、需要曲線の高さは、各消費量の水準でさらに消費量を1単位追加して得られる限界便益の額を表していますから、需要曲線は限界（消費）便益曲線と呼ぶこともできます。

　限界便益曲線については、1つ注意すべき性質があります。定義より限界便益は、追加1単位による総便益の増分を表しますから、たとえば図5-2において消費量0から出発して消費量 q_1 まで限界便益を積み増してその総額を求める、つまり対応する需要曲線の下側の領域の面積を求めると、それは総便益の額に等しくなるということです。「総」変数の増分を考えると「限界」変数が、「限界」変数の累積合計を考えると「総」変数が求められるという性質は、これからの経済学の学習において非常に重要ですので十分理解しておくようにしましょう。[*1]

■ 支払い意欲と需要価格

　こうした総便益と限界便益について、今ひとつ注意すべき点があります。これらはクッキーの消費に対して対価を支払うとき、買い手が最大支払ってもよいと考える金額、すなわち支払い意欲（willingness to pay）を表すという点です。

　たとえば消費量を1単位追加できる場合を考えると、それで得られる追加便

[*1] 数学的には「限界」変数を求める操作は「総」変数を表す関数の微分（または偏微分）、「限界」変数の累積合計を求める操作は「限界」変数を表す関数の積分に相当します。限界概念が重要な役割を果たす経済分析で数学、とくに微積分が重要となるのは、このような理由によります。

益は限界便益で表せました。追加1単位の消費に必要な対価が追加便益を上回れば、消費によってかえって損です。したがって買い手が払ってもよいと考える対価はたかだか限界便益でしかありません。この意味で、限界便益は追加1単位の消費に対する限界支払い意欲、または需要価格（demand price）と呼ばれています。これまでの議論からもわかるように、需要曲線には次のような別名があることに注意しておきましょう。

1	購入計画表
2	限界（消費）便益曲線
3	限界支払い意欲曲線
4	需要価格曲線

　限界便益が限界支払い意欲を表すのに対して、総便益も一種の支払い意欲を表します。たとえば図5-2の場合、個人が q_1 だけクッキーを消費できれば、総便益は領域 dOq_1d_1 の面積に等しくなります。ここでこの個人がクッキーを q_1 だけ購入するか、それとも全く購入しないかという択一的選択を売り手から迫られたらどうでしょうか。買い手の支払い総額が総便益を上回れば、買わない方が得です。したがって総便益は、このようなまとまった数量を購入するか否かといった択一的選択しかできない場合について、買い手の総支払い意欲を表しているのです。

限界収益逓減の法則

　さて、限界便益という観点から、右下がりの需要曲線を見直してみるとどうでしょうか。これは消費量が多くなるほど、追加1単位の消費による便益の増分が次第に減っていく、つまり逓減していくことを意味しています。

　夏の暑い日に飲む1杯のとても冷えたビールやコーラは、渇ききった私たちの喉を潤し、大いに爽快な気分にさせてくれます。しかし、2杯目はどうでしょうか。1杯目ほどのありがたみはなくなります。さらにもう一杯飲めば、さらに2杯目ほどには満足は高まりません。すなわち消費量が増えるほど、さらなる追加1単位の消費で得られる便益が減っていきます。

こうした現象は消費活動に限りません。語学や数学の勉強や何かスポーツの練習をする場合でも、長い間勉強や練習をしていくと、はじめの1〜2時間ほどには能率が上がらなくなっていく傾向があります。これは疲労なり、作業の単調さに飽きてしまうからなのかもしれません。いずれにせよ追加1単位当たりの勉強・練習時間による成果は早晩逓減していく傾向があります。

このように経済活動を進めていくとき、活動規模をさらに追加したときに見込める利益や成果、収益が次第に逓減していく傾向のことを、経済学では限界収益逓減の法則（law of diminishing returns）と呼んでいます。右下がりの需要曲線の背景に働く限界便益逓減も、この法則を反映しているといえます。

5.2 満足最大化と合理的消費決定

需要曲線の高さが財消費量の追加1単位による追加便益を表すことを踏まえつつ、価格線と需要曲線の交点で買い手の消費行動が示されるということの経済的意味を考え直してみましょう。

5.2.1 消費の純便益（＝総消費便益－総消費費用）の最大化

買い手にとってみれば、クッキーを消費できれば便益を享受でき、満足が高まります。しかし、クッキーの消費はただではできません。価格という対価を支払わなくてはならないからです。対価の支払いも考慮すれば、買い手は総消費便益から総消費費用を差し引いた純便益を最大にするように消費量を決定することが、満足最大化という目的から見て合理的です。

限界消費費用

クッキー消費からの純便益を最大化するためには、どのような消費量を選べばいいでしょうか。問題としている消費量が、満足最大化という観点から見てもっとも望ましい選択、つまり最適（optimal）であるか否かを判断する上で大事な役割を果たすのが、先に説明した限界便益と追加消費量1単位に必要な

第5章 消費者余剰と交換の利益

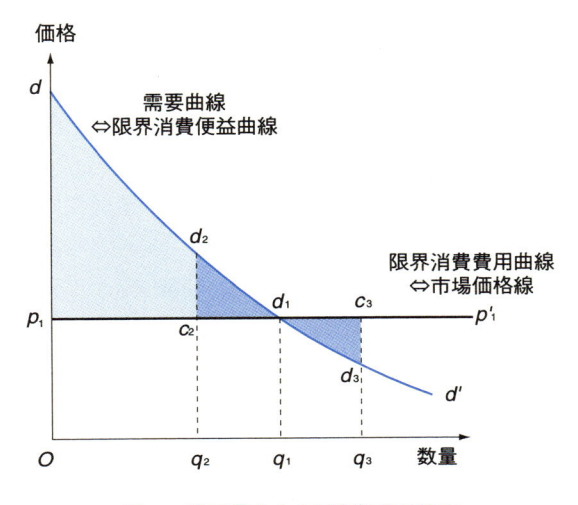

図5-3 満足最大化と最適消費量決定

総費用の増分、つまり**限界消費費用**（marginal consumption costs）、または消費における**限界費用**です。生産物市場で価格受容者として振る舞う買い手にとっては、この限界消費費用はクッキーの市場価格にほかなりません。需要曲線が限界消費便益曲線、市場価格線が限界消費費用曲線を表すことに注意して、図5-3に描かれた個人の需要曲線を眺めてみましょう。

限界便益と限界費用の比較

消費量がゼロの所から出発して、最初の1単位を消費すれば限界便益は消費量ゼロでの需要曲線の高さ Od、そのために必要な費用の増分である限界（消費）費用は価格線の高さ Op_1 です。したがって、1単位を消費すれば、それらの差額である dp_1 だけの純便益が得られますから、実際に消費する方が得です。

さらに消費量を増やしていき、たとえば q_2 という消費量ではどうでしょうか。この消費量に留まるのが得策でしょうか。この点を判断するためには、消費量 q_2 からさらに消費量を1単位増やしたらどのくらいの費用を負担し、便益が得られるかを検討しなくてはなりません。消費量 q_2 での限界便益は対応する需要曲線の高さ q_2d_2、限界費用は価格線の高さ q_2c_2 ですから、依然とし

て限界便益が限界費用を上回ります。消費量を1単位増やせば、さらに線分 d_2c_2 だけ純便益が増えます。このようにして消費量を限界便益が限界費用と等しくなる q_1 まで増やしていけば、需要曲線と価格線とで囲まれた領域・三角形 $d_2c_2d_1$ の面積に相当する額だけ、純便益をさらに増やせます。

それでは、消費量が q_3 ではどうでしょうか。この消費量で評価した限界便益 q_3d_3 は限界費用 q_3c_3 を下回ります。消費量を1単位増やせば対応する需要曲線の高さに相当する便益が増えますが、逆に消費量を減らせば同額だけ便益は減少します。他方、こうした消費量減少により限界費用相当分だけ消費量を減らせます。したがって、消費量を減らすことで、消費量節約利益と消費便益減少の差額、つまり線分 c_3d_3 だけ純便益を増やせます。このようにして消費量を限界便益と限界費用が等しくなる消費量 q_1 まで減らしていくことで、領域・三角形 $d_3c_3d_1$ の面積に相当する額だけ、純便益を増やせます。

■ 最適消費量

こうした検討からわかるように、消費活動から得られる純便益は、消費活動に伴う限界便益と限界費用が等しくなる消費量 q_1 で最大となります。満足最大化を目指す個人にとって、この q_1 こそ最適な消費量といえます。最適消費量のもとで個人が享受できる最大化された純便益は需要曲線と価格線で囲まれた領域・三角形 dp_1d_1 に等しくなりますが、それは先に求めた消費者余剰にほかなりません。これは消費量0から出発して最適消費量まで限界便益と価格（＝限界費用）との差を積み増していった総額ということもできます。

5.2.2 経済活動の最適化原理：限界便益＝限界費用

以上のことからわかるように、満足最大化という観点から見て最適な消費量では、限界便益と限界費用とは等しくなっていなければなりません。クッキーの価格が与えられたとき、需要曲線が指し示す需要量は家計の満足最大化のもとでの合理的な経済行動をも表しているということは非常に驚くべきことではないでしょうか。と同時に、前述の議論は、消費行動に限らずさまざまな経済活動について最適な経済水準を求める、つまり最適化（optimization）のための共通な基本原理を明らかにしています。

すでに第1章で明らかにしたように、どんな経済活動を行っても、それには何らかの費用がかかります。経済主体はこうした活動から得られる便益と費用を比較・考量して自己の目的達成度または充足度をもっとも高めるという意味で最適な行動をとろうとします（経済合理性）。その際、（消費量であれ、生産量であれ、適当な変数ではかった）最適な活動水準は、それをもう1単位増やして得られる追加便益（限界便益）と追加費用（限界費用）を等しくするものでなければなりません。こうした最適化原理は、用いられている限界概念に着目して限界原理（marginal principle）と呼ばれることもあります。

5.3 消費者余剰分析の応用

消費者余剰という概念はさまざまな場面に応用できます。以下では、2部料金と自由交換の利益という例についてその応用を紹介しましょう。

5.3.1 2部料金制度

私たちが消費するものの中には、これまで取り上げてきたクッキー購入とは異なる支払いを求められるものがあります。たとえば遊園地に行けば実際に楽しむアトラクションの利用料金に加えて入園料を支払わなくてはなりません。私たちが得る満足がアトラクションの利用回数によるものとすれば、入園料はアトラクション利用回数によらない消費費用です。

会員制のスポーツ・クラブを利用するときに支払う年会費と実際のクラブ利用料金も、遊園地の入園料とアトラクション利用料金と同じ関係です。パソコンやカメラもそれだけでは用無しです。これらが私たちに有益なのは、パソコン上で動かせるさまざまなアプリケーションであり、カメラにはめたフィルムで撮せる写真です。その意味では、パソコンやカメラの購入費用とアプリケーションやフィルムの費用も同じような関係にあります。

このように財やサービスによっては、必要な対価が、①私たちに満足を直接もたらす消費・使用量に応じて支払うという意味での従量料金と②消費・使用

量にかかわらず一括して負担しなくてはならないという意味での固定料金または基本料金という2つの部分から成り立っているものがあります。こうした価格設定方法がいわゆる2部料金制（two-part tariff system）です。[*2]

　2部料金制のもとでは、買い手は従量料金の支払いだけを考慮していてはいけません。先の図5-3に描かれた需要曲線を使って、たとえばクッキー・フレンドシップ協会という会費制のクッキー共同組合を考えてみましょう。この協同組合に入れば一定の会費（つまり固定料金）を払えば、単位当たり p_1 でクッキーが購入可能です。会費を支払った後で考えれば、図の領域・三角形 dp_1d_1 の面積に相当する利益を享受できます。しかし、消費に先立って会費を払っていますから、実際に個人が得ることのできる正味の利益は、従量料金下で得られる余剰・三角形 dp_1d_1 から会費を差し引いた額となります。会費の額が高すぎれば、協同組合に入るのは損なのです。

5.3.2　配給制と闇取引

　自由主義経済においても自由な市場取引が規制されることがあります。たとえば第2次大戦中の日本が経験したように、もともと国内には限られた資源しか存在しませんから、戦争がいったん始まればさまざまな統制が行われるようになります。当時の日本では米や味噌などの生活必需品まで政府により価格が規制されるばかりでなく、あらかじめ配布された切符（つまり購入許可証）に応じた数量しか購入できませんでした。

　規制の程度は異なりますが、計画経済においてもほぼ同様の手続きがとられます。すなわち各家庭に必要な食料、衣料はもちろん、家電製品・自動車等のいわゆる耐久消費財についてまで生産・消費計画が立てられ、政府が定めた価格でしか公式には購入できませんし、あらかじめ決められた配給量を超えて手に入れるのは非常に難しくなります。

[*2] 2部料金制を論じた有名な論文に Walter Y. Oi による "A Disneyland Dilemma: Two-Part Tariffs for a Mickey Mouse Monopoly," *Quarterly Journal of Economics*, Vol. 85, No.1 (Feb., 1971), pp.77-96 があります。ただし表題は2部料金を巡って売り手と買い手が直面する問題をほのめかしていてとても面白いのですが、なんと論文の本文中にはミッキー・マウスもディズニーランドも出てきません。

闇市場の発生

このようないわゆる配給制では自由な市場取引は阻まれますが、同時に規制の網をくぐった非公式の取引、つまり<u>闇市場</u>（black market）が生まれるのが常です。こうした闇市場での取引は闇取引と呼ばれ、厳しい処罰の対象となります。しかし、経済の原理からすればこうした闇取引を完全に防止することはできません。形式はどうであれ、人々が自由な取引による利益を得ようとするのは合理的であり、加えて実際に社会全体にとっても利益があるからです。この点をクッキーの配給制を例にとって検討しましょう。

たとえば図5-4のパネル1、2に描かれているようなクッキーに対する限界便益曲線（＝需要曲線）を持つ個人AとBを考えてみましょう。個人Aにはクッキーが$\bar{q}_a$だけ、個人Bには$\bar{q}_b$だけ（無料で）配給されています。しかし、図からわかるように個人Aのクッキーに対する限界便益p_aは個人Bのそれp_bに比べて高いことに注意しましょう。このように個人間で限界便益が異なると、その間でさらに交換を行うインセンティブが生まれてきます。

闇取引の利益

この点を明らかにするために、両者の間でクッキーが価格p^eで交換されたらどうなるかを考えてみましょう。クッキーが2人の間で交換前後でどのように分けられるかを検討するためには、図のパネル3のような工夫が必要です。

個人Aと個人Bの間での交換が行われても、両者で分け合えるクッキーの総量は交換前と変わりません。そこで交換前後のクッキーの配分を比べるために、パネル3に描かれているように総配給量に等しい線分O_aO_bをとって点O_aを原点として右に向かって個人Aの消費量、点O_bを原点として左に向かって個人Bの消費量をはかることにします。同時に個人Aの需要曲線は点O_aから右に向かって、個人Bの需要曲線は点O_bから左に向かって描き直します。つまり、個人Bの需要曲線はパネル2に描かれた元の需要曲線を裏返しにしたものになります。

以上の準備をもとにして、2人の間で交換が行われたらどうなるかを考えてみましょう。図のパネル3から読み取れるように、配給量のもとでの限界便益が市場価格p^eよりも高い個人Aは、配給量に加えて線分CGだけよけいにク

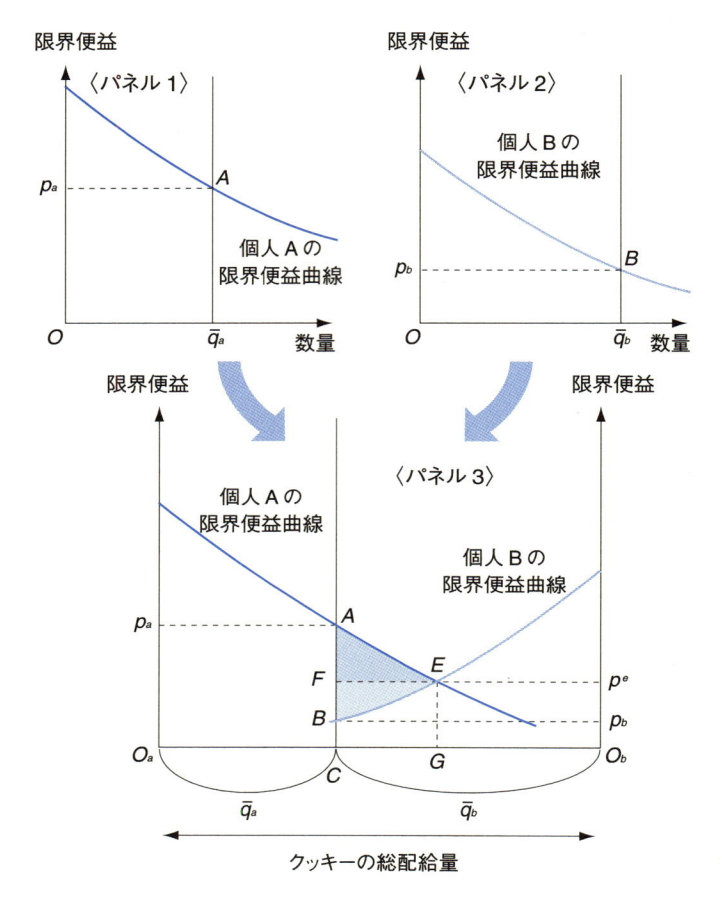

図5-4 自由な闇取引による利益

ッキーを需要します。他方、配給量のもとでの限界便益が市場価格 p^e よりも低い個人Bは、線分 CG の分だけ自分で消費するよりも個人Aに売却する方が得策と考え、そうします。このように価格 p^e では個人Aによる需要量と個人Bによる供給量が等しくなりますから、そのときの価格 p^e と対応する取引量の組み合わせを表す点Eは闇市場の競争均衡です。

配給下の配分に比べて市場均衡では、個人Aは総便益が領域・台形 $ACGE$ だけ増え、それに必要な支払いを長方形 $FCGE$ だけ行いますから、差額・三

角形 AFE だけの闇取引からの利益を得ます。これは配給量を示す点 C を原点として点 A よりも右方向の需要曲線を闇市場での需要曲線としてみたてた場合の消費者余剰にほかなりません。

同様に、個人Bは総販売収入として長方形 $FCGE$ を得る一方で自己消費の減少により領域 $BCGE$ だけの損失を被りますから、その差額・三角形 FBE だけ闇取引から利益を得ます。面白いことにこの利益は、配給点から右方向に個人Bのクッキー供給量をとって需要曲線を眺めなおしたときに、需要曲線が個人Bの供給曲線となっています。次の章でさらに詳しく紹介しますが、ここで求めた個人Bの利益は、個人Bを売手とみなしたときに定義できる販売取引からの超過利益を表す生産者余剰というものに相当します。

消費配分の効率性

各個人が消費する財・サービスの数量の組み合わせは、消費配分と呼びます。闇取引が起こるのは、配給制が指示する消費配分に不満を持つ消費者が生まれるからです。不満が起こるのは、総消費量が変わらずとも、個人間の消費配分を適当に変更すれば、誰にとってもより望ましい状態を実現できるという意味でクッキーの割り当て方法に社会的無駄があり、非効率だからです。

実際、図からもわかるように、闇取引では消費量を減らす個人Bについてはクッキー消費から直接得られる便益が領域・台形 $BCGE$ だけ減りますが、消費量が増える個人Aについては領域・台形 $ACGE$ だけ増えます。その結果、両者の消費便益合計額は領域・三角形 ABE だけ総消費便益が増え、両者の総消費便益は最大化されます。

個人の間で限界便益が等しくなければ、社会全体での総消費便益は最大化されません。個人Aと個人Bが闇取引を通じて分かち合う利益は、当初の消費配分では総消費便益が最大化されないために生じる無駄を省くことで実現されるのです。総消費便益が最大化されていれば、もはやすべての個人にとってより望ましいクッキーの割り当て方法がないという意味で、限られたクッキーが無駄なく、つまり効率的に消費されているといえます。

5.4 たかだか1つしか需要しない財

　これまで取り上げてきたクッキーのような財では、通常、買い手にとって問題なのは購入するか否かというよりもいくつ買うかでしょう。しかし、たとえば自転車や電気炊飯器、自動車や住宅といった財ではどうでしょうか。こうした財は、通常、1人でたかだか1つしか購入されません。こうした性質を持つ財については、各個人の需要曲線や市場全体での需要曲線はどのように考えればいいのでしょうか。

自転車の個別需要曲線

　自転車を買うとすれば、それで得られる便益が費用（＝価格）を上回っているときに限ります。つまり、自転車1台の利用で7000円の便益を見込める個人なら、価格が7000円以下でなければ自転車を購入しません。したがって、各個人にとっての自転車に対する支払い意欲は、1台の自転車を利用して得られる総便益となります。

　自転車に対する支払い意欲を表すと、図5-5のような短冊形のグラフになります。1台7000円を上回れば購入台数0、7000円未満であれば1台購入しますから、個別需要曲線はこの短冊形の右上の折れ線（青線）として表されることになります[*3]。

[*3] 価格がちょうど1台7000円のときには、折れ線部分は水平となりますから、購入台数がゼロでも、1台であってもどちらでもかまわないことになります。しかし、これら両端の点を除く水平部分が気になって、「購入台数ゼロでも、購入台数が0.5台でもかまわないというのは、どういうことなんだろう」と考える方がいるかもしれません。確かに一個人の需要を考える限り、0.5台などは理解に苦しむ数字です。しかし、すぐ後で説明するように、市場全体の需要を考えるときには個人にとっての1台も、市場全体の取引数量から見ればごくわずかで無視できる大きさとなります。そこで、ここではあまり細かいことは気にしないようにしておきます。
　ただし、「気にしない」といったからといって経済学者たちが、全く無視しているというわけではありません。自転車や自動車などのように分割が不可能な財についての取引は、市場全体での取引規模が小さい、言い換えると売り手・買い手の数がごく少数な場合には、非常に難しい問題を抱えることがわかっていて、多くのゲーム理論家や数理経済学者たちが取り組む「分割不可能財」の問題として知られています。

第5章 | 消費者余剰と交換の利益

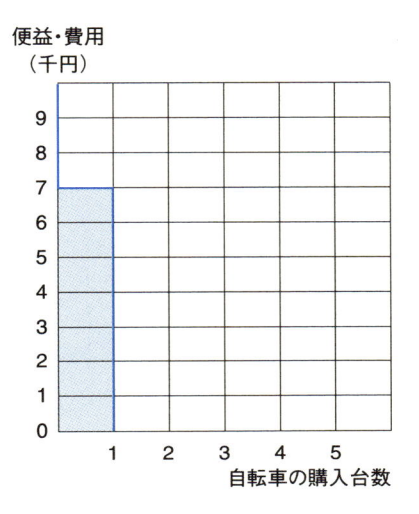

図5-5 自転車の個別需要曲線

自転車の市場需要曲線

　すでに学んだように、市場全体での自転車の需要曲線は、図5-5のような各個人の需要曲線を水平方向に足しあわせることで求められます。ただし各個人はたかだか1台しか自転車を購入しませんから、支払い意欲が高い人から順番に各個人の支払い意欲を並べていけば、市場需要曲線が求められます。この方法を用いて、たとえば11人の買い手からなる自転車の市場需要曲線を求めたのが図5-6です。市場需要曲線は、階段状の折れ線で表されることがわかります。

　買い手の数が少ないと、市場需要曲線を表す階段がとても目立ちます。しかし、買い手が十分多く、たとえば何千人、何万人もいる場合には、市場全体の取引規模からすれば、各個人が購入する1台はごくわずかな割合しか占めません。その結果、市場需要曲線全体を眺めると、1台ごとにつく階段部分がほとんど目立たなくなるでしょう。つまり、階段状のグラフをなめらかな曲線として表しても、ほとんど問題はなくなります。図5-6を例にとれば、階段状の折れ線グラフは、図に示されたような直線で近似できることになります。

　このように分割が不可能で、たかだか1つしか購入されないような財であっても、市場で十分多く取引されるようならば、階段状のグラフをなめらかな曲

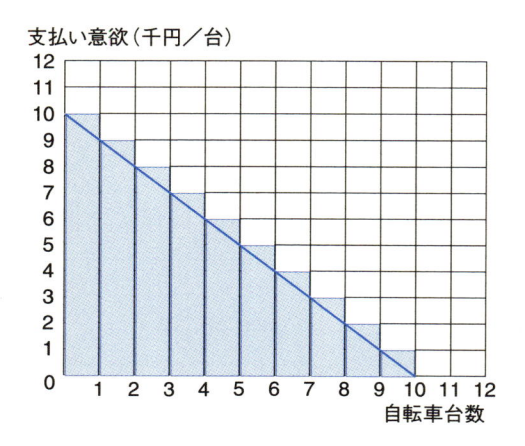

図5-6 自転車の市場需要曲線

線で近似できるので、これまでと同じように需要・供給分析を使えるようになります。

本章の要点

❶ 需要曲線のさまざまな見方
  (a) 購入計画表（価格⇒数量）：各価格に対して買い手が購入しようと（計画）する数量を表す。
  (b) 限界消費便益＝限界支払い意欲（＝需要価格）（数量⇒価格）：追加１単位の消費から得られる追加便益＝追加１単位の消費の対価としての最高支払い額。
  (c) 総消費便益：当該消費量までの累積追加便益額＝当該消費量水準までの需要曲線の下方領域の面積。
❷ 価格と限界消費費用：競争的消費者にとっての市場価格＝追加消費に必要な追加費用＝限界消費費用。
❸ 消費者余剰：ある財消費から得られる消費者余剰とは、その財の購入・消費により（それを全く消費しない場合に比べて）得られる超過利益を表す。
  (a) 消費者余剰＝総消費便益－総消費費用

ⓑ 消費者余剰＝需要曲線と価格線で囲まれた領域の面積。
❹ 経済活動の最適化原理：限界便益＝限界費用。
　ⓐ 個人の消費決定原理：限界消費便益＝限界消費費用⇒競争的消費者にとっての最適消費量決定条件：需要曲線の高さ＝市場価格。
❺ 2部料金：消費量によらない固定料金＋消費量に応じた従量料金。

練習問題

問1. 2部料金制：遊園地「ワンダー・ランド」に遊びに行こうとしている父と子がいます。ワンダー・ランドでのアトラクションに対する需要曲線は下の図Aのように表されているとします。下記の各問に答えなさい。

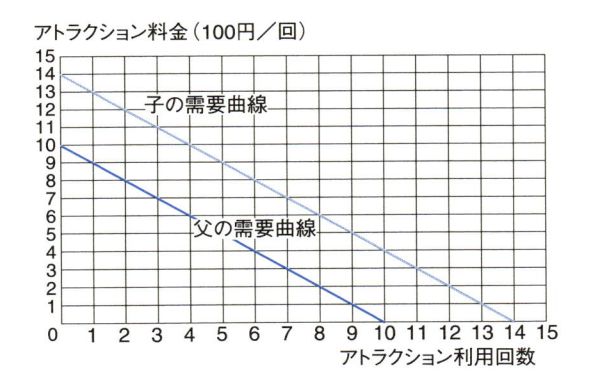

図A

① アトラクション1回当たり利用料金が500円のとき、父と子はそれぞれどれくらいの消費者余剰を得るでしょうか。

② 父と子はそれぞれ別にワンダー・ランドに行けるものとします。ワンダー・ランドの入園料が大人・子供に関係なく3000円ならば、父と子はともにワンダー・ランドに行くでしょうか。

③ 上の問で父と子は一緒でなければワンダー・ランドに行かないとすれば、結果はどうなるでしょうか。
④ 遊園地の経営者の立場からすれば、アトラクションの1回当たり料金を500円とする限り、大人と子供の入園料をどう設定すれば利潤が最大になるでしょうか。

問 2. 非線形料金：次の図Bはある個人が1週間に消費するコーラの需要曲線を表しています。以下の各問に答えなさい。

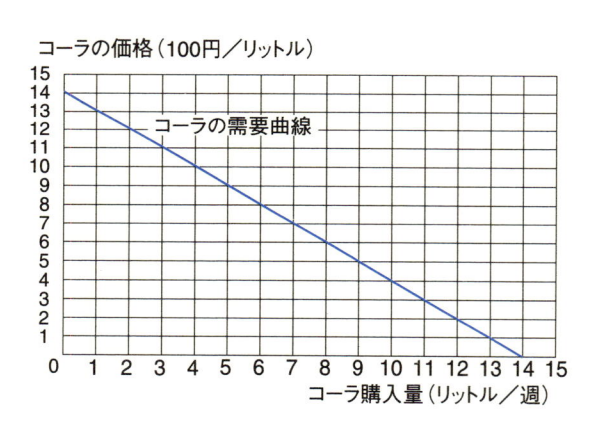

図B

① 購入量にかかわらずコーラが1リットル600円であれば、コーラの需要量はいくらになるでしょうか。またその場合の消費者余剰はいくらになるでしょうか。
② 9リットルまでは1リットル300円、それ以上を購入する場合には追加購入量1リットル当たり900円の場合、コーラの需要量はいくらになるでしょうか。
③ 6リットルまでは1リットル当たり900円、それ以上を購入する場合には追加購入1リットル当たり600円の場合、コーラの需要量はいくらになるでしょうか。
④ 7リットルまでは1リットル当たり900円、それ以上を購入する場合には追加購入1リットル当たり600円の場合、コーラの需要量はいくらになるでしょ

うか。

問3. **子育ての経済学**：ある夫婦にとっての子供の養育についての決定を考えましょう。図Cの横軸には育てる子供の数、縦軸にはそれに必要な費用ならびに子供の養育により得られる便益をはかり、右下がりの曲線 bb' は子供養育に対する需要曲線（＝限界便益曲線）、直線 cc' は子供1人当たりの養育に必要な費用を表しています。下記の問に答えなさい。

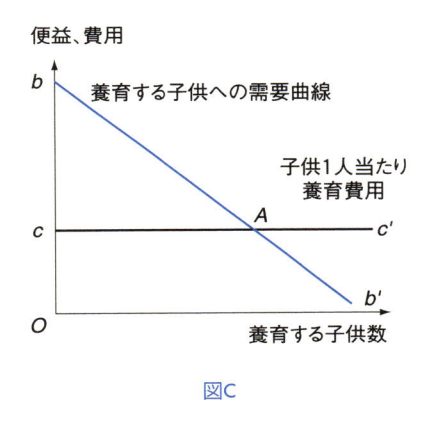

図C

① 図に示された状況では、夫婦が養育する子供の数は図でどのように表せるでしょうか。
② 学費や進学塾の月謝が上昇すると、養育する子供の数はどのような影響を受けるでしょうか。
③ 夫婦が稼ぐ所得が増えるとき、養育する子供の数はどのような影響を受けるでしょうか。

問4. 次の図Dはある一定面積の土地を保有する個人が直面している状況を表しています。図の横軸には土地面積、線分 $O\overline{T}$ は個人が保有する土地面積、右下がりの曲線はこの個人が自宅住居等自分で利用する場合の土地需要曲線を表しています。他方、直線 rr' の高さは他人に賃貸した場合に見込める単位面積当たりの地代額を表しています。下の各問に答えなさい。

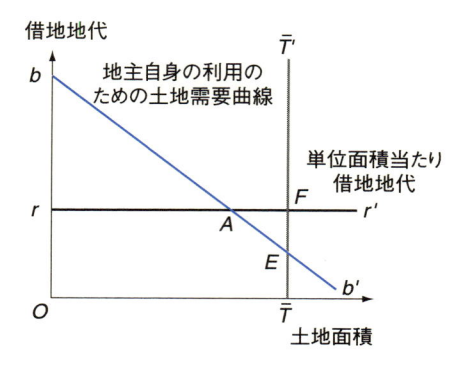

図D

① 他人に全く土地を貸さなければ、この個人が得る総利益はいくらとなるでしょうか。

② 他人に土地を貸すとすれば、この個人はどれくらいの土地を貸すことになるでしょうか。また、土地を全く貸さない場合に比べるとどれくらいの追加利益が得られるでしょうか。

第 6 章

生産者余剰と生産の効率性

前章では買い手が市場取引から得る利益、消費者余剰が需要曲線から導けることを学習しました。本章では、同様の考え方を使うと供給曲線から売り手が市場取引から得る利益（生産者余剰）や限界生産費用という概念を導けることを明らかにします。さらに、消費者への配給制に対応する生産者への生産割当制を取り上げて、効率的生産の性質について検討していきましょう。

6.1 生産・販売からの利益

生産者余剰は、企業が全く生産しない場合と比べて実際に生産・販売することで得られる超過利益を表します。全く生産・販売しない状況を価格が低すぎて供給が割に合わない状況と考えれば、生産者余剰は生産物価格上昇により企業が享受できる値上がり益ととらえることができます。以下、この考えをもとにして生産者余剰と供給曲線との関係について検討していきましょう。

6.1.1 値上がりによる生産者利益

たとえばクッキーを生産・販売するある企業が図6-1に描かれているような供給曲線のもとで、当初、価格 p_1 に直面していたとしましょう。その供給量は線分 $p_1 s_1$ です。ここで価格が p_2 まで上昇したら、企業はどれくらいの値上

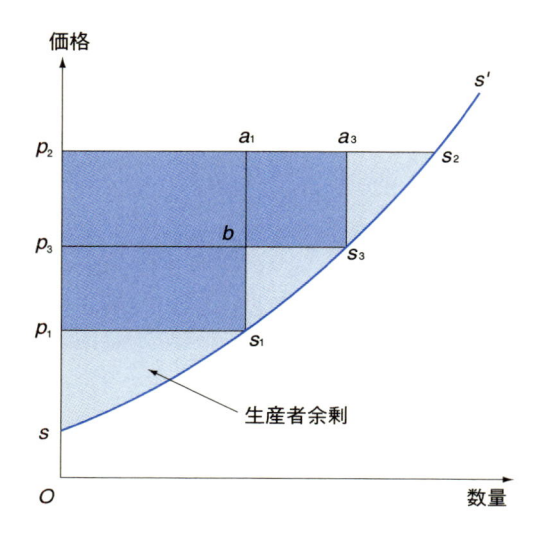

図6-1 値上がり益と生産者余剰

がり益を得ることができるでしょうか。

　もっとも単純な計算方法は、値上がり前の供給量だけについて以前よりもどれくらい多くの販売収入が得られるかを計算するという方法です。これは図の長方形 $p_1s_1a_1p_2$ の面積で表せます。しかし、これでは不十分です。価格上昇に伴い供給量を線分 p_2s_2 まで増やすことが得策となるわけですが、こうした供給量増加による利益が考慮されないからです。

　価格上昇に伴い供給量を増やして得られる追加的利益を求めるためには、買い手にとっての値下がり益を求めたのと同様に p_1 から p_2 へと価格が一挙に上昇するのではなく、値上がり幅をもっと小刻みにしていけばいいのです。実際、価格がまず p_3 まで上昇する状況を考えると対応する値上がり益は長方形 $p_1s_1bp_3$、さらに価格が p_2 まで上昇することで得られる値上がり益は（供給量が線分 p_3s_3 まで増えていますから）長方形 $p_3s_3a_3p_2$ となります。これらを合計した値は、一挙に価格が上がる場合に比べて長方形 $bs_3a_3a_1$ の面積だけ大きくなります。さらに価格の上昇幅を小刻みにしていけば、結局、供給曲線と変化前の価格 p_1 と変化後の価格 p_2 の水準で引いた2本の価格線で囲まれた領域 $p_1s_1s_2p_2$ の面積で、値上がり益を表せることがわかります。

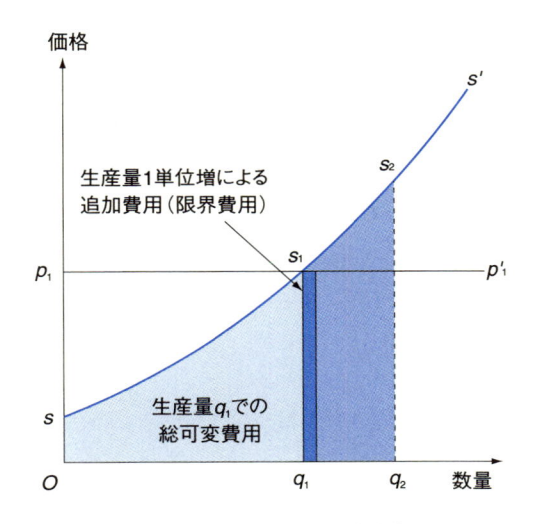

図6-2 総可変費用と限界生産費用

ここで当初の価格が線分 Os 以下だったらどうでしょうか。企業は全くクッキーを供給しなくなります。たとえば Os の価格を考えて、実際には価格 p_2 のもとで点 s_2 に対応する生産・販売を行っていれば、価格 Os から p_2 への値上がり益は、供給曲線と実際に直面している価格 p_2 で引いた領域 ss_2p_2 の面積で表せます。これが、企業が全く生産・販売しない場合に比べて価格 p_2 のもとで供給曲線が指し示す数量だけ生産・販売して得られる超過利益、すなわち生産者余剰にほかなりません。

6.1.2 総可変費用と限界生産費用

売り手が生産・販売活動から得る利益、生産者余剰が、供給曲線と価格線とで囲まれた領域の面積で表せることから、供給曲線にはさらにいくつかの重要な情報が隠されていることがわかります。図6-2に描かれた供給曲線 ss' をもう一度よく眺めてみましょう。

価格 p_1 のもとで企業はクッキーを q_1 だけ供給して、対応する価格線 $p_1p'_1$ と供給曲線 ss' で囲まれた領域 p_1ss_1 の面積に等しい生産者余剰を得ています。ここで生産者余剰は、大雑把にいって、企業が得る利潤といえるでしょう。利

潤とは、総販売収入から総生産費用を差し引いた額です。そして、図で総販売収入は長方形 $p_1Oq_1s_1$ の面積で表せます。ということは、総販売収入から生産者余剰を差し引いた部分、つまり供給曲線の下側の領域 sOq_1s_1 の面積は総生産費用となるのではないでしょうか。

しかし、総生産費用が表されているとすると、企業が直面する価格が O_S の高さに等しい場合はどうなるでしょうか。生産者余剰はゼロ、販売収入もゼロですから、総生産費用もゼロになってしまいます。

可変費用と固定費用

ここで注意しなければならないのは、通常、企業には生産量をゼロにしても負担しなければならない費用があるということです。確かに今月のクッキー生産を取りやめれば、生産に直接必要な小麦粉やバターといった原材料の購入はしなくて済みます。オーブンの使用に必要な電気代もいりません。しかし、そのオーブンを購入する際に銀行から融資を受けていたらどうでしょうか。融資に対する利子支払いは、クッキーの生産をやめても回避できません。また、来月はまたクッキーを作るかもしれませんから、オーブンの調子を整えておかなければならず、そのための整備・維持費用が必要になります。

このように企業の生産活動にかかる費用は、小麦粉やバターのように生産量に応じて変化する可変費用（variable costs）と利子返済や機械設備の整備・維持のための費用のように生産量が変化しても負担額が変わらない固定費用（fixed costs）に分けることができます。[*1] 固定費用は生産量をゼロにしても負担しなくてはなりませんから、先に求めた供給曲線の下方領域 sOq_1s_1 の面積は可変費用の総額、総可変費用を表していることになります。

粗利潤

以上からわかるように、生産者余剰は総販売収入から総可変費用を差し引いた値に等しくなります。利潤を求めるためにはさらに総固定費用（種々の固定

[*1] 2部料金制のもとで個人が負担する固定料金と従量料金は、消費における固定費用と可変費用に相当します。

費用の総額）を差し引かなくてはなりません。その意味で、固定費用を控除する前のこうした収益は、粗利、つまり粗利潤（gross profits）と呼ぶことができるでしょう。

生産者余剰は、生産しない場合に比べて実際に生産することで得られる超過利益を表します。固定費用は生産量にかかわらず負担しなくてはなりませんから、生産者余剰は実際に生産して得られる収入が生産量に応じて負担する可変費用を上回る額となるわけです。

限界生産費用

生産量が変化すれば、定義により総固定費用は変わらず、総可変費用だけが変化します。しかし、総費用は総固定費用と総可変費用の合計ですから、総可変費用の増分と総費用の増分とは等しくなります。この点に注意しつつ、企業が生産量を増やしたら総費用はどのくらい増加するかについて検討してみましょう。

たとえば図6-2で生産量を q_1 から q_2 へと増やすと、対応する供給曲線の下方領域の面積が領域 $s_1 q_1 q_2 s_2$ だけ大きくなります。これが総費用の増分を表します。

では、生産量の単位を十分小さく取った上で生産量を1単位だけ増やす場合はどうでしょうか。対応する費用増分は、大雑把にいって、点 q_1 を1つの頂点とし、横の長さが1、縦の長さが q_1 での供給曲線の高さに等しい短冊の面積で表せます。この値は供給量 q_1 での供給曲線の高さにほかなりません。すなわち、供給曲線は、各生産量についてそこからさらに生産量を1単位追加した場合に必要な追加費用、すなわち限界生産費用（marginal produciton costs）を表しているのです。

限界支払い要求と供給価格

限界費用の大きさは、企業の生産・販売意欲の強さも表しています。生産には費用がかかりますから、企業はただでは生産に応じません。

現在の生産量よりもさらに1単位増やすためには限界費用分だけ費用が増えますから、少なくとも同額の対価が得られなければ、企業にとっては引き合い

ません。すなわち、限界費用は追加1単位の生産に対して企業が最低限要求する支払い額という意味での限界支払い要求、または企業が追加1単位の供給に応じるための最低価格という意味での供給価格（supply price）を表しているといえます。

　以上の議論からもわかるように、供給曲線には次のような別称があることに注意しておきましょう。

1	販売計画表
2	限界費用曲線
3	限界支払い要求曲線
4	供給価格曲線

　追加1単位ではなく、あるまとまった数量の供給について、企業が応じるか否かが問題となる場合はどうでしょうか。問題となる数量の生産に直接必要な総可変費用を少なくとも償えるだけの対価が得られなければ、企業としては引き合いません。すなわちこうした択一的な選択しかできない場合について、総可変費用の額は企業の（最低）総支払い要求を表します。

限界費用逓増の法則

　さて、供給の法則が成り立てば、限界費用は生産量とともに次第に増加していく、つまり逓増する傾向があることになります。経済学では、こうした傾向を指して限界費用逓増の法則と呼んでいます。

　限界収益逓減の法則を説明する際に取り上げた勉強やスポーツ練習の例は、見方をかえると限界費用逓増の法則にも当てはまります。限界収益逓減の法則を説明する際には、勉強や練習に費やした時間に対して修得できる学力や運動技能を問題にしました。両者の関係を逆にすればいいのです。すなわち、学力や技能を高めようとする際に、すでに修得した水準が高いほどさらにそれを高めるためにはこれまでよりも多くの労力が必要となる傾向があります。

6.2　利潤最大化と合理的生産決定

　需要曲線で表される消費者行動が合理的経済行動を意味していたのと同様に、供給曲線で表される生産・販売量決定からも企業による合理的経済行動を読み取ることができます。この点を前章で学んだ経済活動の最適化原理を使って明らかにしていきましょう。

6.2.1　限界収入

　企業の目的は利潤最大化にあり、利潤は収入から費用を差し引いた値です。生産量を変えれば（企業にとっての便益としての）収入、費用、そして利潤が変化します。したがって利潤を最大化するという意味で企業にとっての最適な生産量であれば、そこから生産量を増やしても、また減らしても利潤をさらに増やすことはできません。追加生産量1単位による追加便益、すなわち追加収入は、とくに限界収入（marginal revenue）と呼ばれていますが、この概念を使うと、最適な生産量が満たすべき条件は、次のように表すことができます。

　　限界収入＝限界費用

　この条件の意味を理解するために、改めて図6-3に描かれたような供給曲線 ss' を持つ企業が、市場価格 p_1 に直面している状況を考えましょう。各生産量での限界費用は、対応する生産量からはかった供給曲線までの高さで表されています。他方、限界収入についてはどうでしょうか。生産物市場で企業が価格受容者として振る舞う限り、市場価格でいくらでも生産物を販売できますから、限界収入も価格に等しくなります。すなわち市場価格の水準で引いた価格線は、価格受容者としての企業にとっての限界収入曲線でもあるわけです。限界収入と限界費用が等しくなる生産量は、価格線と限界費用曲線との交点 s_1 に対応する生産量 q_1 です。これこそ供給曲線が示す供給量です。

　生産量Oから出発して生産量を1単位ずつ増やしていくと限界収入（＝価

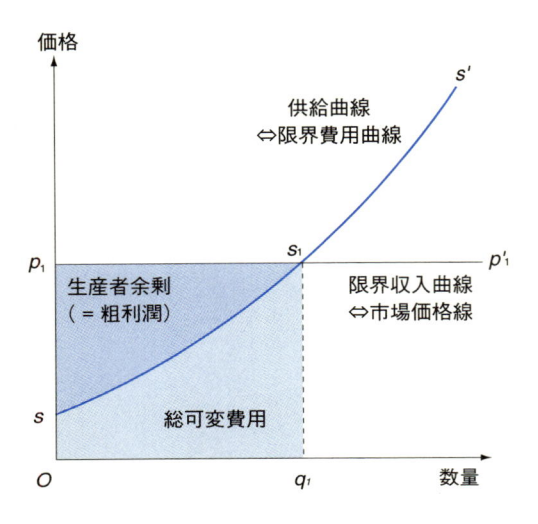

図6-3 利潤最大化と最適生産量決定

格）と限界費用の差の分だけ利潤が増えていきます。こうして得られる利潤の追加分を累積合計すれば、図に示した領域 p_1ss_1 の面積として表される粗利潤＝生産者余剰を求めることができます。もちろん対応する供給曲線の下方領域の面積は、供給量 q_1 の生産に必要な総可変費用を表します。

6.2.2 固定費用の変化と供給意欲

以上の議論から1つ興味ある結果が得られます。それは固定費用の額は直接には企業の供給行動には影響を及ぼさないということです。なぜならば固定費用は生産量にかかわらず企業が負担しなくてはならず、生産量をゼロにしても回避できない費用だからです。したがってとくに固定費用が増加したとしても、供給曲線はシフトしません。

この結果を聞くと驚かれるかもしれません。市場価格が変わらずに固定費用が増えれば、それだけ正味の利潤が減少します。したがって固定費用が十分大きければ、利潤は負、つまり損失が発生します。そうまでして企業は生産を続けるだろうかという疑問を持たれる方が多いのではないでしょうか。

損失が発生するからといって生産をやめたらどうでしょうか。生産者余剰が

プラス、つまり生産に直接必要な可変費用を償ってあまりある収入を得ることができるのですから、生産をすることで損失を固定費用未満に抑えることができます。そのために生産を続行するわけです。[*2]

6.3 生産割当と企業間の闇取引

前章では統制経済などで政府が個人の消費量について配給制を課すと、正式の市場取引を迂回した闇取引を通じて消費者たちが交換の利益を追求するインセンティブがあることを明らかにしました。こうした闇取引のインセンティブおよびその結果消費者たちが得る交換の利益は、配給制の非効率を物語っていました。

こうした配給制は個人に課されるだけでなく、企業が原材料を調達する場合にも課されます。加えて統制経済では個々の企業に対してどんな財・サービスをどれだけ生産すべきかについて割当が行われます。

生産割当と企業の私的情報

通常、生産割当は個々の企業の費用条件を必ずしも的確に考慮しては行われません。企業自身の側にも、自分だけが完全に把握している技術や費用にかかわる私的情報（private information）を政府に対して正直に申告するインセンティブが働きません。万一、他の企業よりも安くできる生産技術を持っていることが知られると、政府からは報酬は変わらずにより多くの生産割当を課されてしまうおそれがあるからです。[*3] その結果、前章の消費者たちと同様に、

[*2] もちろん損失が永続化することが見込まれ、事業から撤退することも企業がとれる選択の1つになっている場合ならば、話は少し違ってきます。事業撤退により固定費用の負担を免れるのであれば、いかなる損失も回避できます。事業の開始や事業からの撤退は、市場への参入、市場からの退出の問題と呼ばれています。こうした参入・退出決定も含めた供給決定は、中級レベルで取り上げます。

[*3] 本書では取り上げませんが、こうした私的情報の存在にかかわる問題は、非対称情報（asymmetric information）の経済学という分野で取り上げられています。

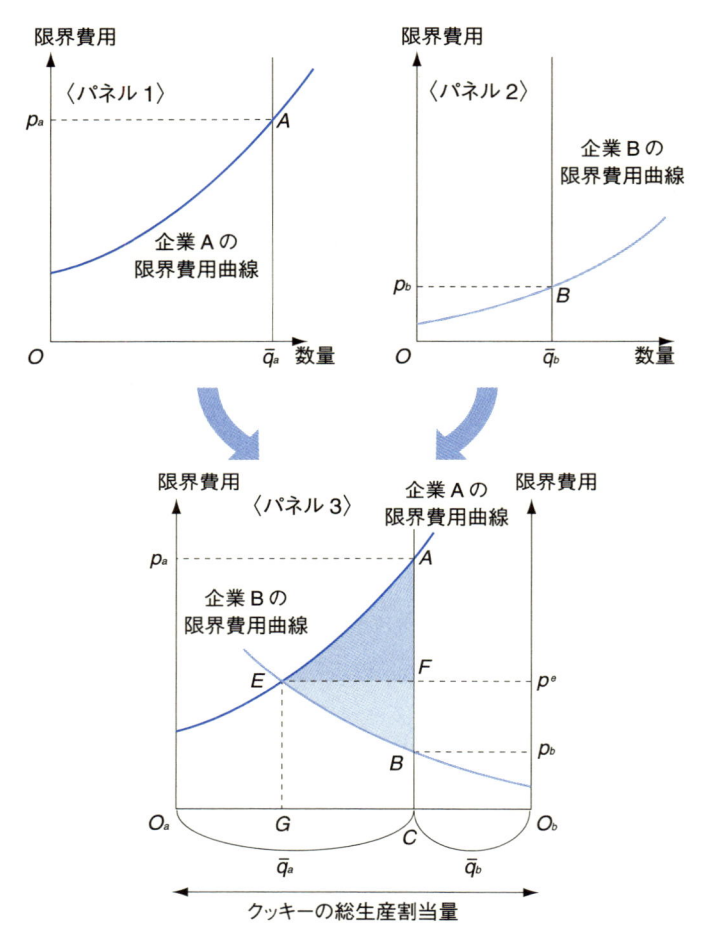

図6-4 生産割当下の闇取引利益

いったん割当が決められた後に割当を巡って極秘に企業間で取引が行われる傾向があります。過大な割当を課された企業は、対価を払って自社よりも安く生産できる企業に割当のいくばくかを肩代わりしてもらおうとするのです。

闇取引のインセンティブ

図6-4のパネル1とパネル2に示されているような限界費用曲線（＝供給曲

124

線)のもとでクッキーを生産する企業A、Bを例にとって、こうした闇取引による利益について検討していきましょう。クッキーの生産割当量は、企業Aに対しては$\bar{q}_a$、企業Bに対しては$\bar{q}_b$です。しかし、図からわかるように企業Aの限界費用p_aは企業Bのそれに比べて高いことに注意しましょう。このように限界費用が異なれば、企業間で割当量を互いに取引するインセンティブが生まれます。

闇取引の利益

この点を明らかにするために、両企業の間でクッキー割当量が価格p^eで交換取引されたらどうなるかを考えてみましょう。クッキーが2社の間で交換前後でどのように分けられるかを検討するためには、図のパネル3のような工夫が必要です。

企業Aと企業Bの間での交換が行われても、両者で分け合えるクッキーの総生産割当量は交換前と同じです。そこで交換前後のクッキーの配分を比べるために、パネル3に描かれているように、総生産割当量に等しい線分O_aO_bをとって点O_aを原点として右に向かって企業Aの生産量、点O_bを原点として左に向かって企業Bの生産量をはかることにします。同時に企業Aの限界費用曲線は点O_aから右に向かって、企業Bの限界費用曲線を点O_bから左に向かって描き直します。つまり、企業Bの限界費用曲線はパネル2に描かれた元の限界費用曲線を裏返しにしたものになります。

以上の準備をもとにして、2社の間で交換が行われたらどうなるかを考えてみましょう。図のパネル3から読み取れるように、当初の割当量で限界費用が市場価格p^eよりも高い企業Aは、割り当てられた生産量のうち線分CGについては自分で生産するのではなく企業Bから買いとる、つまり需要する方が得です。そのための費用は長方形$FCGE$ですが、自社生産をやめて節約できる費用$ACGE$の方が多いからです。この結果、企業Aは領域AFEだけの利益を得ることができます。この利益は、点Cを他企業からのクッキー購入量の原点として限界費用曲線を需要曲線に見立てたときの消費者余剰に相当することに注意してください。

他方、企業Bは当初の割当量よりも線分CGだけ多く生産して、企業Aに

売却する、つまり供給する方が得です。そのための追加費用は領域 $BCGE$ ですが、追加生産量を売却して得られる収入 $FCGE$ の方が多いからです。この結果、企業Bは領域 BFE だけの利益を得ることができます。この利益は、点Cを他企業へのクッキー販売量の原点として限界費用曲線を供給曲線に見立てたときの生産者余剰に相当することに注意してください。

こうした企業間で限界費用が異なる場合に行われる闇取引からの利益は、生産者全体での費用総額最小化という観点から次のように理解することもできます。

図から読み取れるように、前述のような闇取引を通じた生産量の再割り振りを行うと、企業Aの総生産費用は領域 $ACGE$ だけ節約されますが、その額は領域 $BCGE$ で示される企業Bの費用負担増額をちょうど両企業が得る余剰の合計（＝領域 ABE）だけ上回ります。各企業は闇取引を通じてこの利益を分け合うのです。別の言い方をすれば、両企業の間で生産割当量を割り振り直して生産費用総額を削減できる場合には、その節約利益を求めて必ず企業の間で闇取引のインセンティブが働くわけです。[*4]

■ 生産配分の効率性

各企業に対して当初指定された生産量の組み合わせは、生産配分と呼ばれています。総生産量が同じでも社会全体での総生産費用を最小化しない生産配分であれば、社会的には希少な資源が無駄に使われており、非効率だといえます。闇取引も含めて自由な取引は、企業間で限界費用を等しくさせ、社会全体での総生産費用を最小化する生産配分を実現してくれるのです。

[*4] 限界費用曲線の下方領域により各企業の総（可変）費用の額を表せることに注意すると、闇取引下の生産配分では両企業による生産費用の総額が最小化されていることがわかります。図6-4について、この結果を必ず確認してください。

6.4 要素需要曲線と生産者余剰

　クッキーを生産・販売するためには、原材料の小麦やバターが必要となるばかりでなく、人手も機械設備も必要です。財やサービスを生産する上で元になる（つまり投入される）原材料や労働サービスなどは生産要素と呼ばれます。[*5]　すなわち、企業は財やサービスの供給者であると同時に（別の）財やサービスの需要者でもあります。以下では、労働サービスを例にとって、企業の生産要素に対する要素需要曲線の性質について検討しましょう。[*6]

限界収入生産力

　図6-5には、横軸に雇った労働者達に働いてもらう延べ労働時間数、縦軸に時間当たり賃金をはかるようにしています。一般に、時給が低いほどより多くの労働者を雇い、より長く働いてもらった方が得になると考えられます。そのため、通常の財やサービスと同じように、労働サービスに対する個別需要曲線も図のように右下がりの曲線で表せます。

　需要曲線の高さは買い手にとっての限界便益、そして需要曲線の下方領域の面積は総便益の大きさを表していました。企業が労働を需要する場合、労働雇用量をもう1単位追加して得られる便益の増分とは何でしょうか。労働者をもう1人よけいに雇ったり、労働者にもう1時間よけいに働いてもらえば、クッキーの生産量が増えます。それを市場で売却すれば追加収入が得られます。[*7]

[*5] 投入（物）、投入要素、インプットと呼ばれることもあります。
[*6] 個人（または家計）についても同様のことがいえます。すなわち、個人は財やサービスを消費する需要者であると同時に、企業に雇われて働いて賃金を得る、つまり労働サービスを販売する供給者でもあります。したがって、個人による労働サービス供給について供給の法則をあてはめて、労働市場参加により個人が得る取引利益を右上がりの労働供給曲線から導くこともできます。ただし残念ながら、スペースの関係上、ここでは取り上げません。読者自ら前節で説明した供給曲線の議論を応用して検討してみてください。
[*7] このように生産要素を追加1単位雇用して得られる追加収入は、生産要素の限界収入生産力（marginal revenue product）と呼ばれています。この概念については、中級レベルでより詳細に取り上げることにします。

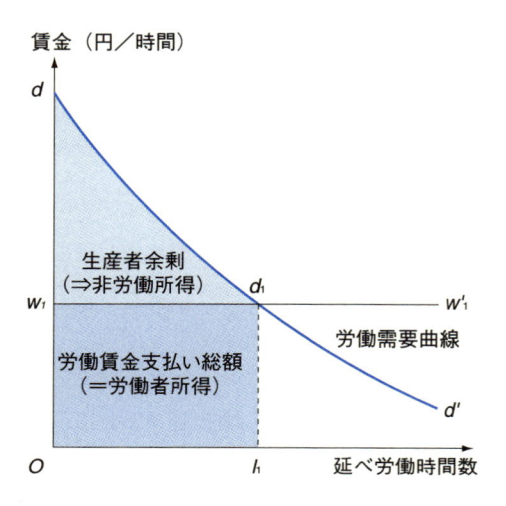

図6-5 労働需要曲線と生産者余剰

これが雇用増加による便益の増分にほかなりません。そして、このような追加収入の累積合計額が総収入となることにも注意してください。

要素需要曲線と生産者余剰

したがって、図6-5に表されているように賃金が w_1 のもとで企業が点 d_1 に対応する雇用量 l_1 を雇用すれば、対応する需要曲線の下方領域 dOl_1d_1 の面積に相当するクッキーの総販売収入が得られます。労働雇用に支払われる賃金総額は長方形 $w_1Ol_1d_1$ の面積に等しくなります。

したがって、クッキー販売収入から労働者に対する賃金支払い総額を差し引いた額は、労働需要曲線と賃金 w_1 の水準で横軸に水平に引かれた価格線（または賃金線）で囲まれた領域 dw_1d_1 の面積に等しくなります。これが、労働者を雇用しなかった場合に比べて実際に労働者を雇用して企業が得ることのできる超過利益額、すなわち生産者余剰を表します。

要素雇用の生産者余剰と各要素の生産貢献*

読者は、こうして求められた生産者余剰は企業が得る利潤と等しくなると考えたくなるかもしれませんが、それは必ずしも正しくありません。[*8]

労働需要曲線を描く際には、賃金以外の事情はすべて一定にしておかなくてはなりませんでした。クッキー生産の場合には、人手だけでなく、小麦粉もバターも、そしてオーブンも必要でした。また、同数の労働者を雇って、同じ原材料を使っても、経営者の手腕次第でビジネスは成功することも失敗することもあります。しかし、図6-5のような労働需要曲線を描く際には、労働サービス以外のこうした生産要素の雇用量はすべてあらかじめ決まっており、経営者が決めなくてはならないのはあと労働雇用量だけという状況なのです。

　クッキーの生産や販売に貢献している生産要素が他にもあることを考え合わせると、先に求めた生産者余剰という超過利益が生まれた理由は何でしょうか。人手だけで商売はできません。人手と原材料だけがそろってもビジネスは成功しません。となると……。そうです、先に求めた超過利益は労働以外の生産要素が投入されてはじめて実現したのです。もし市場から調達しなければならない生産要素が労働以外に存在しなければ、その場合にはじめて、前出の生産者余剰は、要素市場では直接調達できない経営者の手腕による利潤と等しくなります。

　これまでの議論を整理しておきましょう。他の条件を一定にして描かれた労働需要曲線から導かれる生産者余剰は、（経営者手腕といったいわゆる経営者能力を含めて）生産・販売にかかわる労働以外の生産要素による事業貢献額を表します。労働需要曲線を問題にしている場合の賃金総支払い額は、労働者の側からいえば所得（つまり労働所得（labor income））を表します。これと同様に所得という視点からすれば、「労働雇用についての生産者余剰」または「労働需要曲線から導かれる生産者余剰」は（経営者の能力を含めた）労働以外の生産要素が稼ぎ出す所得、つまり非労働所得（non-labor income）を表しているといえます。[*9]

[*8] 以下の議論は、入門レベルを超えていますが、中級のミクロ経済学の教科書でもきちんと取り上げているものは多くありません。中級レベルを勉強されてから、改めて読まれると一層理解が深まると思います。
[*9] ただし所得という概念については、もう少し細かい注意が必要です。この点についてはたとえばマクロ経済学の教科書を参照してください。

本章の要点

❶ **供給曲線のさまざまな見方**
  (a) **生産・販売計画表**（価格⇒数量）：各価格に対して売り手が生産・販売しようと（計画）する数量を表す。
  (b) **限界費用＝限界支払い要求（＝供給価格）**（数量⇒価格）：追加1単位の生産・販売で負わなくてはならない追加費用＝追加1単位の生産の対価としての最低支払い要求額。
  (c) **総費用の構成**：生産量によらない固定費用＋生産量に応じて変化する可変費用。
  (d) **総可変費用**：当該消費量までの累積追加費用額＝当該生産量水準までの供給曲線の下方領域の面積。

❷ **価格と限界収入**：競争的生産者にとっての市場価格＝追加生産・販売で得られる追加収入（＝限界収入）。

❸ **生産者余剰**：ある財の生産・販売から得られる生産者余剰とは、その財を生産・販売することで（それを全く生産・販売しない場合に比べて）得られる超過利益を表す。
  (a) 生産者余剰＝総販売収入－総可変費用
  (b) 生産者余剰＝供給曲線と価格線で囲まれた領域の面積。

❹ **経済活動の最適化原理**：限界便益＝限界費用。
  (a) **企業の生産・販売決定原理**：追加生産・販売による限界収入＝限界生産費用⇒競争的生産者の場合：供給曲線の高さ＝市場価格。
  (b) **企業の生産要素雇用量決定原理**：生産要素追加雇用による限界収入＝限界費用⇒競争的生産者の場合：生産要素需要曲線の高さ＝生産要素の市場価格。

第6章 生産者余剰と生産の効率性

練習問題

問1. リカードの差額地代：地主Aと地主Bは、それぞれメロン畑用の土地を持っています。それぞれの土地で人手を雇ってメロンを生産する場合、次の図に描かれているように労働の需要曲線は地主Aの土地で生産するならパネルaに描かれた右下がりの曲線、地主Bの土地で生産するならパネルbに描かれた右下がりの曲線で表されるとしましょう。土地と人手さえ確保できればメロンは生産でき、労働者1人当たりの賃金は4000円として、下記の各問に答えなさい。

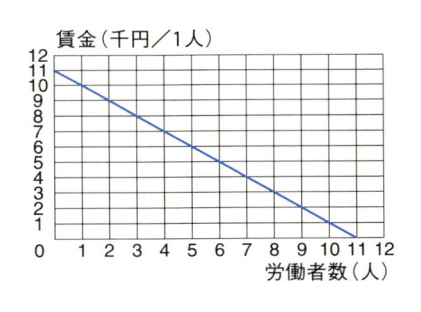

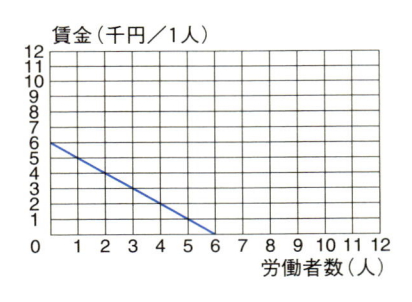

パネルa

パネルb

① 土地を借りるのが無料ならば、それぞれの畑でメロンを生産する場合、何人の労働者を雇い、どれだけの利潤が見込めるでしょうか。
② 地主Bが保有する土地以外にはメロン生産に適した土地はないものとします。このとき、地主Bはメロン畑として土地を貸す場合、どれだけの地代を獲得できるでしょうか。
③ 地主Bが保有する土地と同じ地味（つまり土地の肥沃度）の土地は他にいくらでもあれば、地主Bが得られる地代はいくらになるでしょうか。
④ 上の問の状況で地主Aの土地が利用可能になれば、地主Aはどれだけの地代を獲得できるでしょうか。

問2. 新技術導入の利益：競争的な経済雑誌市場で出版・販売活動を行う評日出版社の事業活動を考えましょう。次の図に描かれた右上がりの曲線は評日出版社の雑誌供給曲線を表しています。事業の固定費が100万円、雑誌の単価が400円として下記の各問に答えなさい。

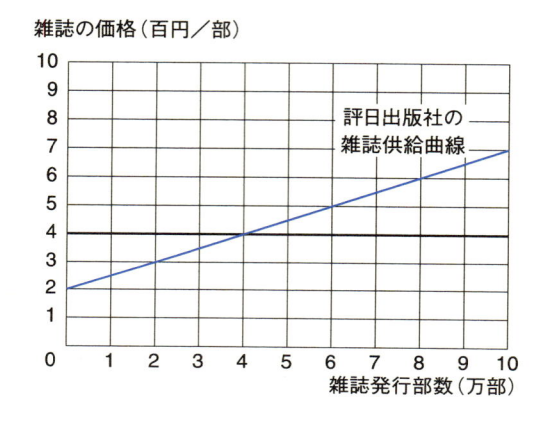

① 評日出版社の雑誌発行部数および生産者余剰を求めなさい。
② ある発明家が開発した新しい印刷技術を導入すれば、印刷費用を発行部数にかかわらず1部当たり100円減らせるようになるそうです。新技術を利用するために新しい印刷機械を購入すれば、固定費用は200万円増加します。新技術導入後に、評日出版社の雑誌発行部数と利潤はいくらになるでしょうか。
③ 上の問の状況で、新技術を利用するために発明家に対してロイヤリティー（技術使用料）を払わなくてはならないそうです。評日出版社が払えるロイヤリティーは最高いくらでしょうか。

問3. ある電力会社は、発電に際して原子力、火力、水力を利用できます。それぞれの発電所による1時間当たり最大発電量はすべて等しく4万kwh、その発電の限界費用は次の3つのパネルのいずれかの組み合わせで示されるものとします。それぞれの場合について、総発電費用を最小にするように発電割合を決めるとき、電力会社にとっての限界発電費用曲線はどう描けるでしょうか。

第 6 章 生産者余剰と生産の効率性

パネル a

パネル b

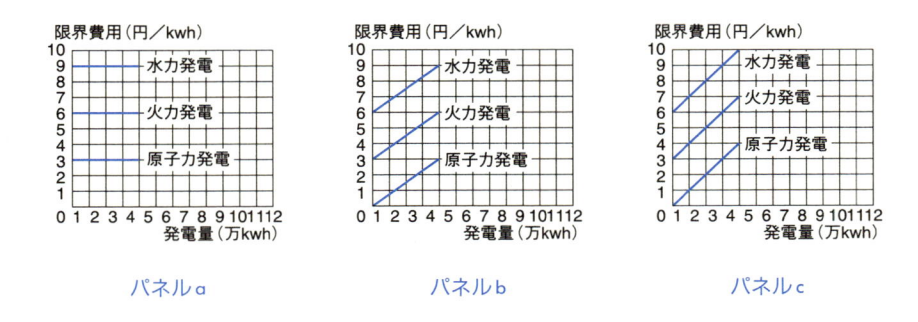

パネル c

問 4. **競争入札の効率性**：ある国の王様が城内の庭園を新しくしたいと考えています。仕事を依頼できる造園業者は 2 人（植木職人 1 と 2）います。下の図では原点 O_1 から右方向に植木職人 1 による造園面積、原点 O_2 から左方向に植木職人 2 による造園面積をはかり、それぞれの職人による造園作業の限界費用曲線が描かれています。また、2 つの原点の間の距離は城内の総庭園面積（1200m²）を表しています。いずれの職人による造園作業についても固定費用はかからないものとして、以下の各問に答えなさい。

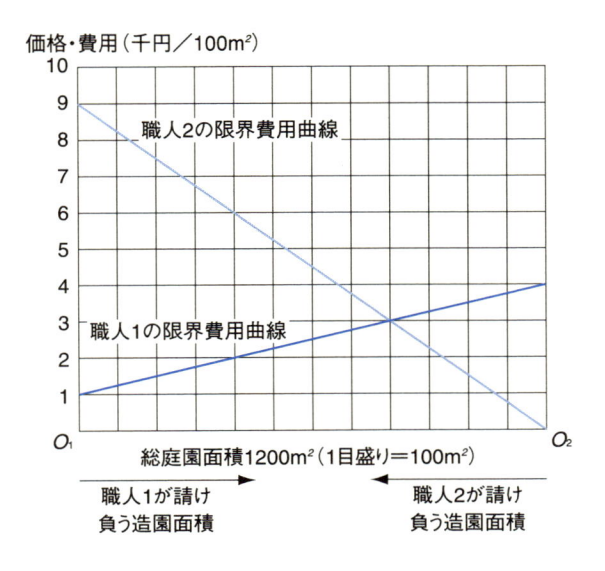

① 造園を植木職人 1 だけで行えば総費用はいくらでしょうか。また、植木職

人 2 だけで行う場合はどうでしょうか。

② 王様が造園に必要な総費用を最小にするためには、各職人が請け負う造園面積をどう配分すればよいでしょうか。

③ 王様が造園面積100㎡当たりの報酬を2000円とすれば、各職人はどれだけの造園面積を請け負うでしょうか。また、3000円ならばどうでしょうか。

④ 造園事業の請負は庭園を分けることなく、全体を一括してのみ行われるものとします。2人の職人はそれぞれ請負額を王様に伝え、王様はそのうち少ない額を提示した方を雇うことにしました。どちらの職人がいくらの請負額で造園事業者としての指名を受けることになるでしょうか。

⑤ ③の方法で適当な報酬額を決めつつ造園を行う場合と④では、王様の負担額が少なくなるのはどちらでしょうか。また、社会全体として造園事業に必要な総費用が少ないのは、どちらでしょうか。

第7章

競争市場均衡と効率性

これまで学んだように買い手が市場取引から得る利益、消費者余剰は需要曲線から、売り手が市場取引から得る利益、生産者余剰は供給曲線から導けます。これらの概念を用いて本章では、完全競争市場において自由な市場取引が可能であれば、社会全体が財やサービスの生産・消費から得る総利益が最大化されるという意味で望ましい資源配分が実現されることを明らかにしていきます。

7.1 完全競争市場均衡の効率性

需要曲線からは買い手が得る取引利益（消費者余剰）と追加消費量1単位から得る追加便益（限界便益）、供給曲線からは売り手が得る取引利益（生産者余剰）と追加生産量1単位について負担する追加費用（限界費用）を導くことができました。本節ではこれらの結果を用いて、完全競争市場均衡で実現する資源配分が社会全体が生産・消費から得る純便益を最大化するという意味で最適であることを示しましょう。

次の図7-1にはクッキーが取引される完全競争市場が描かれています。すでに学んだように市場需要曲線と市場供給曲線との交点Eが市場均衡です。このとき実現される均衡価格p^eのもとでそれぞれの買い手が消費する数量の組み

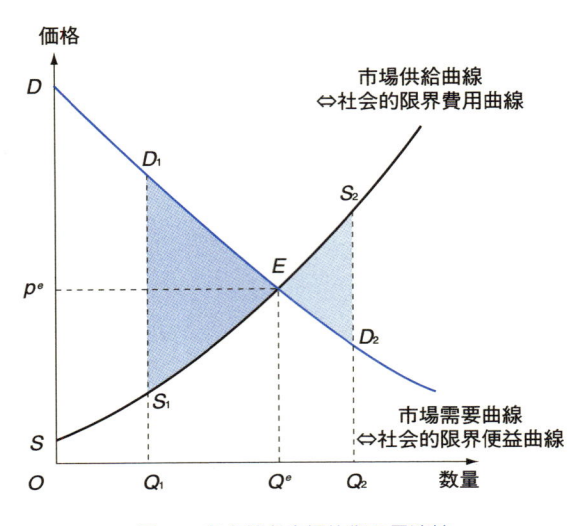

図7-1 完全競争市場均衡の最適性

合わせ、つまり消費配分、それぞれの売り手が生産・販売する数量の組み合わせ、つまり生産配分、そしてこれらの総取引量 Q^e が決まります。こうして実現される資源配分が、社会的に見て好ましい性質を持っていることを明らかにしましょう。

7.1.1 消費の効率性

私的限界便益

市場均衡においてはどの買い手も市場価格と限界便益が等しくなるように需要量を決定していました。追加消費量1単位により個人が得る追加便益は、実際に消費する個人だけによって享受されますから、しばしば私的限界（消費）便益（private marginal benefits of consumption）と呼ばれています。

この用語を用いれば、市場均衡では価格を媒介としてどの個人の限界便益も等しくなるということができます。第5章における個人間の闇取引についての議論からもわかるように、総消費量 Q^e を所与とすれば、買い手の間で私的限界便益が等しいとき、買い手全体で享受される総消費便益は最大化され、闇取引のインセンティブは生まれません。この意味で均衡において実現される消費

配分は効率的です。

社会的限界便益

買い手の間で限界便益が等しくなっている状況で、総消費可能量がさらに1単位増えたらどうでしょうか。どの買い手が追加された1単位を消費しても、消費便益の増分は等しくなりますから、社会全体で見ても総消費便益はこの個人間で均等化された私的限界便益の額だけ増えることになります。すなわち、それは追加消費量1単位が社会にもたらす追加消費便益、社会的限界（消費）便益（social marginal benefits of consumption）を表すことに注意しましょう。これは社会全体としての追加消費1単位に対する社会的限界支払い意欲と呼ぶこともできます。

市場需要曲線上のどの点を取ってみても上記の性質は成り立ちますから、市場需要曲線の高さは社会的限界便益の大きさを表すことになります。これはそれぞれの買い手の個別需要曲線が私的限界便益曲線を表すこととちょうど対応します。

7.1.2 生産の効率性

市場均衡においてはどの企業も市場価格と限界費用が等しくなるように供給量を決定していました。追加生産1単位により企業が負担する追加費用は、実際に生産・販売する企業だけによって負担されますから、しばしば私的限界（生産）費用（private marginal costs of production）と呼ばれています。

この用語を用いれば、市場均衡では価格を媒介としてどの企業の限界費用も等しくなるということができます。前章における闇取引についての議論からもわかるように、総生産量 Q^e を所与とすれば、売り手の間で私的限界費用が等しいとき、売り手全体で負担される総生産費用は最小化され、闇取引のインセンティブは生まれません。この意味で均衡において実現される生産配分は効率的です。

企業の間で限界費用が等しくなっている状況で、総生産量をさらに1単位増やしたらどうでしょうか。どの企業が追加された1単位を生産しても、生産費用の増分は等しくなりますから、社会全体で見ても総生産費用はこの企業間で

均等化された私的限界費用の額だけ増えることになります。すなわち、それは追加生産 1 単位が社会にもたらす追加生産費用、社会的限界（生産）費用 (social marginal costs of production) を表すことに注意しましょう。これは追加生産 1 単位に対する社会全体としての社会的限界支払い要求と呼ぶこともできます。

市場供給曲線上のどの点を取ってみても上記の性質は成り立ちますから、市場供給曲線の高さは社会的限界費用の大きさを表すことになります。これは、それぞれの売り手の個別供給曲線が私的限界費用曲線を表すことにちょうど対応します。

7.1.3 生産・消費構成の効率性

市場需要曲線の高さが社会的限界便益、市場供給曲線の高さが社会的限界費用であることがわかれば、クッキーを全く生産・消費しない場合に比べてそれを実際に生産・消費して社会全体が得る総便益額から総費用を差し引いた超過利益、つまり総余剰 (total surplus)（または社会的余剰 (social surplus)）を求めるのは簡単です。再び図7-1を用いて検討しましょう。

全く生産・消費しない状況から出発して、1 単位だけ生産・消費したらどうでしょうか。そのためにかかる費用は社会的限界費用 OS、得られる便益は社会的限界便益 OD ですから、その差額 DS だけの純便益を社会は享受できます。そして、この純便益増分を消費者群と生産者群で分かち合えば、両者ともに得します。

1 単位生産・消費した後でも、社会的限界便益が社会的限界費用を上回りますから、さらに生産して消費を増やせばもっと純便益を増やせますし、それを消費者群と生産者群が分かち合うことで両者ともにいっそう得します。

このように考えていくとわかるように、クッキーの生産・消費を通じて社会全体として得られる純便益＝総余剰は、Q^e で最大化されます。これ以上の数量を生産し消費しようとすれば、生産者たちの限界支払い要求（＝社会的限界費用）が消費者たちの限界支払い意欲（＝社会的限界便益）を上回りますから、少なくともいずれかの主体が損失を被るだけでなく、社会全体としての総余剰も減少してしまいます[*1]。

第7章｜競争市場均衡と効率性

このように生産と消費のバランスを図りながら社会全体の利益を考えると、クッキーの最適な生産＝消費量は、消費から得られる社会的限界便益と生産に必要な社会的限界費用を等しくさせることがもっとも望ましいのです。この条件が満たされるとき、クッキーの生産量・消費量の組み合わせ、つまり**生産・消費構成**（product mix）は効率的であるといいます。

7.1.4 3つの効率性と競争均衡

以上の議論からわかるように、クッキーにかかわる生産・消費配分が効率的であるためには、次の3つの条件が成り立たなければなりません。

1. 消費の効率性（consumption efficiency）
2. 生産の効率性（production efficiency）
3. 生産・消費構成の効率性（product-mix efficiency）

消費の効率性と市場取引

第1の消費の効率性は、消費配分が効率的となることを意味します。ある消費配分が効率的となるのは、社会全体で消費可能な総量が変わらずとも、個人間の消費量の組み合わせ、つまり配分を変更しても、すべての個人の経済状態を同時に改善できない場合です。したがって、与えられた総消費可能量のもとで社会全体で享受される消費便益の総額が最大化されていなければなりません。すでに説明したように、競争均衡では価格を媒介として各個人の限界便益が等しくなるために、効率的な消費が実現されます[*2]。

生産の効率性と市場取引

第2の生産の効率性は、生産配分が効率的となることを意味します。ある生産配分が効率的となるのは、社会全体で目標とする生産総量が変わらずとも、

[*1] 図7-1の場合、Q^e よりも少ない生産・消費量（たとえば Q_1）でも、多い生産・消費量（たとえば Q_2）でも、得られる総余剰は少なくなります。図7-1から確認できるように、数量 Q_1 では領域 D_1S_1E、数量 Q_2 では領域 D_2S_2E だけ、数量 Q^e を生産・消費する場合に比べて総余剰は少なくなるからです。

[*2] 第5.3.2項における配給制度下の闇取引についての議論も思い出しましょう。

企業間の生産量の組み合わせ、つまり配分を変更しても、すべての企業の経済状態を同時に改善できない場合です。したがって、与えられた目標総生産量のもとで社会全体で負担しなければならない総生産費用が最小化されていなければなりません。すでに説明したように、競争均衡では価格を媒介として各企業の限界費用が等しくなるために、効率的な生産が実現されます[*3]。

生産・消費構成の効率性と市場取引

最後の生産・消費構成の効率性は、消費配分と生産配分が整合的、つまり総消費量と総生産量が等しくなるという条件の下ですべての経済主体（消費者群と生産者群）の経済状態を同時には改善できないことを意味します。そのためには社会的限界便益と社会的限界費用を等しくさせる数量が生産され、かつ消費されなければなりません。価格機構は、需給調整機能を働かせて生産量と消費量を等しくさせる一方、価格を介して消費者たちの限界便益と生産者たちの限界費用を一致させる働きを持ちます。この結果、効率的な生産・消費構成が実現されます。

7.1.5 完全競争市場均衡の望ましさ

このように競争均衡で実現される生産・消費配分、言い換えると資源配分は、前述の3つの効率性基準を満たすという意味で望ましい性質を備えています。

パレート効率性

3つの効率性基準のうちいずれか（またはすべて）が満たされていなければどうでしょうか。これまでの議論からもわかるように、いずれかの基準が満たされなければ、必ずすべての経済主体の経済状態を今よりもよくすることができます。生産であれ、消費であれ、そしてその組み合わせであれ、社会には資源の使い方に無駄がある、つまり非効率であることを意味します。無駄があるからこそ、その無駄を省いて得られる利益を分かち合い、全員の経済状態を改

[*3] 第6.3節における生産割当制度下の闇取引についての議論も思い出しましょう。

善できます。

　経済学では、他の実行可能な配分に移ることですべての経済主体の経済状態を改善できる場合、現在の配分はパレートの意味で非効率またはパレート非効率と呼びます。逆に、そうではない、つまり他の実行可能な配分に移ってもすべての個人の経済状態をもはや同時には改善できない配分をパレート効率（Pareto efficient）な配分と呼んでいます。[*4]

厚生経済学の第1基本定理

　完全競争市場均衡で実現される資源配分は、3つの効率性基準を満たしますから、パレート効率です。この結果は厚生経済学の第1基本定理（the first fundamental theorem of welfare economics）と呼ばれ、経済学者が自由競争に依拠した市場経済に信頼を置く最大の根拠となっています。[*5]

　余剰分析という立場から第1基本定理を考え直せば、完全競争市場均衡では生産・消費を通じて社会が得る総余剰が最大化されると言い換えることができます。そして、この最大化された総余剰は、市場価格を介して買い手と売り手の間に消費者余剰と生産者余剰という形で分配されるのです。

一般均衡分析と部分均衡分析

　本来なら厚生経済学の第1基本定理を証明するためには、多くの準備が必要です。とくに重要なのは同時に分析しなければならない財やサービスが非常に多数だという点です。私たちがこれまで取り上げてきたのはクッキーという単一の生産物についての生産・消費でしたが、経済全体ではほかにもさまざまな財やサービスが生産・消費されています。したがって、市場経済と自由競争の

[*4] パレートとは、経済学におけるこうした効率性の概念を定式化したイタリアの経済学者 Vilfred Pareto の名前です。パレート効率という用語ではなく、パレート最適（Pareto optimal）という用語もしばしば用いられますから、これもあわせて覚えておきましょう。

[*5] 第1基本定理というからには、第2、第3の定理があると思う方がいると思います。第3はありませんが、厚生経済学の第2基本定理と呼ばれるものはあります。それは、「いかなるパレート効率な資源配分も、初期賦存資源の保有量を個人間で適当に一括的に再分配することで実現可能である」という主張です。この定理の意味については、中級のミクロ経済学において解説されます。

役割を的確に捉えるためには、これらすべての財・サービスの取引についても同時に考慮しなければなりません。

経済全体で取引されるすべての財・サービスについて、需給が同時に均衡する状態は一般均衡（general equilibrium）、そしてその状態が持つ性質についての考察は一般均衡分析と呼ばれています。ただし「一般」という用語の解釈には注意が必要です。ここで用いられている"general"という英語は、「より広い」という意味ではなく、「経済全体」、「総体」という意味で使われているからです。

これに対して、これまで取り上げてきたような特定の財・サービスにかかわる市場均衡や個別の経済主体による経済活動水準決定についての分析は、部分均衡（partial equilibrium）分析と呼ばれています。[*6] 経済全体から見たときに、その一部分だけの均衡に着目しているからです。

入門レベルの議論では、市場経済と自由競争の役割を明らかにするためには、部分均衡分析の枠組みのもとで単一市場に限って余剰分析を用いるしかありません。しかし、人々の暮らし向きに影響を及ぼす財やサービスすべてについて、その生産・消費量が完全競争市場下で決定されるのであれば、ここでの議論は社会全体についても成り立つことを理論的に証明することが可能です。[*7]

7.2　モノ・ヒト・カネの自由な移動と取引

完全競争市場均衡は総余剰を最大化し、パレート効率な資源配分を実現する

[*6] 企業や個人がそれぞれの行動目的に照らして最適な経済活動水準を選べば、意思決定を取り巻く環境――財・サービスの価格や所得、技術知識や好み――が変化しない限り、他の経済活動水準に変更するインセンティブを持ちません。いったん決めた選択から他の選択に移るインセンティブを持たないという意味で、最適な決定を行っている状態は主体的均衡と呼ばれています。

[*7] この問題は中級以上のミクロ経済学で取り上げられます。経済理論の勉強のためには解析学や位相数学といった高度な数学が必要となりますが、それが必要なのは主に完全競争市場経済における一般均衡の存在証明のためです。少々驚くべきことですが、厚生経済学の第1基本定理の証明だけなら、それは背理法を使った比較的簡単なものです。

ことがわかりました。しかし、クッキーの例だけでは何か物足りない読者のために、モノ・ヒト・カネを巡る自由競争下の市場取引利益についてほかの例を取り上げていきましょう。

7.2.1 自由な国際貿易からの利益

第1の例は自由なモノの取引から得られる利益として国際経済学の分野でもっとも基本となる自由貿易の利益です。たとえば牛肉の国際取引を考えてみましょう。

世界を見渡せばアメリカやオーストラリアのように牛肉を他国に輸出する国もあれば、逆に日本のように輸入する国もあります。世界市場から見れば各輸出国は牛肉の売り手、各輸入国は買い手です。それぞれの売り手による供給曲線、つまり個別輸出供給曲線を水平方向に加えれば輸出国全体の市場輸出供給曲線が得られます。同様にそれぞれの買い手による需要曲線、つまり個別輸入需要曲線を水平方向に加えれば輸入国全体の市場輸入需要曲線が得られます。

ただしこのように輸出国全体での供給、輸入国全体での需要を求めるためには、どの国でも同じ価格で牛肉が取引されていなければなりません。そのためには各国通貨の交換比率を表す外国為替レート（foreign exchange rate）が一定として、たとえば米国のドルで牛肉の価格を表せばよいのです。[*8] 為替レートが変化したら、新しい為替レートの下で改めて各国共通の米国ドル建ての牛肉価格を計算して、各国の輸出入曲線を米国ドル建て牛肉価格について描けばいいのです。[*9] 次頁の図7-2には、このようにして得られた輸出供給曲線と輸入需要曲線が描かれています。

2つの曲線の交点Eが牛肉の世界市場の均衡点です。この点に対応する価格

[*8] たとえば日本・円の米国・ドルに対する為替レート、すなわち対米為替レートは1ドル＝100円のような形で表されます。この表記からもわかるように為替レートは、自国通貨ではかった外国通貨の価格を表します。したがって、日本や多くの欧米諸国のようにあらかじめ為替レートを一定に定めずに自由な変動を認めているいわゆる自由変動相場制を採用している国では、外国通貨に対する需給に応じてその価格、つまり為替レートが決定されます。このように簡単にいってしまうこともできますが、もう少し踏み込んで為替レートの水準を決定する経済的要因を明らかにしようとする試みも盛んです。それがいわゆる為替レート決定理論と呼ばれているものです。詳細は、国際金融や国際マクロ経済学の教科書を参照してください。

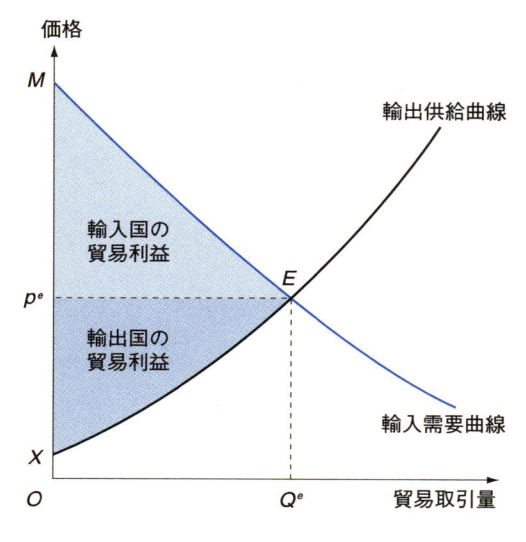

図7-2 自由貿易利益

p^e は均衡国際価格、数量 Q^e は均衡貿易数量を表します。均衡国際価格の水準で引いた価格線と輸入需要曲線で囲まれた領域 Mp^eE は買い手が得る消費者余剰ですが、それは輸入国が自由な貿易を通じて得る利益、つまり輸入国としての自由貿易利益 (gains from free trade) を表します。同様に、均衡国際価格線と輸出供給曲線で囲まれた領域 Xp^eE の面積は、売り手が輸出国として得る自由貿易利益を表します。

---

*9 このように説明しても何となく不安を感じる読者がいるかと思います。「日本や米国、オーストラリアで、牛肉価格は同じにならないのでは?」という疑問を持つ方がいるからです。各国の間で財やサービスの価格に差が起こる現象は、内外価格差と呼ばれています。輸送費などが原因となって起こる内外価格差であれば、輸送費を上回る価格差が生じると低価格国で牛肉を買って、高価格国で売れば儲けが出ます。こうした価格差に乗じた利潤獲得行為(価格裁定)が十分働けば、各国間の価格差はいつでも輸送費だけにおさまりますから、輸送費分だけの差を保ちながら各国の牛肉価格はいつでも同一方向に動くことになります。したがって、内外価格差がない場合と本質的に同様の結果が成り立ちます。

　えっ、輸送費以上の価格差が起こっているんじゃないかですって。それは上記の価格裁定が何らかの理由で働かないからです。各国の間で輸送費を上回る価格差が生じる現象は、価格差別と呼ばれる現象であり、中級レベルのミクロ経済学や国際貿易理論で取り上げられます。代表的な価格差別としては、輸出国内での販売価格よりも低い価格を輸出先市場で付けるダンピングをあげることができます。

厚生経済学の第1基本定理を世界貿易市場に適用すればわかるように、自由な国際貿易は世界全体の総余剰を最大化し、世界全体で見て効率的な資源配分を実現します。大部分の経済学者が自由貿易促進の意義を唱えるのは、このような事情に基づいています。

7.2.2 自由な金融取引からの利益

第2の例は自由なカネの取引、つまり金融取引からの利益です。すでに第1章でも説明したように、資金の余っている主体（黒字主体）から足りない主体（赤字主体）へと資金を融通するのが金融（finance）です。でも、クッキーの価格はわかりますが、金融取引における価格とは何でしょうか。

■ 利子率と貸付資金需給

資金の貸借もただでは行われません。資金を借り受ける企業や個人は借金を返済しなければなりませんが、その際にはもともと借り受けた資金（元金（principal））に加えて利子（interest）を上乗せして支払わなければなりません。元金に対する利子支払額の比率は利子率または金利（interest rate）と呼ばれ、クッキーを購入する際に払う価格と同じ役割を果たします。

現在の時点で比較的資金に余裕のある黒字主体にとっては、貸付利子率が高いほど資金融資により多くの運用収益（利子所得）を得て、将来の暮らし向きがよくなります。もちろん実際に貸付額を増やすためには、現在の消費をもっと抑えて貯蓄しなければなりませんから、暮らし向きはその分不自由になります。したがって現在の消費を切りつめる不便さに比べて将来の暮らし向きが改善することからの利益が大きくならなければ、より多くの貯蓄が貸付資金として赤字主体に供給されることはありません。このように黒字主体による貸付資金の供給量は利子率とともに増えますから、その供給曲線は図7-3のような右上がりの曲線として表せます。

他方、赤字主体から見たらどうでしょうか。同額の資金を借りても、借入利子率が高いほど将来の返済時点での負担は大きくなり、暮らし向きは悪くなります。そのために赤字主体が借り受けたいと考える資金額、つまり貸付資金に対する需要量は減ります。すなわち、借入利子率を価格として貸付資金の需要

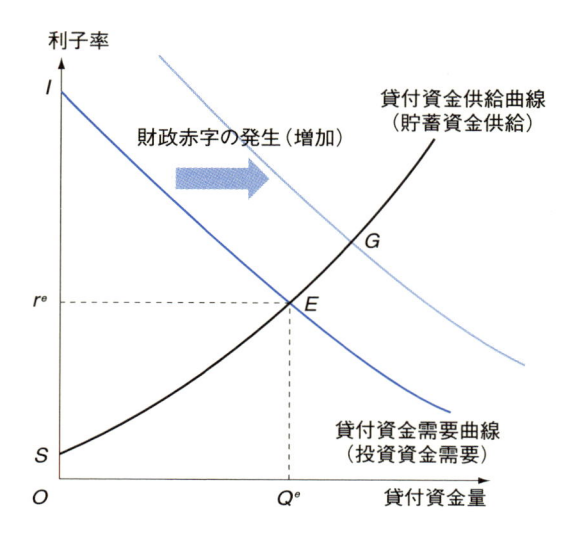

図7-3 貸付資金市場と利子率の決定

曲線は図のように右下がりとなります。

金融仲介機関

　現実の経済では、黒字主体から赤字主体へと直接資金が融通されるとは限りません。[*10] 多くの場合、銀行や生命保険会社などがいわゆる**金融仲介機関**（financial intermediaries）となって両者の橋渡しをしています。[*11] この橋渡しにも、融資先がきちんと返済してくれるかどうかを審査したり、返済が滞りなく行われるように監督するための費用がかかります。したがって、通常は貸付利子率に比べて借入利子率の方が高くなります。

　しかし、黒字主体としてはできるだけ高い貸付利子率で資金運用したいと考え、赤字主体はできるだけ低い借入利子率で資金を借り受けたいと考えます。金融仲介機関としてはできるだけ多くの余剰資金を自分の所に預けてもらい融資により利潤をあげようとします。そのために金融仲介機関の間で競争が激し

[*10] 第1章で学んだように、株式や社債などを発行して黒字主体である家計に購入してもらうことで赤字主体としての企業が資金調達する方法は、**直接金融**と呼びました。
[*11] 第1章で学んだように、こうした金融取引形態は**間接金融**と呼びました。

くなるほど、貸付利子率と借入利子率の差は縮まっていく傾向があります。以下では説明を簡単にするために、金融仲介機関の橋渡しは効率的で、金融機関の間での競争が十分激しく、2つの利子率に差がないものとしましょう。そうなれば、貸付資金市場における均衡は図7-3の点Eとなり、均衡利子率はr^e、均衡貸付資金量はQ^eとなります。

■財政赤字とクラウディング・アウト

貸付資金市場についてのこうした分析は、国内の家計と企業の間の金融だけに成り立つわけではありません。昨今の日本経済では、政府は巨額の財政赤字を大量の国債発行によって穴埋めしています。すなわち民間企業に加えて政府も新たな貸付資金需要者として登場します。

赤字財政が国内の貸付資金市場に及ぼす影響を考えてみましょう。財政赤字は同額だけ貸付資金需要を増やしますから、図7-3に描かれているように貸付資金需要曲線は右方にシフトします。新しい均衡は点Gとなり、利子率が上昇します。その結果、民間経済主体、とくに企業による貸付資金需要量は減ってしまいます。多くの場合、企業の資金需要は機械設備増強や工場規模の拡大のための設備投資から生まれますから、政府支出肥大化が生む財政赤字は民間投資を抑制する、言い換えると貸付資金市場から押しのける（crowd out）効果を持つことになります。マクロ経済学では、こうした政府支出拡大の効果は**クラウディング・アウト**と呼ばれています。

国内金融市場にかかわる議論を国際金融に応用することもできます。米国の財政赤字が世界の金融市場、金利に及ぼす影響について、各自、検討してみてください。

7.2.3 自由な地域間労働移動

第3の例として、労働者として人々が自由に農村や都市、国境を越えて移動することから得られる利益を取り上げましょう。具体的には2つの地域A、Bにはそれぞれの地場産業が栄えていて、それは労働サービスの投入だけで生産活動が支えられているとします。さらに産業を構成する各企業は株式会社であり、それが発行する株式はそれぞれの地域住民＝労働者によって所有されてい

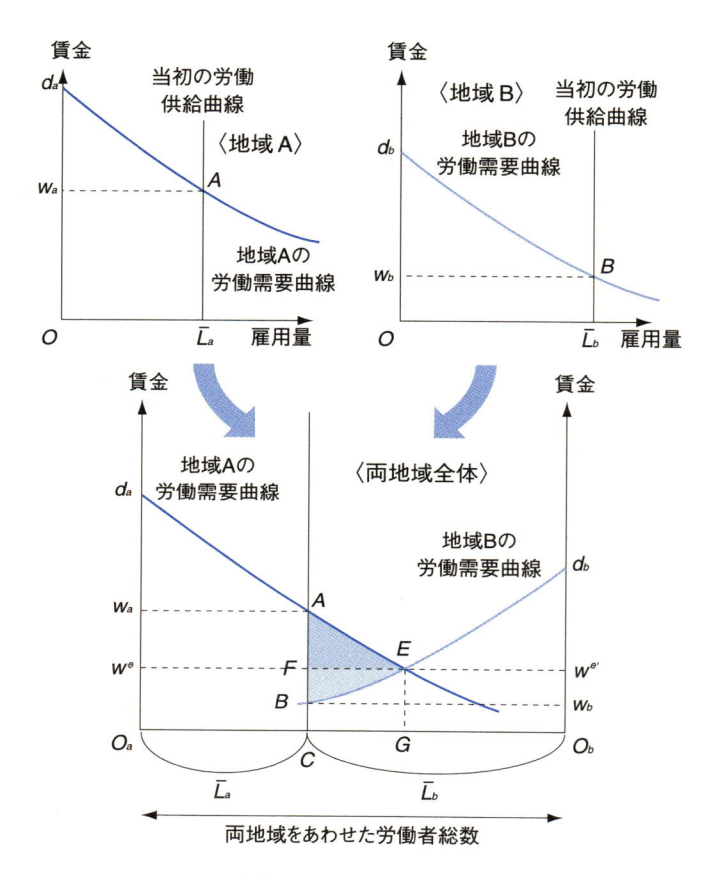

図7-4 自由な地域間労働移動からの利益

るとしましょう。このような想定の下では、各地域で生み出される所得は、労働所得と非労働所得（つまり、企業が生み出す利潤から株式保有比率にしたがって各労働者に払われる配当所得の合計）から成り立っています。

　説明をさらに簡単にするために、当初それぞれの地域には一定数の労働者がいて、各労働者は皆生活のためにどんな賃金でもいいから働きたいと願い、かつ働く場合には一定時間だけ働くとしましょう。図7-4には、このような状況に置かれている各地域の労働市場ならびに両地域をあわせた労働市場が描かれています。[*12]

■ 賃金格差と労働移動インセンティブ

　上段の2つのパネルに描かれているように、当初地域Aには労働者が $\bar{L}_a$、地域Bには $\bar{L}_b$ だけいるとすれば、それぞれの地域での労働供給曲線は図に描かれた垂直線で表せます。したがって、両地域の間で労働者が移動できなければ地域Aでの賃金は w_a、地域Bでの賃金は w_b となります。地域Bに比べて地域Aの方が賃金が高いために、地域Bの労働者はより高い労働所得を稼ぐ場所として地域Aへ移動するインセンティブを持ちます。

　実際にこうした労働移動が起こればどうなるでしょうか。労働移動による影響を見るために、両地域の労働需要曲線を図の下段にあるパネルのように組み合わせてみましょう。図の点 O_a は地域Aでの雇用量の原点、点 O_b は地域Bでの雇用量の原点として、2つの原点の間の距離は両地域に存在する労働者の総数（したがって総労働供給量）に等しくとっています。両地域における賃金が w^e となり地域間賃金格差が消滅すれば労働移動のインセンティブも止みます。地域Aの雇用量は点Gまで増加し、同量だけ地域Bによる雇用量は減少します。

■ 自由な労働移動による利益

　自由な労働移動は両地域の経済にどのような影響を及ぼすでしょうか。労働雇用量が増加する地域Aでは以前より賃金が低下し、逆に地域Bでは賃金は上昇します。地域Aに留まる労働者と地域Bの企業は損失を被りますが、地域Aの企業と地域Bに留まる労働者は得します。これだけだと各地域の生活水準が改善したのか悪化したのかよくわかりません。そこで各地域の住民たちが獲得する労働所得と非労働所得の合計がどう変化するかを考えてみましょう。

　地域Aの場合、労働雇用量が線分CGだけ増えると産業の販売収入が労働需要曲線の下方領域ACGEだけ増加します。しかし、他地域から流入する追加雇用量CGに対する賃金支払い額は長方形FCGEだけですから、差額の領域AFEだけ地域A住民全体の所得は増加します。

---

*12 勘のいい読者ならすぐおわかりになるように、各地域で操業する産業を労働サービスの「消費者」、初期の労働供給量を初期に割り当てられた「配給消費量」とみなせば、以下の議論は配給消費制度のもとでの闇取引の利益についての議論と本質的に同じです。

地域Bではどうでしょうか。雇用量の減少に伴い地域Bの産業の販売収入は領域 $BCGE$ だけ減少しますが、流出する労働者たちが地域Aで長方形 $FCGE$ だけの賃金所得を稼ぎます。その結果、労働移動が起こる前と比べると地域B住民全体の所得は領域 BFE だけ増えます。

このように賃金格差を解消するように労働が自由に地域間を移動すれば、各地域の所得は移動がない場合に比べてともに増加します。生産要素が労働サービスしかない場合には産業が生み出す販売収入は地域で生み出される所得総額を表すことに注意すれば、自由な労働移動により両地域をあわせた総所得が最大化されることも容易に確認できます。[*13]

所得分配への影響と効率性

各地域の企業が発行する株式が当該地域の住民によって完全に所有されていなかったり、また所有されていても住民の間で株式の保有比率が異なれば、労働者が直接獲得する労働所得と企業経営者が直接獲得する非労働所得の間の所得分配（income distribution）は各主体の経済状態がどう変化するかを見る上で非常に重要となります。現実に起こるこうした分配への影響を的確に考慮するのは非常に大変です。しかし、前述の議論からわかるように、自由な地域間労働移動により両地域全体では所得が増加しますから、適切な所得再分配（income redistribution）が可能であれば、どの地域のいかなる住民についても暮らし向きを改善できます。このような意味で自由な労働移動は社会全体にとって好ましいといえるでしょう。

地域間労働移動の議論を人々の職種間移動に読み替えれば、各個人が自由に職業を選べる社会の方が、全体としてより多くの所得を生み出せ、暮らし向きもよくなるといえるでしょう。また労働を資本などさまざまな資源に読み替えることもできます。その結果からわかるのは、より高い収益を求めた自由な資源移動こそ社会全体の暮らし向き、すなわち経済厚生（economic welfare）を改善させる原動力であるといえます。

[*13] 地域で生み出される所得と地域住民の所得とは異なることに注意してください。たとえば他地域から労働者を受け入れる地域では、前者は他地域の労働者に対する賃金支払い額を含むからです。

本章の要点

❶ **社会的限界費用・便益と総余剰**：総余剰とは、財・サービスの消費により社会全体で生まれる総便益（社会的総便益）からその生産に社会全体で必要となる総費用（社会的総費用）を差し引いたものを指す。財・サービスの生産・消費活動により総余剰が最大化されるとき、資源配分は効率的となる。

❷ **効率的資源配分の条件**：資源配分が効率的となるためには、次の3つの条件が必要である。

　ⓐ **消費の効率性**：社会全体の総消費量を所与として、総消費便益が最大化。そのためには、個人間で私的限界消費便益が均等化しなければならない。均等化された私的限界消費便益は社会的限界消費便益を表す。

　ⓑ **生産の効率性**：社会全体の総生産量を所与として、総生産費用が最小化。そのためには、企業間で私的限界生産費用が均等化しなければならない。均等化された私的限界生産費用は社会的限界生産費用を表す。

　ⓒ **生産・消費構成の効率性**：総生産量（＝総消費量）が社会全体の総余剰を最大化。そのためには社会的限界消費便益と社会的限界生産費用が均等化しなければならない。

❸ **パレート効率性**：実現可能な他の資源配分に移っても、すべての経済主体の経済状態を同時には改善できない資源配分はパレート効率、そうでない資源配分はパレート非効率と呼ばれる。

❹ **厚生経済学の第1基本定理**：完全競争市場均衡で実現する資源配分は、パレート効率である（市場価格を介して、買い手間で私的限界消費便益が、売り手間で私的限界生産費用が互いに等しくなるために、社会的限界消費便益と社会的限界生産費用の均等化が実現する）。

❺ **一般均衡分析と部分均衡分析**：すべての財・サービス市場の同時需給均衡を分析するのが一般均衡分析、個別市場の需給均衡や個別経済主体の経済活動を分析するのが部分均衡分析。

❻ **自由貿易の利益**：自給自足の場合に比べて、自由で競争的な国際貿易取引により各国が得る総余剰の増加。
❼ **クラウディング・アウト**：（とくに国債の新規発行による）政府支出増加が民間支出（とくに民間投資）を抑制する現象。

練習問題

問1. 農地の宅地転換規制：ある地域の土地は宅地または農地として利用可能です。政府が、そのうち一定面積については農地としての利用しか認めなければ、地域全体の土地利用はどのような影響を被るでしょうか。

問2. 就労における性差別：ある国で男性の就業できる職業、女性の就業できる職業が完全に分離されてしまえば、それは一国全体の労働利用に対してどのような影響を及ぼすでしょうか。

問3. ある国の牛乳市場について、次の図に描かれた右下がりの曲線は国内需要曲線、右上がりの曲線は国内供給曲線を表しています。他国との牛乳貿易が可能になる場合には、一定の国際市場価格で国内生産者は国内外で牛乳を売買できるものの、国内消費者は国内で売られる牛乳しか買えないものとします。牛乳の輸出入には輸送費や積み荷保険費用等は一切かからないものとして、下記の各問に答えなさい。
① 他国との貿易取引がない場合、牛乳の国内価格（＝自給自足価格）はいくらになるでしょうか。またこのときの消費者余剰と生産者余剰はいくらになるでしょうか。
② 牛乳の国際価格が400円のとき、国内市場に対する牛乳の総供給曲線（つまり、牛乳の国内価格と国内・海外生産者による総供給量との関係）はどのように描けるでしょうか。またこのとき、牛乳の国内消費量、国内生産量、輸出入

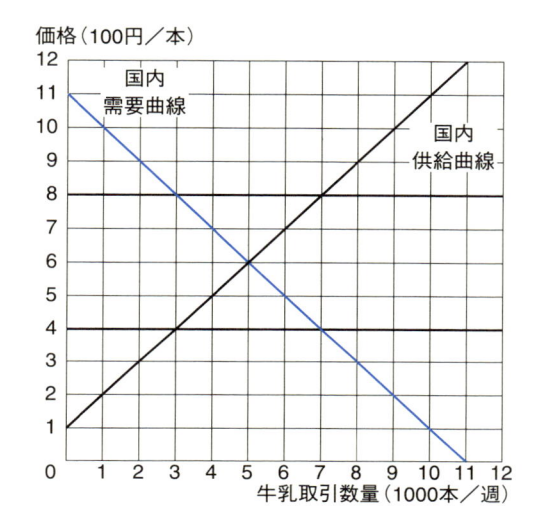

量はいくらになるでしょうか。さらに、貿易がない場合に比べると、自由な貿易開始により一国全体でどれくらいの利益（つまり総余剰の増加）が得られるでしょうか。

③ 牛乳の国際価格が800円の場合はどうでしょうか。

④ 自由な貿易のもとで当該国が牛乳の輸入国となるとき、牛乳の国際価格と輸入量はどのような関係にあるでしょうか。縦軸に牛乳の国際価格、横軸に輸入量をとり、その関係（＝輸入需要曲線）を図示しなさい。また、先に求めた牛乳の国際価格が400円のときに得られる貿易利益は、この輸入需要曲線を用いるとどのように表されるでしょうか。

⑤ 自由な貿易のもとで当該国が牛乳の輸出国となるとき、牛乳の国際価格と輸出量はどのような関係にあるでしょうか。縦軸に牛乳の国際価格、横軸に輸出量をとり、その関係（＝輸出供給曲線）を図示しなさい。また、先に求めた牛乳の国際価格が800円のときに得られる貿易利益は、この輸出供給曲線を用いるとどのように表されるでしょうか。

問4. 次の図は、ある国のバターに対する国内需要曲線と国内供給曲線を表しています。下の各問に答えなさい。

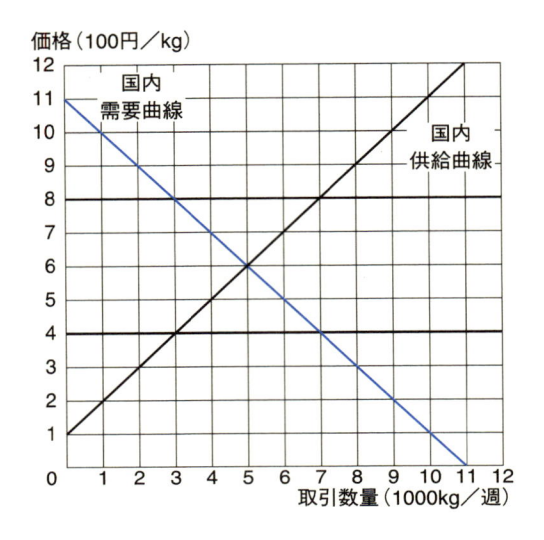

① 自由な取引のもとではバターの国内価格、取引数量はいくらになるでしょうか。また、そのとき消費者余剰、生産者余剰はいくらになるでしょうか。
② 新しい技術が導入されバターの生産費用は、生産量にかかわらず1キロ当たり100円低下します。新技術導入のためには産業全体で53万円かかります。バターの価格が新技術導入前と同じなら、新技術導入により生産者たちはどれくらい得するでしょうか。
③ 新技術導入後に実際に成立するバターの価格はいくらでしょうか。新技術導入は消費者たちにどのくらいの利益をもたらすでしょうか。また社会全体ではどれくらいの利益が得られるでしょうか。
④ 上の問で求めた新技術導入後に実現する新しい均衡を生産者たちが的確に予想するとき、生産者たちは新技術を導入するでしょうか。

問5. 価格安定化の経済効果：工業製品と比べると農産物価格はしばしば大幅に変動します。ある国のキャベツ市場について、下の図の右下がりの曲線はキャベツの市場需要曲線、右上がりの曲線は市場供給曲線を表しているとして、下の各問に答えなさい。

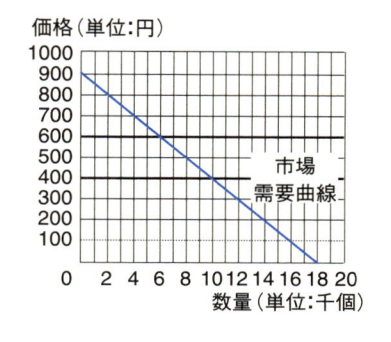

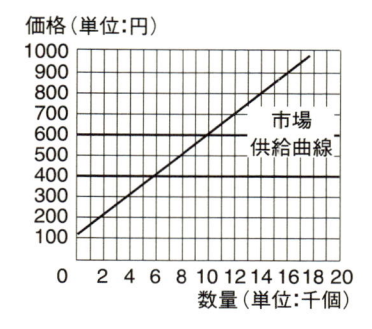

パネルa

パネルb

① パネルaに描かれているように、消費者たちが直面するキャベツ価格が1個600円または400円となる場合を考えましょう。それぞれの場合について購入数量、消費者余剰を求めなさい。

② 100日という期間を考えると、①のようにキャベツ価格が600円となるのは50日、400円となるのは50日となるそうです。こうした価格変動が起こるとき、100日間について平均すると市場価格はいくらになるでしょうか。また、平均して1日当たりに得られる消費者余剰はいくらとなるでしょうか。

③ 上の②で求められた平均価格の水準に政府がキャベツ価格を100日間ずっと安定化させると、平均して1日当たりに得られる消費者余剰はいくらとなるでしょうか。

④ パネルbに描かれているように、生産者たちが直面するキャベツ価格が1個600円または400円となる場合を考えましょう。①〜③と同様の問題について検討しなさい。

⑤ 以上の結果を踏まえるとき、政府による農産物価格安定化政策は望ましいか否かについて検討しなさい。

第 8 章

市場介入の経済効果

　前章では価格機構が有効に働く完全競争市場では、市場取引を通じて種々の資源が効率的に利用されることを学びました。しかしながら現実の経済を振り返ると、たばこやガソリンなど個別商品に対する税金や義務教育を受ける際の補助金、個人金融での最高金利規制、海外から輸入できる農産物数量に対する規制などさまざまな政策が市場取引に及んでいます。

　こうした政策が発動されていなければ、家計にとっては生産物価格はもっと安くなって消費量が増えていたかもしれません。また、企業にとっては生産・販売して得られる手取り単価が低下して、生産量が減ってしまうかもしれません。この意味で自由な市場取引とは異なる生産・消費量を実現する政府の規制は、市場介入と呼ばれています。

　本章では、完全競争市場に対するさまざまな市場介入がどのような効果を持つか、とくにどのような性質の損失・利益を誰にどのくらいもたらすかについて検討します。

8.1　市場介入目的と手段

　政府はむやみに市場へ介入するわけではありません。とくに人々の自由な経済取引に基礎をおいた自由主義社会で市場取引へ介入するためには、介入政策

の目的と手段の是非を人々に問い、その承認を受けなくてはなりません。この介入目的は次の2つに大別することができます。

1. 市場機構の補正
2. 所得分配の補正

それぞれの政策目的の背景となる経済現象について、以下、簡単に整理しておきましょう。[*1]

8.1.1 市場機構の補正

市場経済において希少な資源が無駄なく、効率的に利用されるのは、さまざまな財やサービスの生産増加に社会が必要とする追加費用（＝社会的限界費用）と消費増加によって得られる社会的な追加便益（＝社会的限界便益）とが価格を介して等しくなるからでした。たとえばクッキーの生産・消費の場合なら、その社会的な追加費用は実際にクッキーを生産する企業自身が負うという意味での私的な生産・販売費用の増分（＝私的限界費用 (private marginal costs)）に、社会的な追加便益はクッキーを消費する個人自身が得るという意味での私的な消費便益の増分（＝私的限界便益 (private marginal benefits)）に等しくなりました。[*2] したがってもし私的限界費用・便益が社会的限界費用・便益との一致を阻む構造的要因が働くなら、市場機構は効率的資源配分を実現できなくなってしまいます。経済学ではこうした要因を、市場の失敗 (market failures) と呼んでいます。以下に記す3つが代表例です。

[*1] 市場の失敗について詳細に議論することは、紙幅や講義時間の制約を考えると非常に難しくなります。ここでは大雑把な議論にとどめ、詳細は中級ミクロや公共経済学等の講義で学ぶようにしてください。

[*2] 競争的市場では、価格を介して売り手の間で私的限界費用が、買い手の間で私的限界便益が互いに等しくなりました。私的限界費用が等しければ、社会全体でもう1単位クッキーを追加生産する際にどの企業が増産を請け負っても社会全体での総費用の増分は均等化された私的限界費用に等しくなります。同様に、私的限界便益が等しければ、社会全体でもう1単位クッキーを追加消費する際にどの個人がその1単位を消費しても社会全体での総消費便益の増分は均等化された私的限界便益に等しくなります。

- 外部効果（external effects, externalities）
- 公共財（public goods）
- 規模の経済（scale economies）

外部効果

　外部効果とは、企業・個人の生産・消費活動が、対価の授受を伴わずに、他の主体に直接及ぼす便益や損失を指します。たとえば便利だからといって皆が自動車を運転すれば、道路は混雑し、深刻な騒音や大気汚染による迷惑が近隣住民に及びます。こうした損害は負の外部効果（negative externalities）、外部不経済（external diseconomies）と呼ばれています。また教育は、それを受ける個人の知力・創造力を高め心を豊かにしてくれますが、同時に社会全体の文化や技術も高める働きを持ちます。教育を受ける個人以外に及ぶこうした利益は、正の外部効果（positive externalities）、外部経済（external economies）と呼びます。

　市場経済では、負の外部効果を生む財やサービスの生産・消費活動は、第三者に及ぼす損失が無視されるために社会的に過剰となる傾向があります。これに対して、正の外部効果を生む財やサービスの生産・消費活動は社会的に過小となる傾向があります。自由な市場取引で起こるこうした歪みを是正する、つまり市場機構の働きを補正するには、負の外部効果を生む経済活動は抑制、正の外部効果を持つ経済活動は促進させなくてはなりません。そのために政府は、法令やいわゆる行政指導によって特定の取引・行為を直接制限・勧告したり、市場機構に備わっている需給調整機能に依拠しつつも税金や補助金といった手段を用いて市場での取引規模をより望ましい水準へと誘導しようとします。

公共財

　市場で取引される財やサービスは、対価を払わなくては消費できず（消費の排除性）、しかも誰か1人が消費すれば他の人はその分消費できなくなる（消費の競合性）といった性質を持ち、私的財（private goods）と呼ばれます。しかしながら、身の回りを見渡すと私たちが快適な生活を過ごす上で不可欠な

ものでも、こうした性質を満たさない、つまり**非排除性**と**非競合性**を備えた**公共財**（public goods）と呼ばれる財やサービスがあります。

その典型例は法律です。法により生存権・財産権が保証されることで私たちの生命・財産が守られ、あらかじめ紛争処理の手続きが定められることで隣人とのもめ事も平和裏に解決できます。こうした法による保護は、税金を納めても、納めていなくても、すべての人に等しく及びます。警察などのテロや犯罪に対する治安、堤防による水害からの保護なども公共財の例といえます。

市場取引を通じて公共財を社会的に望ましい水準だけ供給することは非常に困難です。消費の非排除性があるために、消費者たちが生産者に対して対価を支払わずに、他人の費用負担に乗じてただで便益を得るといった**フリー・ライダー（ただ乗り）**になるインセンティブを持つからです。こうした過小供給の問題を解決するために、しばしば、政府が自ら公共財を供給することになります。

ただし政府が直接供給するからといって、適切な水準が供給されるとは限りません。公共財供給はただではできません。社会的に望ましい水準を算定するためには、私的財と同様に人々の公共財に対する需要、つまり公共財生産費用についての支払い意欲がどれくらいかが重要です[*3]。しかし、非排除性のために、政府に対して人々が自分の支払い意欲を正直に表明することを期待できません。正直に支払い意欲を申告すれば、それだけ多くの費用負担を課されてしまうおそれがあるからです。そのために社会はさまざまな工夫を凝らして人々の公共財に対するニーズを把握しようとします。議員選挙もその工夫の1つと考えることができるでしょう。

今ひとつ、公共財について注意しなければならない点があります。政府が公共財を供給するにはその費用を調達しなければなりません。そのために、個人の所得や消費、企業による生産に対して何らかの税金を課さなければなりません。先に取り上げた正の外部効果を生む財やサービスの取引を補助するために

[*3] 公共財はいったん供給されると、すべての個人が同時に同量だけ消費できるようになります。そのために公共財の追加供給により社会が得る追加便益（社会的限界便益）は、それを消費する各個人が得る追加便益（私的限界便益）の合計となります。社会的に望ましい公共財供給水準は、こうして求められる社会的限界便益と公共財生産のための社会的限界費用が等しくなる水準となります。詳細については補論を参照してください。

も、政府はどこか別の経済活動に対して課税しなければなりません。したがって、生産や消費などある経済行為に対する課税の目的が、課税対象以外の財やサービス、経済活動の促進にあるという場合も少なくありません。

規模の経済

たとえば鉄道や電気通信、電力といった産業では、鉄道網、情報通信網、発送変配電網といったサービスを供給するための大規模なネットワークをあらかじめ設置しなければなりません。半導体産業や鉄鋼産業などの製造業においても、大規模な工場・機械設備への投資が必要となります。このように大規模な設備投資を必要とする産業では、多くの場合、生産量が多いほど生産物1単位当たりの費用が減るという規模の経済、すなわちいわゆる「大規模生産の利益」が働く傾向があります。

規模の経済が働く産業では、他よりも先に生産を伸ばし費用面で有利となった企業は、価格を引き下げて後発企業の参入意欲をくじけるようになります。そのために市場で操業できる企業数も少数、極端な場合には1社に限られてしまいます。寡占や独占のもとでは、販売量をさらに増やすためには企業は価格を引き下げざるをえません。逆に、販売量を抑えることで価格を引き上げることができるようになります。いったん企業がこうした価格支配力を行使できることを知り、実際に行使すれば、市場価格はつり上げられてしまいます。どの企業も相場に影響力を行使できなかったときには、価格は追加生産に必要な追加費用（限界費用）を反映していたのですが、価格支配力行使により追加費用よりも高い水準に引き上げられてしまいます。こうなると市場機構は機能麻痺に陥ってしまいます。[*4]

政府による対応は、次の2つに大別されます。第1は、著しい規模の経済が働く産業について、経営を政府の監督・管理下に置いた公益事業（public utilities）とする方法です。規模の経済が働く程度が著しければ、複数の企業よりも1社で生産する方が社会全体としての生産費用は少なくて済みますから、他社に対して参入規制（entry restriction）を課します。心配なのは企業の価格

---

*4 価格支配力の経済効果については、あらためて第9章でとりあげられます。

支配力ですから、参入・操業を許された公益事業者に対して費用に見合った価格をつけるように料金規制も課すことになります。

第2は、規模の経済がさほど強く働かない産業について、不必要な規制や既存企業が人為的・作為的に新規参入を妨げる要因（参入障壁）を取り除き、市場における新規参入を活発化させ、競争を促進する（競争促進政策）という方法です。

8.1.2 所得分配の補正

市場機構の働きに問題がなく、効率的資源配分が実現される場合でも問題がないわけではありません。病気や不意の事故などによって健常者のようには就労できなくなると、十分な所得が得られなくなってしまいます。また、親から多額の遺産を相続した人なら、ほとんど働かずに豊かな生活ができるでしょう。逆に親の所得が低いために進学をあきらめたために、高度な技術知識が必要とされる職業に就けないこともあります。

こうした状況を放置しておくと、社会全体では所得分配の不平等が拡大していくおそれがあります。加えて、自らの能力・成果に見合った報酬が得られないという意味でも、人々の間には不公平感が募ることになるでしょう。世界の歴史を振り返るとわかるように、このような不公平・不公正感が極端に強くなると、富裕な人の財産を奪うなど犯罪が多発し、社会が不安定になる傾向があります。

また、所得・資産の格差が大きいということは、高所得者・資産保有者にとっても問題です。なぜなら現在手にする所得や資産をいつまでも維持できる保証は何もないからです。そうしたリスクが現実のものとなっても極端に生活が貧困化しないようにするために、現在の富裕な人たちも極端な所得分配の不平等化を避けようとするかもしれません。

以上のような理由で多くの国では、個人が稼ぐ所得に対して累進税（progressive tax）を課して所得分配の平等化を図る一方、低所得者にとって消費支出割合が高くなる生活必需品については何らかの補助を供与することで生活水準の平準化を図っています。ただし所得分配の平等化を極端に進めようとすれば、所得稼得能力の高い人の就労意欲が挫かれてしまうでしょう。せっかく

多くの所得を稼いでも、高い税金のために税引き後所得はさほど多くはならないからです。このように分配の平等促進と人々の就労インセンティブ促進とは互いに対立する傾向があることにも十分注意しなければなりません。*5

8.1.3 規制手段の分類

以上見てきたようにさまざまな理由で政府は市場に介入しています。そのための政策手段は次のように大別することができます。

- **指令・統制（直接規制）**：法律やいわゆる行政指導といった指令によって、事業者数、生産・消費量、価格や品質を適当と判断される水準に統制する。
- **金銭的誘因（間接規制）**：課税や補助金によって人々の経済的インセンティブ（誘因）に働きかけることで、生産・消費量や品質を適当と判断される水準へと誘導する。

間接規制の代表例である税金は、さらに次の2つのタイプに大別されています。*6

- **直接税**（direct tax）：個人が稼得する所得や企業が得る利潤への課税*7
- **間接税**（indirect tax）：財やサービスの取引に対する課税

こうした市場介入による経済的影響を評価するためには、実際に採用される

---

*5 自由な競争が認められている限り、誰もが億万長者になる可能性を持っています。そして所得分配が不平等であるが故に存在する資産家は、そうしたアメリカン・ドリームを夢見る者たちにとっての目標となり、励みになるという側面も持っているかもしれません。そうであれば、本文とは逆の傾向が成り立つことになります。

*6 税の納入と負担という観点からすれば、納税者と税負担者が一致する税が直接税、そうでない税が間接税と呼ばれています。しかし、後述の議論からもわかるようにこのような形式的な区分は、経済学的には必ずしも意味を持つとはいえません。とはいえ、こうした区分が通常は行われていることは知っておくようにしましょう。

*7 個人所得への課税は所得税、企業利潤への課税は法人税と呼ばれています。所得は生産活動への貢献と考えると、それを生み出すのは本源的生産要素です。したがって、直接税は各種生産要素が獲得する報酬への課税ともいえます。

政策手段が規制の目的に照らしてどれほど有効であるかを適切に判定しなくてはなりません。すなわち、目的達成による社会的利益とそのために負担しなければならない社会的費用を慎重に比較・考量しなければなりません。とはいっても、これまで取り上げてきた規制の根拠に照らしてこのような政策評価を行うことは、入門レベルを超えてしまいます。そこで目的は何であれ、上に分類されたような規制を実施したら、市場経済にはどのような影響が及ぶかだけに焦点を絞って検討していきましょう。

8.2 物品税の経済効果

　まずは個別の商品に対する課税や補助金供与による市場介入から始めましょう。「自分は多額納税者！」と豪語するヘビー・スモーカーや酒好きな人が支払うたばこ税や酒税といった物品税、海外旅行したときに免税店で外国ブランドのバッグを非常に安価に買えて大喜びしつつも国内価格の高さを痛感させられる原因の輸入関税は、もうおなじみでしょう。しかしながら、小中学校のときには無料だった教科書を高校や大学ではお金を払って買わなくてはならなくなって初めて存在を知った補助金も、物品税の仲間です。税金は政府に対する支払い、補助金は政府からの受け取りですが、この受け取りをマイナスの支払いと考えることができるからです。

8.2.1 物品税の基本

　負の物品税としての補助金も含めて、物品税にはどのようなタイプがあるかをまず整理しておきましょう。

物品税のタイプ

　税率の表記方法に着目すれば、取引される財・サービス１単位当たりについて払わなくてはならない税額を定めた従量税と取引価格に対して払わなくてはならない税額の割合を定めた従価税に大別されます。すなわち前者は取引数量

に応じて支払われる税であり、後者は取引価値額に応じて支払われる税です。

　誰が税金を支払うかに着目すれば、買い手に課される税か、売り手に課される税かに分けられます。前者は消費税と呼ばれているものの、税法上後者をとくに指す用語はありません。いちいち売り手に課される税というのも面倒ですので、以下では経済理論の分野で用いられる生産税（production tax, output tax）や販売税（sales tax）という表現を使っていくことにしましょう。

　以下では競争的に取引されているクッキー市場を例にとって、物品税の経済的効果を検討していきましょう。最初の分類に紹介したように従量税と従価税の2つのタイプがありますが、ここでは従量税だけを取り上げることにします。どちらのタイプでも競争的市場であれば同等の経済効果を持つことが知られていますが、従量税の方が説明が簡単だからです。[*8]

8.2.2　税の転嫁と帰着

　クッキーに対して物品税を課すといっても、買い手に課す消費税と売り手に課す生産税では効果は違うのでしょうか。クッキー・ファンの立場からすれば、大好きなクッキーに税金をかけられるのはたまったものではありません。だとすれば売り手に課す生産税ならクッキー・ファンは救われるのでしょうか。

　ちょっと待ってください。冷静に考えてみましょう。生産税であってもクッキー店は課された税金を全額販売価格に上乗せするのではないでしょうか。だとすれば同額のクッキー税なら、買い手に課されても売り手に課されても結果は同じようにも思えます。

　経済学では、課税された主体（被課税主体といいます）が課税額のうち他の経済主体に負わせた税負担（または税負担を負わせる行為）を税の転嫁（shifting）といいます。転嫁の程度によって課税された主体が最終的に負担しなくてはならない税負担が異なってきますが、この最終的な税負担（または税負担を負うという結果）を税の帰着（incidence）といいます。これらの用語を使えば、上記の問題は同額のクッキー税でも、消費税下での買い手に対する

[*8]　従価税は練習問題で取り上げられています。

税の帰着と生産税下での買い手に対する税の転嫁が異なることがあるか否か、と言い換えることができます。

物品税の基本公式

この問題を解く鍵は、消費税であれ生産税であれ、物品税が課されると、買い手にとっての購入単価、つまり消費者価格（consumer price, p_c）と売り手にとっての販売単価、つまり生産者価格（producer price, p_r）との間にちょうど税額だけの格差、乖離（かいり）が生まれるという性質にあります。[*9]

クッキーに対する従量税額を T として、まずは消費税の場合を考えてみましょう。買い手がクッキーを1枚購入するために負担した消費者価格 p_c という支払いは、国庫に納められる税額 T と売り手の懐に入る生産者価格 p_r に分けられます。つまり、次式が成り立ちます。

$$消費者価格(p_c) = 物品税額(T) + 生産者価格(p_r)$$

生産税の場合はどうでしょうか。この場合には、クッキーが販売されると売り手がまず買い手から消費者価格の支払いを受けますが、売り手はそれから政府に税金を収めなくてはなりません。残りが売り手の懐に収まりますから、次の関係が成り立ちます。

$$生産者価格(p_r) = 消費者価格(p_c) - 物品税額(T)$$

どちらの式も同じことを表しています。つまり、消費者価格から生産者価格を差し引いた額は物品税額に等しくなります。

物品税の基本公式

$$消費者価格(p_c) - 生産者価格(p_r) = 物品税額(T)$$

容易に確認できますが、クッキー1枚当たりに課される物品税総額 T が変わ

[*9] 消費者価格を p_c という記号で表すのは、英文から直ちに明らかでしょう。これに対して生産者価格を表す記号を同様に作ると p_p となって何とも不格好です。そのために producer の2番目の文字を下添え字に用いています。

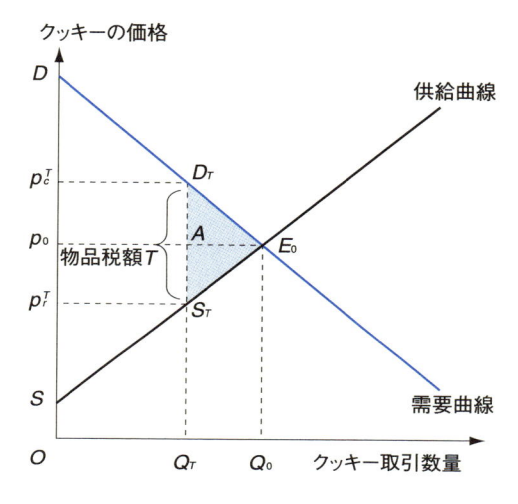

図8-1 クッキー税の効果

らなければ、買い手と売り手に少しずつ課税しても上の関係式が成り立ちます。買い手の購入量を決定する消費者価格と売り手の供給量を決定する生産者価格がちょうど物品税額だけ乖離するというこの性質を使って、物品税がクッキー市場での取引、そして買い手や売り手が取引から得る利益に及ぼす影響について検討しましょう。

8.2.3 クッキー税下の市場均衡

クッキーの需要・供給曲線は、図8-1に描かれている通りです。分析に先立って、需要曲線は消費者価格に対する購入量、供給曲線は生産者価格に対する販売量を表すことに改めて注意しておきましょう。

■ 課税後の価格・数量

先ほどの議論からもわかるように当初クッキーの取引に何ら税が課されていなければ、消費者価格と生産者価格は等しくなり、その上で需給が等しくならなければなりません。この条件が満たされるのは、すでに学んだ市場均衡点 E_0 です。このとき市場価格（＝消費者価格＝生産者価格）は p_0、取引量は Q_0 となります。

クッキー1枚当たりT円の物品税が課されたらどうでしょうか。課税後の均衡では、消費者価格が生産者価格をちょうど税額Tだけ上回り、かつ需給量が等しくならなければなりません。つまり、図8-1の横軸上において均衡取引数量から上を見上げたとき、需要曲線までの高さ（＝消費者価格）と供給曲線までの高さ（＝生産者価格）が物品税額Tとなる数量を見つければよいのです。図に描かれているように、この条件を満たす取引数量はQ_Tです。対応する消費者価格はp_c^T、生産者価格はp_r^Tとなります。

　課税後の均衡取引数量を求めるためには、次のような方法もあります。図に描かれたように供給曲線を物品税額だけ縦軸方向上方に平行移動し、それと需要曲線との交点を求めればよいのです。こうして得られた交点に対応する取引数量が、求める課税後の取引数量となります。[*10]

■ 課税後の消費・生産・市場均衡

　消費者にとっての均衡点、つまり消費均衡点は、消費者価格と購入量の組み合わせを表しますから、それは図に描かれたように需要曲線上の点D_Tとなります。また、生産者にとっての均衡点、つまり生産均衡点は生産者価格と生産・販売量の組み合わせを表しますから、それは供給曲線上の点S_Tとなります。

　物品税が課されると消費者価格と生産者価格が異なりますから、均衡の記述には注意が必要です。市場均衡点を表す市場価格は、物品税が買い手と売り手のいずれに課されるかで異なります。

　消費税なら買い手が物品税を支払う前の価格が、市場でつけられている価格、市場価格となります。これは生産者価格と等しくなりますから、消費税が課された場合の市場均衡点は生産均衡点と同じ点S_Tで表されます。

　他方、生産税なら売り手は税を販売価格に上乗せしますから、市場価格は税込みの価格となります。これは消費者価格と等しくなりますから、生産税が課された場合の市場均衡点は消費均衡点と同じ点D_Tで表されます。

[*10] 供給曲線ではなく、需要曲線を縦軸方向下方に平行移動しても同様です。

■ 物品税の転嫁と帰着

　本節の冒頭で指摘した物品税の転嫁と帰着の問題を、クッキー税が買い手に課される消費税の場合について考えてみましょう。図8-1からわかるように、課税により消費者価格は上昇してはいますが、同時に生産者価格が低下しています。したがって、消費税の買い手に対する帰着の規模は線分 D_TA ではかることができ税額の100％未満となり、残りはすべて売り手に転嫁されることがわかります。

　売り手に課される生産税の場合には、逆の結果が成り立ちます。すなわち、線分 AD_T だけ買い手に転嫁され、残りの線分 AS_T が売り手に帰着します。

8.2.4　物品税の余剰分析

　需要曲線が右下がり、供給曲線が右上がりである限り、消費者価格の上昇は需要量減少、生産者価格の低下は供給量の減少を引き起こしますから、税の転嫁・帰着の程度にかかわらず、一般に物品税により取引数量は減少する傾向があります。実際、図8-1で示された需要・供給曲線の場合には、課税により取引数量は Q_0 から Q_T へと減っています。

　課税がない場合の市場均衡 E_0 では社会全体の厚生が最大化されていましたから、物品税による取引数量の減少は厚生の悪化、すなわち資源配分の非効率を生みます。こうした非効率により社会が被る損失規模、厚生損失（welfare loss）をはかってみましょう。

■ 税の超過負担

　まず、買い手が被る影響を消費者余剰の変化として求めてみましょう。消費者価格は課税前の p_0 から課税後には p_c^T へと上昇しますから、これらの水準で引いた2本の価格線と需要曲線とで囲まれた台形 $p_0E_0D_Tp_c^T$ の面積だけ、消費者余剰は減少します。

　同様に、生産者が被る影響を生産者余剰の変化として表すことができます。生産者価格は課税前の p_0 から課税後には p_r^T へと低下しますから、これらの水準で引いた2本の価格線と供給曲線とで囲まれた台形 $p_0E_0S_Tp_r^T$ の面積だけ、生産者余剰は減少します。

したがって民間経済主体が得る取引利益は、総額で領域 $p_T^T S_T E_0 D_T p_C^T$ の面積だけ減少します。しかしながら図をよく見るとわかるように、政府に収められる税金の総支払い額、つまり民間部門による見かけ上の税負担額は長方形 $p_T^T S_T D_T p_C^T$ の面積に等しく、民間部門が実際に被る損失よりも三角形 $D_T S_T E_0$ の面積だけ下回ります。このように見かけ上の税負担額（＝税収）を上回る民間部門の余剰損失を<u>税の超過負担</u>（excess burden of tax）と呼びます。税の超過負担は効率的水準に比べて取引数量が減少するために発生しますから、物品税による社会負担を考える際には、見かけ上の税率・税収だけでなく、取引数量がどのくらい影響を受けるかを的確に評価しなくてはならないのです。

■ 政府余剰

税の超過負担を議論する際に問題となった税収が持つ経済的意味について、もう少し考えてみましょう。長方形 $p_T^T S_T D_T p_C^T$ の面積で示される新たな税収は、取引がない場合に比べクッキー税のもとで実際にクッキーが取引されて政府が得る超過利得と考えれば、<u>政府余剰</u>と呼ぶことができます[*11]。ただし政府にとっての「余剰」という考え方には、以下のような注意が必要です。

実際、財政収支という観点から追加税収は収支の改善（また追加支出は収支悪化）を意味しますから、家計や企業になぞらえれば正（または負）の政府余剰は政府にとって望ましい（または望ましくない）と考えることもできるかもしれません。しかしながら厳密にいうと、こうした民間経済主体の見方を政府の財政運営にそのまま当てはめるのは正しくありません。なぜならば政府は民間経済主体のような個人的な利益の追求をするのではなく、社会全体の利益を考慮して行動する主体だからです。民間の企業ならば赤字を出し続ければ倒産しますが、国が崩壊しない限り政府は赤字を出せるからです[*12]。

にもかかわらず政府が得る追加税収を社会的利益としてとらえるのは、次のような理由によります。前節で市場介入目的について検討したように、政府は社会のためにさまざまな活動を行います。そのためには国民から何らかの形で

[*11] 従来の教科書等では、以下に述べる財政収支の変化分や財政余剰として記述されてきました。本書では、消費者余剰・生産者余剰とうまく対比できるように「政府余剰」という用語を用いることにします。

政策実施のための費用を徴収しなければなりません。さらに、得られる便益が必要な費用を上回らない政策の実施は、通常、正当化されません。この意味で税収は、それを元手に実施される政策が社会にもたらす、つまり民間部門に還元される便益を表すといえます。[*13] だからこそ、政府の余剰も総余剰に算入されるのです。同様に考えればわかるように政府が補助金を供与する場合には、財政収支は悪化します。これは負の政府余剰となりますが、最終的に何らかの形で少なくとも同額の負担を民間経済主体に求めなくてはなりませんから、総余剰を計算する際には民間余剰から差し引かねばなりません。

以上の結果をまとめると、経済的費用・便益を考える上で重要な総余剰は次のように計算されることになります。

総余剰の構成

総余剰＝消費者余剰＋生産者余剰＋政府余剰

物品税をはじめとした政府規制はもちろん、競争促進政策やカルテルや談合を通じた企業による競争制限の効果など、その経済的影響を分析する場合に基本となる余剰分析は、こうした総余剰の考え方に基づいています。

税の超過負担と厚生損失

余剰分析の手法を用いて、改めて物品税の経済効果を評価してみましょう。

---

*12 だからといって政府赤字の累積が問題ではないといっているわけではありません。たとえば赤字を埋めるために海外から借金をしている場合なら、借金累積により返済が滞れば新たな借金は難しくなるでしょう。また、第7章のクラウディング・アウトについての議論からもわかるように、海外からの借金がなくても、政府が赤字を垂れ流し続ければ、さもなければ民間企業の新技術導入・機械設備・工場建設投資に使えたはずの個人の余剰資金が国債購入に費やされてしまいます。その結果、民間投資が抑制されれば、民間経済全体で生み出せる所得の規模が減り、政府にとっての税収も減ってしまいます。こうした状態を維持し続けることは困難ですから、政府は早晩支出削減を強いられることになるでしょう。財政赤字が問題なのは、その存在によって民間経済活動が抑制され、人々の生活を高めるための財・サービスの生産力が弱められてしまうからなのです。この問題は、公債負担の議論として知られ、財政学でも重要なトピックの1つです。

*13 新たに得た税収で実施すべき特段の政策がなければ、減税によって民間経済主体に還付してあげます。この場合には、まさに税収額に等しい利益が民間にもたらされます。こうした減税の原資として政府余剰を考えることもできるでしょう。

税収は政府余剰となることに注意して、これまで行ってきた課税前と比較した各経済主体の余剰変化を整理してみると次のようになります[*14]。

$$\Delta 消費者余剰 = \ominus 台形\ p_0 E_0 D_T p_c^T$$
$$\Delta 生産者余剰 = \ominus 台形\ p_0 E_0 S_T p_r^T$$
$$+)\quad \Delta 政府余剰 \quad = \oplus 長方形\ p_r^T S_T D_T p_c^T$$
$$\overline{\Delta 総余剰 \quad\quad = \ominus 三角形\ D_T S_T E_0}$$

このように総余剰の減少額ではかることができる厚生損失は、ちょうど税の超過負担となることが確認されます。したがって、税の超過負担は、単に見かけ上の税負担を上回る民間部門にとっての実質的な税負担を表すだけでなく、社会全体にとっても、もはや取り返すことのできない損失なのです。この意味で、税の超過負担も含めて厚生損失は、しばしば**死荷重**または**死重的損失**（deadweight loss）と呼ばれています。

8.2.5 需要・供給の価格感応度と課税効果

ここで先の図8-1と同じ図を描いて、友人と比べてみましょう。消費者・生産者価格や取引数量の変化幅はもちろん課税による厚生損失の規模もずいぶんと違うのではないでしょうか。その原因は、需要・供給曲線の傾き、つまり需要・供給の価格変化に対する感応度が違うことにあります。

■ 需要の価格弾力性と課税効果

たとえば、次の図8-2のように比較的価格感応度の小さなクッキー需要曲線 $D_1 D_1'$ と感応度の高いクッキー需要曲線 $D_2 D_2'$ という2つの場合についてクッキーに対する物品税の効果を比べてみましょう。

課税後の均衡取引数量で見ると、消費者価格（＝需要曲線の高さ）と生産者価格（＝供給曲線の高さ）の間にはちょうど物品税額だけの差が生まれます。したがって需要曲線がどちらであっても課税後の消費均衡点は、供給曲線を物品税額だけ上方にシフトさせて得られる曲線（図の点線で示された曲線）とそ

[*14] 下記に用いる大文字のギリシア文字 Δ は、それに続く変数の変化分を表す記号であったことに注意してください。

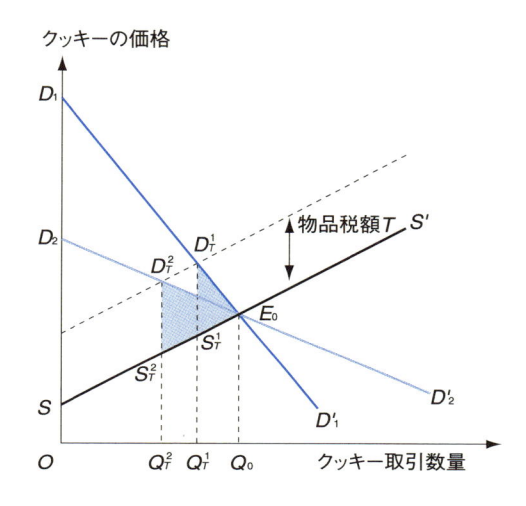

図8-2 需要の価格弾力性と課税効果

れぞれの需要曲線との交点 D_T^1 と D_T^2 となります。これら2つの均衡を比べると次のようなことがわかります。

 第1に需要が価格に対して感応的、つまり需要の価格弾力性が大きいほど取引数量の減少幅が大きくなります。図に描かれているように、価格弾力性が比較的小さな需要曲線 D_1D_1' では消費均衡は点 D_T^1 となり、クッキーの市場取引数量は Q_0 から Q_T^1 へと減りますが、価格弾力性が大きい需要曲線では消費均衡は点 D_T^2 となり取引数量は Q_T^2 まで減少します。

 第2に需要の価格弾力性が大きいほど消費者価格の上昇幅は小さく、生産者価格の低下幅が大きくなります。図に描かれているように、消費者価格については、価格弾力性が比較的小さい需要曲線 D_1D_1' の場合なら点 D_T^1 の高さまで上昇しますが、価格弾力性が大きい需要曲線 D_2D_2' なら点 D_T^2 の高さまでしか上昇しません。逆に生産者価格についてみると、価格弾力性のより小さな需要曲線 D_1D_1' なら点 S_T^1 の高さまでしか低下しませんが、価格弾力性が大きい需要曲線 D_2D_2' なら点 S_T^2 の高さまで低下します。

 第3に需要の価格弾力性が大きいほど、物品税の超過負担が大きくなります。物品税は消費者価格と生産者価格を乖離させることで、効率的水準に比べて取引数量を減らします。したがって取引数量が減少する割合が多いほど、非

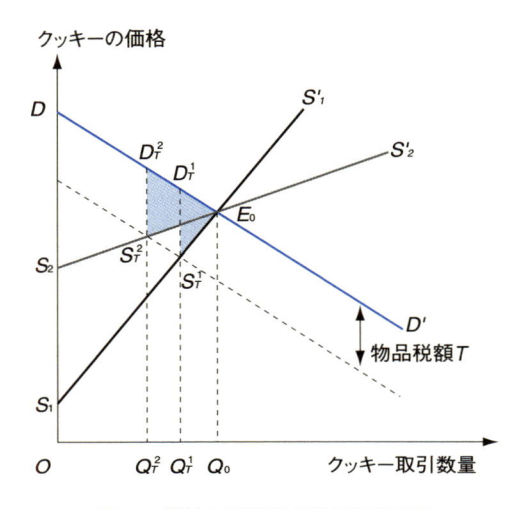

図8-3 供給の価格弾力性と課税効果

効率の程度も高まり、厚生損失も大きくなります。

供給の価格弾力性と課税効果

供給の価格弾力性が異なる場合はどうでしょうか。図8-3には、比較的価格感応度が小さいクッキー供給曲線 $S_1 S_1'$ と感応度の高いクッキー供給曲線 $S_2 S_2'$ という2つの場合について物品税の効果が描かれています。供給曲線が変わらず需要の価格弾力性が大きくなる場合と同様に、需要曲線が変わらず供給の価格弾力性が大きくなる場合でも、取引数量の減少幅が増え、課税による超過負担が大きくなることが図から確認できます。ただし前述の場合とは異なり、供給の価格弾力性が大きいほど消費者価格はより大幅に上昇し、生産者価格の低下幅は小さくなります。

価格弾力性と税負担割合

物品税額に対して消費者価格の上昇幅は買い手にとっての税負担割合、生産者価格の低下幅は売り手にとっての税負担割合を表します。したがって、これまでの議論から、売り手と買い手のうち、相対的に価格弾力性が小さい側の物品税負担割合は大きくなる傾向があることがわかります。これはなぜでしょう

か。

　買い手であれ、売り手であれ、取引主体にとっての代替的選択肢がより豊富に存在するほど価格弾力性はより大きくなる傾向がありました。買い手が、物品税の課されて割高になったクッキーの購入をやめて、チョコレートやキャンディで済ませられるなら課税負担を免れることができるでしょう。同様に、物品税が課されて販売しても手取りが減ってしまうクッキーではなく、タルトやビスケットの生産・販売へと容易に乗り換えることができる売り手なら税の負担を免れることができます。このように税が課される財やサービスから他の財やサービスの消費や生産へと乗り換えが容易なほど、物品税を負担せずに済むのです。

　物品税が引き起こす厚生損失の規模も、需給の弾力性が高いほど大きくなる傾向があることにも注意しましょう。一般に価格の変動が一時的である場合よりも長期的に永続する場合の方が、需給の価格弾力性は高くなる傾向がありました。[*15] したがって課税による損失も、短期よりも長期の方が大きくなることに注意しなければなりません。

8.3　物品税分析の応用

物品税の経済分析について、2つほど応用例を紹介しましょう。

8.3.1　補助金供与の経済効果

　最初に取り上げるのは補助金です。身の回りを見渡すとわかるように、税金ばかりが課されているわけではありません。義務教育を受けている小中学生は、国や地方自治体からさまざまな補助金を受けています。教科書の無償供与はもちろん、公立学校なら学校給食サービスへの補助、私立学校に通っていたら納めなくてはならない学費の免除など多くの補助金が供与されています。私

---

*15　p.76の「需要の価格弾力性の決定要因」の項を参照。

立学校の場合でも、その経営は国からの私学助成に支えられる部分は無視できません。さらに、高校・大学・大学院に子供を通わせる保護者の負担を軽減するさまざまな措置がとられています。[*16]

補助金供与の例は、教育サービス以外にもいろいろあります。たとえば銀行ローンを組んで新築住宅を購入したら年度末にローン残高に応じて所得税額を減らせる住宅取得減税、保険料だけではまかないきれない医療費の補助、道路の整備・建設への補助、地域住民の交通手段確保や交通バリアフリー化を目的としたバス・鉄道などの公共交通事業への補助、市街地の緑化を促進するための個人による樹木植栽などに対する補助といった例があげられます。

補助金＝負の税

物品税は取引を抑える働きを持ちますが、補助金にはそれを促進する働きがあります。これは、物品税が課された財やサービスを取引する主体は課税額だけ追加的支出をしなくてはならないのに対して、補助金の場合には買い手が負担する支出額が減らされ、売り手が得る販売収入が増えるからです。したがって、税による追加支出を正の値で考えれば、補助金は負の税と考えることができます。この点に着目すれば、取引される財1単位当たりに課される従量補助金は、これまで検討してきた従量物品税と同様、次式が表すような乖離を消費者価格と生産者価格の間に生みます。

　　消費者価格－生産者価格＝（－）補助金額

補助金は負の税ですから、物品税とは異なり生産者価格が消費者価格よりも高くなることがわかります。この点を踏まえつつ、クッキーの取引について補助金の効果を描いてみたのが次の図8-4です。

ちょうどクッキー1単位当たりの補助金額だけ生産者価格 p_s^s が消費者価格 p_c^s を上回るのが均衡ですから、取引数量は Q_s となります。課税の場合とは異

[*16] 2002年実績（国税庁「税の学習コーナー」http://www.nta.go.jp/category/gakusyu/kyousitu.htm）で見ると、公立学校に通う児童・生徒1人当たりの国と地方公共団体による年間教育費負担額は、小学生で約86万円、中学生で約94万円、そして全日制の高校生で約92万円となっています。

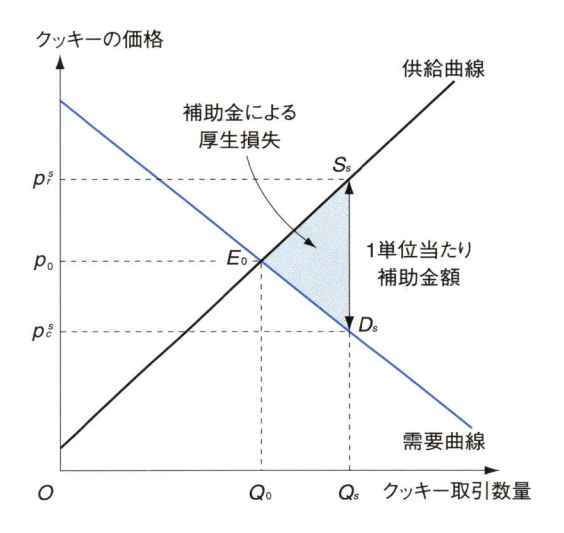

図8-4 補助金供与の経済効果

なり、取引数量が増えていることがわかります。

　補助金はクッキーの取引から得られる社会的利益に対してどのような影響を及ぼすでしょうか。これは読者の練習問題として残しておきます。図に描かれているように補助金供与により三角形 $E_0 S_s D_s$ だけの厚生損失が発生することを確認してください。

8.3.2 環境汚染と排出税

　もう1つ取り上げる応用例は、第8.1.1項の「外部効果」の項でも紹介した環境汚染対策です。たとえば自動車の走行に不可欠なガソリンですが、その燃焼により発生する二酸化炭素は、地球全体の気温を引き上げる効果を持つ温室効果ガスの1つで、地球温暖化を引き起こすもっとも大きな原因となっています。その影響は自動車を運転する人たちには直接及ばないかもしれませんが、地球社会全体では将来大きな気候変化を生み、砂漠化の助長、海面温度の上昇などを通じて他の人たちに大きな損失を及ぼすおそれがあります。この意味で、ガソリン利用は負の外部効果をもたらしているといえます。この点を考慮しながら、次の図8-5に描かれたようなガソリン市場を考えてみましょう。

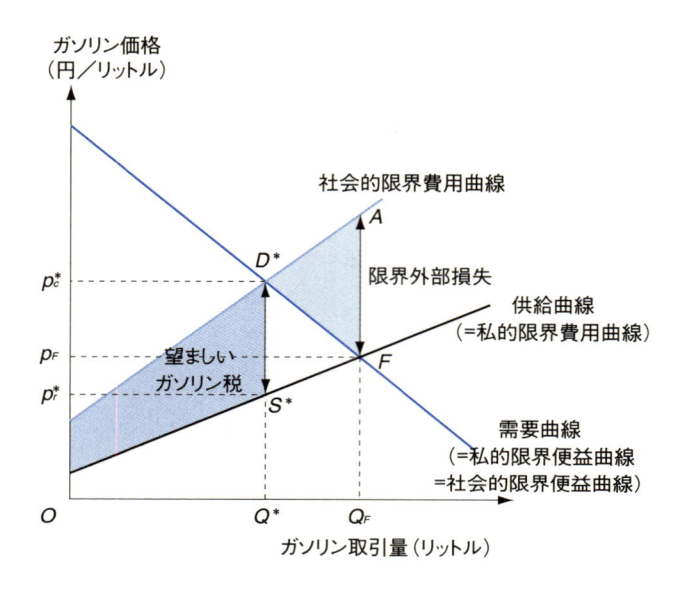

図8-5 ガソリン消費と温暖化

　図に描かれているようにガソリンの取引は、需要曲線と供給曲線とが交わる点Fで行われ、価格は p_F、取引数量は Q_F となります。すでに学んだように均衡では、価格を介して、ガソリン追加消費により買い手自身が得る追加便益（＝私的限界便益）と追加供給により売り手自身が負担する追加費用（＝私的限界費用）が等しくなります。

　しかし、ガソリン取引の際には、売り手によっても買い手によっても、ガソリン消費が温暖化を助長するという負の外部効果は無視される傾向があります。そのためガソリンの生産・消費に際して社会が負担する費用としては、ガソリンの生産・販売により企業が直接負う私的費用に加えて、売り手・買い手以外の第三者、つまり社会全体が温暖化助長により被る損失を加えなくてはなりません。こうした負の外部効果により第三者が負う損失は、外部損失と呼ばれます。[17] したがって、図に描かれているように、ガソリンの追加生産によっ

---
[17] 正の外部効果の場合には第三者に対して利益が及びますが、それは外部便益と呼ばれます。

て生まれる社会的限界費用は、売り手自身が負う私的限界費用と追加外部損失（＝限界外部損失）の和となります。自由な取引で実現する均衡取引数量 Q_F では、この限界外部損失は線分 AF の長さで示されていることに注意しましょう。

さて外部損失はすべて費用面で考慮しましたから、ガソリン消費から得られる私的便益から再度控除する必要はありません。したがって私的便益と社会的便益は等しい、つまり需要曲線＝社会的限界便益曲線と考えてかまわないことに注意してください。[18] この点に注意すれば、社会的に見てもっとも望ましいガソリンの取引数量は、社会的限界便益と社会的限界費用を等しくさせる Q^* となりますが、これに比べて先に求めた均衡取引数量 Q_F は過剰になり、三角形 AFD^* だけの厚生損失が発生していることがわかります。このように取引される財やサービスが、取引に参加しない他の人々に損失をもたらして負の外部効果を生む場合には、市場における取引数量は効率的水準に比べて社会的に過剰になるわけです。

効率的な取引量 Q^* を実現するためにはどうしたらいいでしょうか。そのためには買い手は消費者価格 p_c^*、売り手は p_*^* に直面しなくてはなりませんが、前者は後者をちょうど効率的取引量で発生する外部損失 D^*S^* だけ上回っています。したがって物品税の議論からもわかるように、この差額だけガソリン税として課税してやればいいことになります。このように負の外部効果を生む財やサービスの取引に対して課税を行って過剰な取引量を抑制する政策を、ピグー的補正策と呼びます。[19][20]

---

[18] ここでは限界外部損失を私的限界費用に加えて社会的限界費用としました。しかし、そうではなく限界外部損失を私的限界便益から差し引いて社会的限界便益を定義し、私的費用には外部損失を加えないという方法でもかまいません。この方法でも結果が変わらないことを確認してください。

[19] 正の外部効果を生む財やサービスの場合には、自由な市場取引による取引数量は社会的に見て過小となりますから、課税ではなく、補助金が必要となります。

[20] 厳密にいえばこうしたガソリン税が望ましいのではありません。温暖化を助長するのは、ガソリン消費から発生する二酸化炭素ガスですから、二酸化炭素ガス排出量に応じて課税することがもっとも望ましい政策です。こうした税のことをしばしば排出税とか炭素税と呼んでいます。

8.4　価格規制

　課税や補助金は、市場機構が持つ需給調整機能を活かしつつ人々の金銭的誘因に働きかけて、取引数量をある特定の方向へと誘導する政策です。しかしながら、ときに政府はより直接的な介入をする場合があります。こうした直接規制の代表例としては生産・販売数量や提供される財・サービスの品質についての指定があげられますが、労働市場における最低賃金規制や家賃統制といった価格に対する直接規制が課される場合もあります。以下では最低賃金規制を例にとって価格規制の効果について検討しましょう。

8.4.1　伸縮的賃金と労働市場均衡

　最低賃金規制は賃金が一定水準を下回らないようにする一種の統制です。このように取引される財やサービスの価格について最低許容水準を定める規制は下限価格規制（price-floor）と呼ばれています。以下では説明を簡単にするために、就労時にはあらかじめ定められた一定時間数だけ労働しなくてはならないとして、図8-6を用いて労働市場における下限価格規制としての最低賃金規制の効果について検討しましょう。

　労働市場において賃金が完全に伸縮的であれば、賃金は需要曲線と供給曲線との交点に対応する w^e の水準に落ち着き、雇用量は L^e 人となります。しかしここで均衡賃金 w^e よりも高い水準、たとえば図の $\underline{w}$ に最低賃金が設定されたらどうでしょうか。

8.4.2　最低賃金規制――下限価格規制

　最低賃金 $\underline{w}$ が労働サービスに対する下限価格として規制されると、賃金はそれを下回ることはできません。そのために図に示されているように労働需要量は線分 $\underline{w}D$、労働供給量は $\underline{w}S$ となり、線分 DS に相当する労働の売れ残り（＝超過供給）、すなわち失業が発生します。発生する失業者は現行賃金で働く意欲を持っていても職にありつけませんから、非自発的失業（involun-

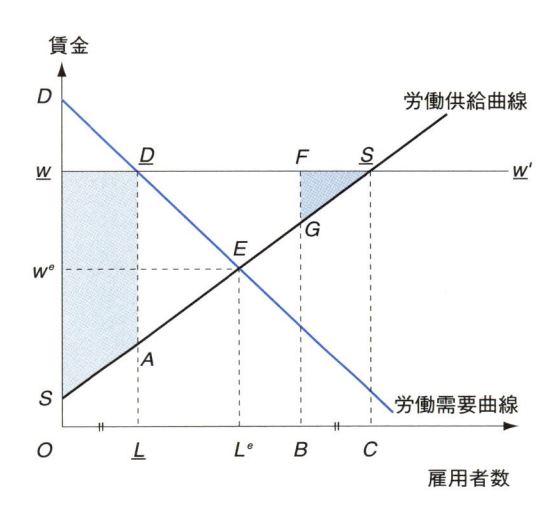

図8-6 労働市場と最低賃金規制

tary unemployment）の状態に陥っています。[*21]

　最低賃金規制が社会厚生に及ぼす影響を考えるときには、注意が必要です。なぜならば誰が失業するかがわからないからです。賃金 $\underline{w}$ の下で就労意欲のある線分 $\underline{w}S$ だけの労働者が線分 $\underline{w}D$ しかない求人に群がるわけですから、すべての個人が職にありつくことはできません。先着順、書類や面接、くじ引きといった価格機構とは別の方法で求人は割り振られていかなければなりません。こうした割り振り方法を割当（rationing）といいます。[*22]

　割当方法次第では、実際に職を得るのはもっと低い賃金でも就労意欲を持つ人であることも、現行賃金よりほんの少しでも低い賃金だと働こうとはしない人であることもあります。この点に注意して、割当による厚生損失の規模がど

[*21] 賃金が完全に伸縮的で均衡賃金 w^e が成り立つ場合にも、世の中には就労しない人たちがいます。こうした人々は、現行賃金では就労意欲を持てないから働いていないので、自発的失業（voluntary unemployment）の状態にあるといいます。

[*22] ここでは取り上げませんが、市場でつく価格の上限を統制する上限価格規制の場合には、課される上限価格が低すぎると恒常的なモノ不足、つまり超過需要が発生します。需要量に比べて供給量が少ないために、数少ない商品を巡って多くの人たちが群がることになります。この場合は買い手の間で割当が起こります。

れくらいになるかを考えてみましょう。

8.4.3 割当による厚生損失

供給曲線は追加1単位の財・サービスの追加生産・販売に必要な最低要求額を表していました。したがって労働供給曲線は、各個人について就労に必要な最低要求賃金額を低い順に並べていった階段状のグラフを近似したものと考えることができます。

社会的に見れば低い賃金でも働く意欲のある人が就労する方が、貴重な時間という資源をより効率的に使えます。要求賃金が高い人を働かせようとすれば、それだけ高い賃金を払わなくてはならないからです。ということは、もっとも効率的に労働需要量 wD に等しい雇用を確保するためには、もっとも最低要求賃金が低い人たちからちょうど線分 wD だけ雇えばいいことになります。その結果、

- 社会全体では労働を雇用する企業が得る余剰＝労働需要曲線と賃金線で囲まれた三角形 DwD
- 雇用される労働者が得る余剰＝労働供給曲線と賃金線で囲まれた台形 $wSAD$

が生まれ、社会全体としては台形 $DSAD$ だけの総余剰が得られます。最低賃金規制がなければ、需要曲線と供給曲線で囲まれた三角形 DSE だけの総余剰が得られますから、それらの差額＝三角形 DAE が求める厚生損失となります。

しかしこのような割当が行われる保証は全くありません。最悪なのは、最低要求賃金がもっとも高い者から順に雇われる場合です。この場合に企業が得る余剰は先と同額ですが、雇用される労働者が得る余剰は図の三角形 FGS に過ぎません。この場合の厚生損失は、四角形 $wSED$ から三角形 FGS を差し引いた額となります。先の効率的な割当の場合に比べて、雇用される労働者が得る余剰の差額だけ厚生損失が大きくなることがわかります。

このように価格規制はそれ自身が需給不均衡をもたらし厚生損失をもたらす

ばかりでなく、併発される割当により思いの外多額の社会的損失をもたらすことに注意しなければなりません。さらに、もう1つ注意しなければならない点があります。

前節の物品税の効果を検討した際に、政策効果を評価する場合には短期的な効果と長期的な効果を見分けることが重要でした。価格規制の場合にもこの注意は当てはまり、それによる配分上の歪みは短期よりも長期の方が大きくなる傾向があります。短期よりも長期の方が需給の価格弾力性が大きくなるからです。この点は、各自、図を描いて確認してください。

本章の要点

❶ 市場の失敗：競争的市場が効率的資源配分を実現する（つまり、価格を介して財・サービスの社会的限界便益を社会的限界費用に等しくさせる）ことを妨げる諸要因。

(a) 外部効果：ある経済主体の活動が市場を経由せずに他の主体に直接及ぼす経済的影響。

正の外部効果：他の経済主体にもたらす利益。他の主体が得る利益が無視されるために、正の外部効果を生む経済活動は社会的に見て過小となる傾向がある（例：ゴミ処理、技術革新）。

負の外部効果：他の経済主体に及ぼす損失。他の経済主体が被る損失が無視されるために、負の外部効果を生む経済活動は社会的に見て過剰となる傾向がある（例：騒音、大気汚染）。

(b) 公共財：対価を支払わない者による消費を排除できず（消費の非排除性）、消費する人員が増えても各個人の消費量が減らない（消費の非競合性）を備えた財。

私的財：消費の排除性と競合性を兼ね備えた財。

公共財の私的供給：消費の非排除性から、人々には、他人の費用負担で公共財を消費しようとする（ただ乗り、フリー・ライダー）インセンティブが働くので、供給者が十分な対価を消費者から得ることができず、社会的に見て過小となる傾向がある。そのため政府による公的供給が必要となる傾向がある。

(c) 規模の経済：生産増加により生産量１単位当たりの総費用（＝総可変費用＋総固定費用）が減っていく現象。この効果が強いと、市場における売り手の数が少数に絞られ、価格支配力を行使する寡占や独占といった不完全競争となる。

公益事業：政府により、他の事業者の参入が制限（参入制限）されつつ、価格設定についての規制（料金規制）など投資・生産・販売活動について種々の規制が課される産業、事業者。

参入障壁：産業に新規参入する事業者にとって、参入意欲を挫く要因。

❷ 政府による市場介入：政府は市場競争の成果が望ましくないと判断したとき、さまざまな手段によって市場に介入する。

(a) 介入目的：市場の失敗に対する市場機構の補正とより公平な所得分配の実現。

(b) 政策手段：生産や消費の直接規制と税・補助金を通じた間接規制。

❸ 物品税の経済効果：物品税は消費者が直面する価格（消費者価格）と生産者が直面する価格（生産者価格）との間に乖離を生み、（他に市場の失敗がなければ）税の超過負担と呼ばれる厚生損失（または死荷重）を生む傾向がある。

(a) 補助金：税率が負の税金。

(b) 物品税と価格：消費者価格－生産者価格＝（財１単位当たり）物品税額。同率の物品税であれば、売り手に課されても、同一の資源配分が実現する。

(c) 税の転嫁と帰着：一般に、税を課された主体にとっての最終的な税負担額（帰着）は課税額を下回り、残りは税を直接課されない主体に負担される（転嫁）傾向がある。

(d) 課税下の総余剰：政府の追加税収・支払いを考慮して、総余剰＝消費者余剰＋生産者余剰＋政府余剰となる。

❹ 物品税分析の応用：

(a) 補助金：税率が負の物品税。

(b) ピグー的補正策：負の外部効果を生む経済活動を抑制するための課

税、正の外部効果を生む経済活動を促進するための補助金。
❺ 価格規制の効果：
(a) 価格規制：市場価格の上限を定める上限価格規制と下限を定める下限価格規制（例：消費者金融ローンの貸付金利規制、最低賃金規制）。
(b) 割当：物不足から生じる買い手間の購入量割当、売れ残りから生じる売り手間の販売量割当は、さらに非効率を生む傾向がある。

練習問題

問1. 公共財と排除費用：しばしば一般道路は公共財の例として取り上げられますが、中世の封建領主が割拠していた頃には他人の領土にはことわりなく足を踏み入れることも、通り抜けることもできませんでした。その限りで、かつて道は私的財だったともいえます。それが公共財として論じられるようになったのは、社会がどのように変化したからだと考えられるでしょうか（ヒント：排除性が結果として成り立つか否かは、排除のための費用と便益の比較・考量によります）。

問2. 宗教と慣習の経済学：最近はモノやカネばかりでなくヒトも活発に国境を越えて活動しています。このようなグローバリゼーションが進む中、たとえば日本では生活習慣の違いから外国人と地域住民との諍い（いさかい）が目立つようになりました。慣習に限らず宗教や価値観など多くの人が共有できれば、諍いは減るように思えます。この点を踏まえたとき慣習や宗教は、経済学的に見てどのような働きを持つと考えられるでしょうか（ヒント：外部効果と公共財の議論を適用できないでしょうか）。

問3. 補助金政策：次の図に描かれた太い実線は企業の供給曲線を表していま

す。この図をもとにして下の各問に答えなさい。

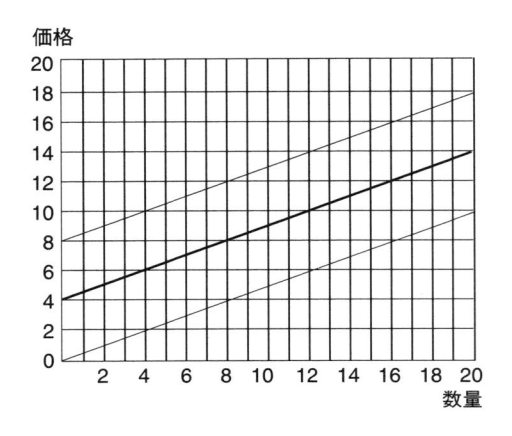

① この企業が生産する財の市場価格が10ならば、企業の供給量はいくらになるでしょうか。
② 市場価格が10のまま、政府がこの企業に生産物1単位当たり4の生産・販売税を課したら、この企業の供給量はいくらになるでしょうか。またこのことから企業の個別供給曲線はどのように変化したと考えることができるでしょうか。
③ 市場価格が10のまま、政府がこの企業に生産物1単位当たり4の補助金を供与したら、この企業の供給量はいくらになるでしょうか。またこのことからこの企業の個別供給曲線はどのように変化したと考えることができるでしょうか。
④ 以下、政府が生産量12単位を基準として、この企業が基準以下の生産をすれば、生産物1単位当たり4の（減産）補助金を供与するものとします。全く生産しない場合に企業が得る補助金収入はいくらでしょうか。
⑤ 全く生産しない場合に比べて、企業が4単位生産したら負担する経済的費用は合計していくらでしょうか。
⑥ 上の結果を踏まえつつ、生産量が12単位未満のときの限界費用曲線を求めなさい。また、生産量が12単位を超えている場合の限界費用曲線を求めなさい。
⑦ 生産物の市場価格が8のとき、この企業の供給量はいくらでしょうか。

⑧ 生産物の市場価格が10のとき、この企業の供給量はいくらでしょうか。
⑨ 生産物の市場価格が12のとき、この企業の供給量はいくらでしょうか。
⑩ 生産物の市場価格が14のとき、この企業の供給量はいくらでしょうか。
⑪ 以上の結果を基にして、問題となる減産補助金が供与される場合の個別供給曲線を求めなさい。

問 4. 物品税を課しても税の超過負担が全く生じない場合とはどんな場合でしょうか。また、その場合、税の転嫁と帰着はどのような性質を持つでしょうか。

問 5. 買い手に対して物品税を課しても税の帰着が全く起こらない場合とはどんな場合でしょうか。また、売り手に対して物品税を課しても税の帰着が全く起こらない場合とはどんな場合でしょうか。

問 6. 社会保険と労働市場：いわゆる社会保険料は、労働者だけでなく、雇用主によっても負担されています。両者の負担総額を一定としたときに、負担割合を変化させるとどのような影響が労働市場に及ぶでしょうか。

問 7. 課税範囲とその効果：政府がクッキー市場でアーモンド・クッキーだけに1枚当たり10円の消費税を課す場合と、すべてのクッキーに同額の消費税を課す場合を比べると、どちらの方がアーモンド・クッキーの取引数量減少幅が大きくなるでしょうか。また、それはなぜでしょうか。

問 8. 3％の一般消費税が最初に導入されたとき、そしてその後税率が5％に引き上げられた頃、政府は新しい消費税制の定着を見極めるために消費者物価が税率と同率だけ上昇したか否かを判断基準としました。このような基準が適当であるためには、どのような経済条件が成り立たなければならないでしょうか。

問 9. 次頁の図は、タバコ市場における需要曲線と供給曲線を描いています。

下記の各問に答えなさい。

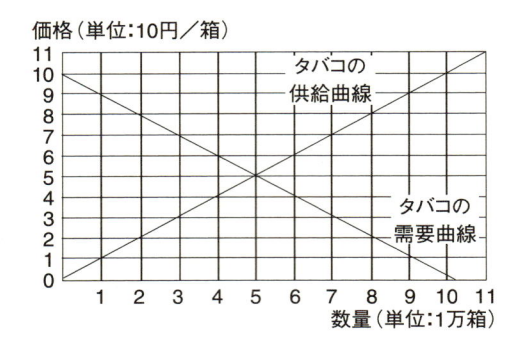

価格（単位：10円／箱）のグラフ。タバコの供給曲線とタバコの需要曲線が描かれている。横軸：数量（単位：1万箱）。

① 買い手に対してタバコ1箱当たり20円の物品税を課すと、消費者価格、生産者価格、そして取引数量はどうなるか。さらにこのとき得られる税収はいくらでしょうか。
② ①と同じ税収を政府にもたらすタバコ1箱当たり税額はほかに存在するか。あるとすれば、それはいくらでしょうか。
③ 「税収を増やすためには、課税する商品1単位当たり税額は高くすればよい」という見解について論評しなさい。

問10 従価税：前問と同じタバコ市場を考えましょう。
① タバコ・メーカーが手にする生産者価格に対して50％の従価税を課すと、メーカーが4万箱のタバコを供給するためには、市場価格はいくらでなければならないでしょうか。さらに6万箱供給するためには、市場価格はいくらでなければならないでしょうか。
② 上の問いの結果を踏まえると生産者価格に対して50％の従価税を課した場合の市場供給曲線はどのように描けるでしょうか。
③ 上の問いの結果を用いて、生産者価格に対して50％の従価税を課した場合に実現する取引量を求めなさい。
④ 消費者に対して店頭価格の50％の従価税を課したら、市場価格と需要量を表す市場需要曲線はどうなるでしょうか。またそのときの均衡で実現する取引量はいくらでしょうか。

問11 農業保護の経済学：次の図は日本国内の米市場を描いています。米については海外との貿易がなく、国内市場は完全競争下にあるとします。日本政府は米生産量を8単位にすることを政策目標として掲げているものとして、下の各問に答えなさい。

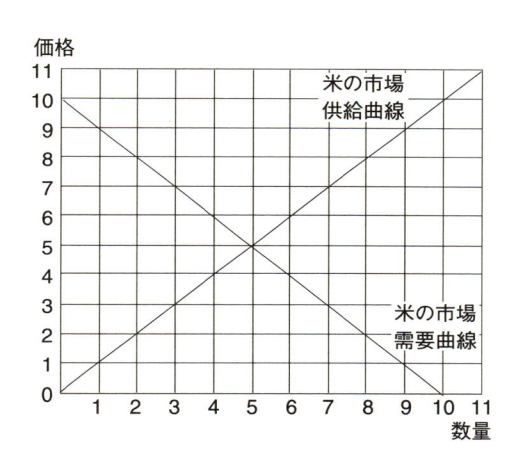

① 自由な取引が行われるとき、米の価格と取引数量はいくらになるでしょうか。
② 政府の政策目標が実現されるためには、米の市場価格はいくらでなければならないでしょうか。またそのときに市場ではどのような需給不均衡が生じるでしょうか。
③ 政府が政策目標実現を図るために、米はすべていったん政府が買い付け、その上で消費者に販売するようにしました。生産者からの米の買い付け価格が8、消費者への米の販売価格が4であるときに、総余剰はいくらになるでしょうか。ただし政府は売れ残った米はそのまま廃棄しなければならないとします。
④ 政策目標を実現しつつ需給不均衡を避けるためには、政府はどのような政策を実施すればよいでしょうか。またその場合、政府の政策目標を実現するために社会が負わなくてはならない経済的費用はいくらでしょうか。

補論* 公共財の最適供給

　本文では取り上げませんでしたが、外部効果の議論を応用すれば、社会的に見て最適な公共財供給量水準がどのような条件を満たさなくてはならないかを明らかにできます。たとえば堤防を設けないと津波に飲み込まれてしまう町を考えてみましょう。

　建設費用を負担するか否かにかかわらず、堤防建設により津波の被害を抑制できるという利益は、町の住民すべてに及びますから、堤防がもたらす防災サービスは非排除性を持ちます。また、いったん建設されれば町の人口が増えても、各住民が享受できる防災サービスが減ることはありませんから、非競合性の性質も満たされています。したがって、堤防がもたらす防災サービスは町の住民たちにとっては公共財といえます。それでは、この町の住民たちはどのくらいの高さの堤防を建設すべきでしょうか。

　堤防をもう1メートル高くすれば、住民が得る防災サービスも増えます。したがって住民個人個人が得る追加利益、つまり私的限界便益を合計した額だけ社会全体では防災の利益が増えることになります。すなわち、防災の社会的限界便益は私的限界便益の合計に等しいのです。

公共財の社会的限界便益 vs. 私的限界便益

> 公共財の追加供給による
> 　　社会的限界便益＝各個人の私的限界便益の総和

　社会全体として望ましい供給量、すなわち堤防の高さは、堤防の高さをもう1メートル上げるために社会が負わなくてはならない追加費用（社会的限界費用）と社会全体で得られる追加利益（社会的限界便益）が等しくなる水準でなければなりません。もし追加費用が追加便益を下回れば堤防をさらに1メートル高くすることで、逆であれば堤防の高さを1メートル低くすることで、社会全体で得られる純便益が増えるからです。

第8章 | 市場介入の経済効果

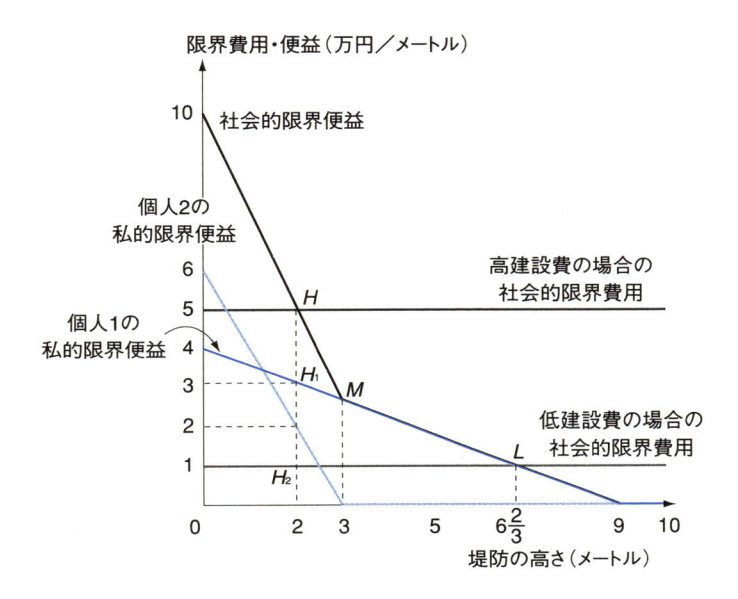

図8-7 公共財の最適供給量決定

　町の住民が個人1と個人2の2人からなる場合を例にとって、もっと具体的に公共財の最適供給量を求めてみましょう。図8-7には、堤防をさらに高くしたら各個人が得られる私的限界便益曲線と社会的限界便益曲線が描かれています。

　図からわかるように個人1は堤防が9メートルになるまで私的限界便益がプラスですが、個人2なら高さが3メートルを超えると私的限界便益がゼロになっています。公共財ならすべての個人が便益を受けるはずなのに……と悩んでしまう読者がいるかもしれませんが、追加便益が負とならないかぎり問題はありません。防災サービスが一層充実しても個人的には何らありがたみが増さないというだけで、(自分の費用負担が増さない限り) そうした充実に反対する積極的な理由はないからです。[23]

---

[23] ただし追加便益が負となってしまう場合でも、社会全体での防災サービス充実により複数の個人が何らかの便益や損失を同時に被る場合なら公共財としての性質を満たしていると考えることができます。損失を負の便益と考えればよいからです。

すでに説明したように堤防建設に伴う社会的限界便益は各個人の私的限界便益の総和に等しくなります。したがって図の上で対応する社会的限界便益曲線を求めるためには、各個人の私的限界便益曲線を垂直方向に足し合わせればよいわけです。社会的に望ましい堤防の高さを求めるためには、あとは堤防建設の社会的限界費用を考慮すればよいことになります。以下では説明を簡単にするために、堤防の高さにかかわらず、高さをさらに1メートル高くするために必要な追加建設費用は一定としましょう。

　たとえば堤防建設費が比較的割高で1メートル当たり5万円となる場合を考えてみましょう。この場合、点Hが示すように、社会的限界便益と社会的限界費用が等しくなる堤防の高さは2メートルとなります。他方、建設費用が比較的安く、たとえば1メートル当たり1万円なら、点Lが示すように高さ$6\frac{2}{3}$メートルの堤防を築くのが社会的には最適となります。

　それぞれの点をよく見てみると、各個人がどれくらいの費用を負担すべきかがわかります。建設費が高い点Hでは各個人の私的限界便益を見ると、個人1については3万円、個人2については2万円となります。私たちの興味をひくのは、個人1が1メートル当たり3万円、個人2が2万円をそれぞれ負担する場合、各人にとって望ましい堤防の高さはともに社会的に最適な高さ2メートルとなる点です。建設費が低い点Lでは個人1が社会的限界費用をすべて負担して選ぶ高さが社会的に最適となっています。こうした結果から、社会的に望ましい公共財供給を実現するためには、受益の程度に応じて費用を負担するという<u>受益者負担の原則</u>にしたがうのが望ましいといえるでしょう。

　このように公共財の望ましい供給量を決めるためには、それに必要な費用だけでなく各個人の私的限界便益にかかわる情報が必要です。しかしながら、本文中でも指摘したように、その情報を収集するのは非常に難しいのです。

　堤防の建設費用を誰からも徴収しないのであれば、自己の利益が最大になるような規模の堤防建設を主張するでしょう。[*24] そのための意見の調整は容易ではありません。加えて、そもそも誰も費用を負担しなければ堤防建設は不可能

[*24] 先の図で示された例では、個人1は9メートル、個人2は3メートルの高さの堤防が建設されれば自己の利益が最大となります。

です。

　受益者負担の原則に従い、堤防建設から利益を得る町の住民たちに受益の程度に応じて費用を負担してもらう場合はどうでしょうか。得られる利益を多く申告してしまうと、負担する費用も多くなってしまいます。そのために自己の利益を過小に虚偽申告して、他の人たちの費用で堤防建設費用を賄おうとする、つまり**フリー・ライド**（free-ride）するインセンティブが働きます。

　こうした問題があるために公共財については、どのくらいの供給量が社会的にもっとも望ましいか、そしてそれを実現するためには個人間でどのように費用分担をすべきかは、非常に難しい問題となっています。

第9章

価格支配力と不完全競争

これまで取り上げてきた市場では、どの取引主体も相場、つまり価格には影響を及ぼせませんでした。相場を動かすには市場全体の取引量に影響を及ぼせなくてはなりませんが、非常に多くの売り手や買い手が取引しているために個々の主体の取引規模は全体から見ればごくわずかだったからです。しかし現実の経済を見てもわかるように、市場取引量のうちかなり多くの割合をごく少数の売り手や買い手が占めている産業もあります。

このような取引主体は自分が相場を動かせる力、つまり**価格支配力**を行使できることを十分理解した上で、販売量や購入量を決定するでしょう。その結果、市場はこれまで見てきた競争的市場とは全く異なる振る舞いをします。価格支配力を持つ売り手や買い手が人為的に価格をつり上げたり、引き下げたりするために、競争的市場で効率的資源配分を実現した価格機構の働きが歪められてしまうからです。

経済学では、どの経済主体も価格支配力を持たない価格受容者として振る舞う市場における競争は**完全競争**、そうでないものは**不完全競争**と呼ばれています。本章では、不完全競争の中でももっとも基本的な独占の議論を中心として、価格支配力行使がどのような経済的損失を生むかについて学んでいきましょう。

9.1 価格支配力の経済学

第 2 章でも説明しましたが、市場における競争の程度はさまざまな要因によって影響されます。その中でももっとも基礎的な要因は、取引主体の数です。取引主体の数が十分少なければ、個々の主体による取引規模は市場全体の取引のうち相当な割合を占めるようになり、ほんの数パーセントの取引規模の変更も市場における需給や価格に大きな影響を及ぼすようになるからです。

9.1.1 独占はあるか？

しかしながら、売り手がただ 1 人となる売り手独占（または供給独占）であれ、買い手がただ 1 人となる買い手独占（または需要独占）であれ、厳密な意味での独占市場を見つけるのは意外に大変です。

売り手独占

たとえば売り手独占なら、よく例として取り上げられるのは、民営化前の電気通信事業・郵便事業や、市町村など特定の地域を限って事業者が認められる下水道事業や電力事業です。しかし固定電話や郵便に対して携帯電話、IP 電話、そしてパソコンを使った電子メールが、また上水道事業が提供する飲料水に対してはペットボトル入りのミネラル・ウォータをはじめとする清涼飲料水が強力なライバルとして登場しています。電力でさえも、今ではガス事業者による熱併電（コジェネ）[*1] 製鉄所などの余剰自家発電力との競合が激しくなっています。

[*1] 正確にはコジェネレーション（cogeneration）といいます。発電時の廃熱などを用いて、電力と熱を併給し、エネルギーの効率的利用をはかるシステムで、コジェネとも呼ばれます。たとえばガス・エンジンを動かして電気も熱も利用できる方式は、ガス会社によって家庭向けにも提供されています。

買い手独占

　買い手が文字通りたった1人でたくさんの売り手がいる買い手独占の例は、見つけるのがもっと大変です。ずいぶん昔なら、地場産業がたった一社の企業により支えられている地域について、中学や高校の卒業者が地元で就職しようとして参入する地域労働市場が買い手独占の例としてあげられてきました。しかし現在のように交通・情報通信網が発達すると、地元での就労が割りにあわなければ、人々は簡単に他の地域へと職探しに出かけたり、遠方の企業に在籍しつつも在宅で仕事をすることが可能になります。そのために先ほどのような例は現在の日本では当てはまらなくなっています。

価格支配力の役割

　このように現実には売り手独占も買い手独占も存在しないなら、それらについて学ぶことは意味がないのでしょうか。そうではありません。

　売り手または買い手がただ1人となるいわゆる独占の場合、独占者が行使できる価格支配力は絶大となります。程度の差こそあれ、他の不完全競争市場でも売り手や買い手が価格支配力を行使する限り同様の影響が働くからです。この意味で独占の理論とは価格支配力の経済分析であり、あらゆる不完全競争理論の出発点となります。[*2]

　売り手や買い手が持つ価格支配力は、しばしば、売り手独占力、買い手独占力と呼ばれています。これまでの議論からわかるように、これは寡占下における価格支配力でも、本質的に独占者の行使する価格支配力と変わらない性質を持つからだといえます。

[*2] 実際、フランスの経済学者 A. クールノー（Cournot）は、少数企業による寡占競争が経済社会にどのような影響を及ぼすかを検討する際に、売り手の数を1社から徐々に増やし、しまいには無数となるときに市場価格や個々の企業の生産意思決定がどのように変わっていくかを、その著書『富の理論の数学的原理に関する研究』（*Recherches sur les principes mathématiques de la théorie des richesses*）で分析しました。その議論によれば、企業数が無数に増え、個々の企業による生産量が市場全体の取引量に占めるシェアが無視できるほどに小さくなると完全競争均衡と同じ資源配分が実現します。この結果が、クールノーの極限定理と呼ばれています。

9.1.2 独占理論の応用範囲

価格支配力を持つためには、文字通り売り手や買い手がただ1人ではなくとも、市場取引全体に対して比較的大きな割合、つまり**市場シェア**を占める取引主体であれば十分です。大きな市場シェアを持つ売り手や買い手による取引規模なら、ほんのわずかな割合での取引量変化でも市場全体では無視できない需給の増減を招き、価格に影響を及ぼすからです。

寡占競争分析の出発点

第2章では、寡占であれば他企業がどのような経営手段で競争を仕掛けてくるか、その手の内を読みあいつつ競合するという戦略的相互依存関係が重要だと説明しました。しかし、ライバルの行動が変わらず、その販売価格や数量が変わらなかったらどうでしょう。市況を決めるのは自社だけ、つまり売り手独占者と本質的に同じ状況になります。

ですから、たとえばパソコン市場ではいわゆるマイクロソフトのWindows、アップルのMac OS、そしてLinuxといったさまざまなOSが競合していても、とくにアップル社の経営戦略に関心があるなら、まずは（他社の販売戦略を一定として）アップル社を独占企業と見立てたMac OS市場を検討してみましょう。そうすることでアップル社が持つ価格支配力の意味が明らかになります。

もちろん実際の寡占産業ではどの企業もライバル企業の販売戦略がいつも変わらないなどとは考えていません。どの企業も他社との競争に打ち勝つためには、どのような新製品や新技術をどんな生産体制で生産し、いかなる価格設定をすればよいか、日々、頭を悩ませています。自社製品よりも安価な製品をライバル企業が市場に導入する場合を考えるとわかるように、獲得できる利潤は自社の販売活動だけではなく、ライバルの活動次第で大幅に異なってしまうからです。企業に限らず、このように各経済主体の純便益が自己の決定だけでなく、他の経済主体の決定にも依存するとき、それらの経済主体は互いに**戦略的相互依存関係**（strategic interdependence）にあるといいます。この関係が働く環境で人々がどのように意思決定を行えばよいかを説明するのが、いわゆる**ゲーム理論**（game theory）です。その意味で寡占競争を分析するには、ゲー

ム理論が不可欠といえます。

　ただし1つ注意しなければなりません。独占よりも「寡占競争を勉強してます」といった方が格好良さそうだからといって、寡占理論やゲーム理論に飛びついてはいけません。まずは価格支配力の役割を理解できていなければ、寡占競争固有の性質を明らかにできないことに気をつけておきましょう。*3

世界市場での価格支配力

　売り手による価格支配力（売り手独占力）だけでなく、買い手の価格支配力（買い手独占力）についての理解も大事です。先に買い手独占市場というのを身の回りに見つけるのは難しいといいました。しかし、もう少し視野を広げて、日本を取り巻く国際経済を考えると、買い手独占力の議論はさまざまな分野に応用できるようになります。

　たとえば日本は、食料であれ、鉱物資源であれ、世界で貿易取引されるもののうち相当な割合を輸入しています。そのため、最近の米国での狂牛病流行による牛肉輸入制限騒動や10年ほど前に米の凶作で海外から米を緊急輸入したときの経験からもわかるように、日本による輸入量増減は世界市場を通じて海外の輸出国に大きな経済的影響を与えます。つまり、こうした財について日本は世界市場で価格支配力を持つ輸入国、つまり買い手なのです。国際経済学の分野では、このように国内の需給変化が世界価格に影響を及ぼす国のことを大国（large country）と呼んでいます。*4

　輸入大国である日本が、国内農業を保護するために輸入を制限したらどうでしょうか。また地球温暖化を防ぐために化石燃料の使用量を制限する環境政策を実施したらどうでしょうか。*5 世界市場では農産物や原油の需要が減り、それぞれの価格は低下するでしょう。このような世界価格の低下は、輸出国にと

---

*3 学部や大学院のゼミで「ゲーム理論を使って寡占をやりたい」といっている人をよく見かけます。しかし、残念なことに、独占と寡占、そして独占的競争の違いを的確に理解したうえで寡占競争を分析したいという人は非常にまれです。

*4 これに対して、国内の需給変化が世界価格に影響を及ぼせない国は、小国（small country）と呼びます。すなわち、小国は、世界市場で価格受容者として振る舞う国です。

*5 地球温暖化をもたらすいわゆる温室効果ガス（greenhouse gas）のほとんどは二酸化炭素で、それは石油や石炭などの化石燃料を燃焼することで発生します。

ってみれば販売価格低下による損失を、逆に輸入国にとっては購入価格低下という利益をもたらします。

重要なのは、貿易制限が輸入大国による輸入量制限の場合は輸入価格の低下を通じて利益をもたらすということです。そのために、輸入価格低下の利益だけを求めて輸入制限を行おうとするインセンティブも働くことになります。輸入量を減らすためにはたとえば国内生産量の増加をはかればよいわけですが、それは海外の競争から国内産業を保護することにほかなりません。いわゆる保護貿易主義に基づく貿易政策が各国、そして世界全体に及ぼす効果は、結局、輸入大国が価格支配力を行使することによる影響といえます。[*6]

9.2 価格支配力と最適化原理

とはいっても、価格支配力を持とうが持つまいが、各経済主体が自己の純利益の最大化を目指していることに変わりありません。したがって、その行動原理はこれまでに学んだ経済活動の最適化原理に従うと考えることができます。つまり、生産・販売量であれ、購入量であれ、最適な経済活動水準は、さらに経済活動水準を高めたときに見込める追加便益(限界便益)と追加費用(限界費用)を等しくさせなければなりません。

経済活動の最適化原理

追加便益(限界便益)＝追加費用(限界費用)

競争的市場と比べて独占市場がどのように異なっているかを理解する上でもっとも大切なのは、上の最適化原理に登場する限界便益や限界費用が価格支配

[*6] 本文では輸入大国による買い手独占力を問題にしましたが、輸出大国による売り手独占力も国際貿易では重要な役割を果たします。たとえばOPEC(石油輸出国機構)が人為的に原油価格を引き上げることができるのも、それが世界市場で売り手独占力を行使できるからにほかなりません。

第9章 価格支配力と不完全競争

力の有無によりどんな影響を被るかです。この点に注意しながら、まずは売り手独占の市場均衡から取り上げることにしましょう。

9.2.1 売り手独占市場

前節の議論からもわかるように、売り手独占力があるか否かは、売り手が販売量を増やすのに価格引き下げが必要かどうかという販売条件の違いだけに依存します。したがって生産・販売する際にかかる費用、したがって限界費用は、売り手が価格支配力を持つか否かによっては影響されないと考えていいでしょう。*7

この点に注意しつつ、具体的に、たとえばある地域における鉄道という旅客輸送サービスがたった一社の鉄道会社によって提供されているケースを考えてみましょう。図9-1では、この地域の鉄道による旅客輸送サービスの市場について、市場需要曲線と鉄道会社の旅客輸送サービス生産の限界費用曲線がそれぞれ描かれています。*8 鉄道会社の費用条件は、売り手独占者として振る舞おうが、競争的売り手として振る舞おうが、いずれの場合でも変わりません。売り手独占力が影響を及ぼすのは、企業にとっての限界便益、すなわち限界収入です。まずは競争的売り手にとっての限界収入からおさらいしていきましょう。

■ 競争的売り手にとっての限界収入

すでに学んだように鉄道会社が価格受容者として振る舞えば、旅客輸送の限

---

*7 読者の中には販売条件が異なれば、費用も違ってくるのではと考える人がいるかもしれません。そう思えた読者の方はなぜ費用が変わると思ったのか、その理由をよく考えてみてください。理由次第では費用条件が変わることも考えられます（この問題は練習問題で取り上げられます）。
　なお、異なる状況に置かれた売り手の費用条件を比べるためには、両者が同一の財・サービスを同じ数量だけ生産・販売する際に費用に違いはあるかどうかを検討しなくてはなりません（もう少し厳密にいえば、図の上で各生産量について必要となる総費用の額をプロットして描けるいわゆる総費用曲線がぴったりと一致するときに、費用条件は同じだといいます）。異なる生産量について費用を比べたり、販売する財やサービスの品質などが異なっていてはいけません。

*8 旅客輸送量をはかる単位は、人・kmです。これは延べ何人の人たちを延べ何キロメートル運んだかを表します。貨物輸送の場合には、通常、延べ何トンの重量を延べ何キロメートル運んだか、つまりトン・kmという単位ではかります。

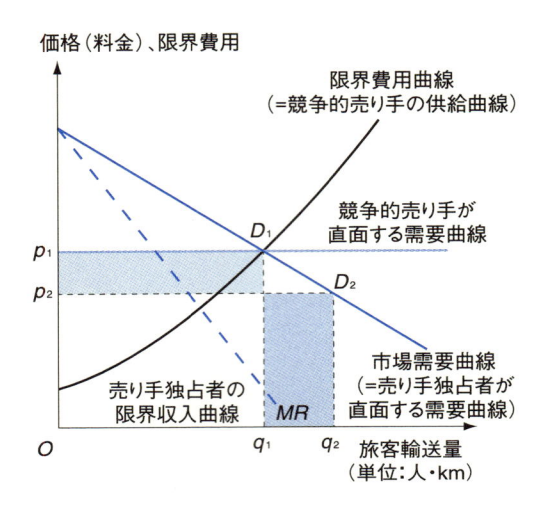

図9-1 価格支配力と需給曲線

界費用曲線が供給曲線となります。[*9] したがって、市場需要曲線と供給曲線との交点 D_1 が競争市場均衡、鉄道料金は図の p_1 となります。[*10]

競争的売り手としての鉄道会社は、この市場価格 p_1 を所与として、市場価格と限界費用が等しくなる数量だけ生産・販売することで利潤を最大化しました。こうした競争的売り手の行動を検討したときに学んだように、供給量を決定する際に競争的売り手は現行の市場価格の下でいくらでも好きなだけ販売できる、言い換えると数量軸に完全に水平な需要曲線に直面していると考えて行動します。その結果、追加1単位の生産・販売で得られる追加収入（限界収入）はちょうど価格に等しくなりました。市場価格が販売量1単位当たりの収入、つまり平均収入を表していることに注意すると、競争的売り手にとってはどんな販売量であっても平均収入が一定となっています。これらの性質をまと

[*9] 中級ミクロ経済学でもう少し詳しく学ぶことになりますが、限界費用曲線＝供給曲線となるためには、限界費用曲線が価格軸と切片を持つような場合に限られます。とはいっても、入門レベルではこうした細かい点についてはほとんど気にしなくてかまいません。

[*10] 「料金」という用語は価格と基本的に同じものを指します。ただし料金と呼ばれる価格は、政府や地方自治体による認可を必要とする、いわゆる「公共料金」を指す場合が多いようです。

第9章 価格支配力と不完全競争

	競争的売り手	売り手独占者
価格支配力の有無	なし	あり
直面する需要曲線	(完全に) 水平	右下がり
販売量が増加すると平均収入 (=価格) は……	一定	減少
(正の生産量での) 価格と限界収入	価格=限界収入	価格>限界収入

表9-1 競争的売り手と売り手独占者の違い

めると表9-1のようになります。

売り手独占者の限界収入

しかし、実際には鉄道会社は当該地域の交通サービスを一手に引き受ける売り手独占者です。そのために、販売量を増やそうとすれば価格を引き下げなくてはなりません。なぜなら市場全体から見れば需要は、図9-1に描かれているような右下がりの需要曲線で表されるからです。その結果、販売量を増やそうとすれば平均収入 (=価格) は下がってしまいます。

たとえば当初価格 p_1 で q_1 だけ販売しているときに、販売量を q_2 まで増やしたらどうでしょうか。追加生産量 $q_2 - q_1$ は以前よりも低い価格 p_2 でしか売れないばかりか、当初計画していた販売量 q_1 についても同様に値引きをしなくてはなりません。そのために値引きをしない、つまり以前と同じ価格で販売できる場合に比べて実際の追加収入は少なくなってしまいます。このような理由で、右下がりの需要曲線に直面する売り手独占者にとっては、限界収入は価格よりも低くなります。

当初の販売量がゼロならどうでしょうか。販売量ゼロの水準で考えると、限界収入は最初の1単位が売れる価格に等しくなります。当初計画していた販売量がゼロならば追加販売に伴う値引きによる損失は生まれませんから、価格と限界収入は等しくなります。[*11]

[*11] もう少し厳密にいえば、この性質は需要曲線が価格軸と切片を持つ場合に成り立ちます。切片を持たない場合には、最初の1単位目はどんなに高い価格でも販売できることになりますから、そもそも最初の1単位目につけることのできる価格を定義できなくなります。そのために限界収入=価格という関係式も意味がなくなってしまいます。

以上のような売り手独占者が直面する状況が持つ諸性質を整理すると、表9-1のようになります。また、図9-1で、こうした性質を踏まえて右下がりの需要曲線に対応した限界収入曲線を描くと、曲線 MR のようになります。

　図9-1では、このような性質に注意しつつ売り手独占者にとっての限界収入曲線が描かれています。販売量が多いほど価格は低下するので、それまでに売ろうとしていた数量に対する値引き損も増えていきますから、通常、限界収入曲線も需要曲線と同様に右下がりとなります[*12]。

売り手独占均衡

　右下がりの需要曲線に直面すると、販売量増加のためには値引きが必要となるので、追加1単位当たりの追加収入（限界収入）は市場価格を下回ります。こうした結果をもたらす売り手独占力を持っていることを理解した上で、鉄道会社はどのような価格（鉄道料金）を設定するでしょうか。競争均衡と同様に効率的な資源配分は実現するでしょうか。次頁の図9-2を用いて、売り手が価格支配力を行使したら、市場取引がどのような影響を受けるかを検討しましょう。

　先の図9-1と同様にしてまずは競争市場均衡を求めてみると、それは図の点 C となります。市場価格は p_c、対応する取引数量は q_c です。繰り返しになりますが、鉄道会社が価格支配力を行使せずに価格受容者として振る舞えば、この価格 p_c で完全に水平な需要曲線に直面していると考えていることになります。その結果、競争的売り手としての鉄道会社にとっての限界収入曲線が市場価格線 p_c となることに気をつけてください。

　しかしいったん鉄道会社が売り手独占力を持つ、つまり右下がりの市場需要曲線に直面していることに気がつくと、現行の販売量 q_c での限界収入は図に描かれているように市場価格を下回った線分 q_cR のような水準となります。限界収入が限界費用を下回るために、鉄道会社は鉄道料金を引き上げ、販売量を減らして利潤を増やそうとします。利潤が最大になるのは限界収入と限界費

[*12] 厳密にいえば、販売数量の増加とともに限界収入がいつでも減少するとは限りません。この点も中級ミクロ経済学レベルの学習事項ですから、入門レベルではこの程度の理解で十分です。

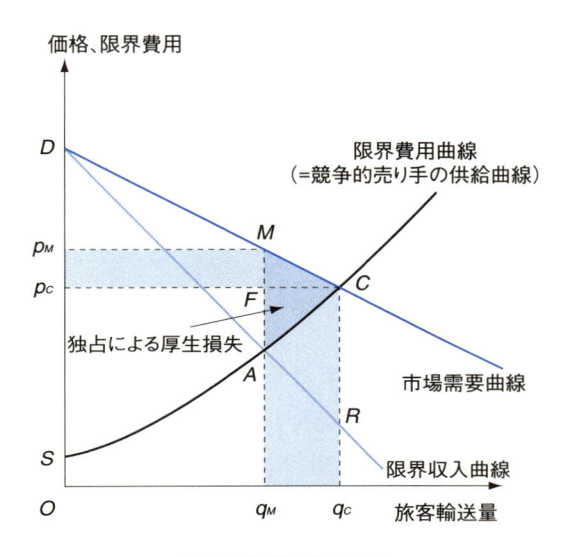

図9-2 売り手独占均衡

用が等しくなる販売量、つまり限界収入曲線と限界費用曲線との交点Aに対応する販売量q_Mです。鉄道料金は、輸送量q_Mに対応する需要曲線上の点Mが示すように、p_Mとなります。すなわち、独占市場均衡は点Mで表されることになります。このように競争均衡に比べて売り手独占均衡では、取引量はより少なく、価格はより高くなります。

売り手独占の弊害

鉄道会社が価格支配力を行使しない、つまり市場が競争的であれば、点Cという競争均衡が実現しましたから、売り手独占力の行使は生産量を減らし、市場価格を引き上げる働きを持つことがわかります。これは売り手や買い手の利益、そして社会全体の利益にどのような影響を及ぼすのでしょうか。

まず買い手の利益、つまり消費者余剰の変化から検討しましょう。競争均衡Cに比べて独占均衡Mでは価格がp_Cからp_Mへと上昇するので、消費者余剰は図9-2の領域$p_M p_C CM$だけ減少します。

売り手の利益、つまり生産者余剰はどう変化しているでしょうか。競争均衡での生産者余剰は領域$p_C SC$でしたが、独占均衡では領域$p_M SAM$となりま

す。*13*14 したがって、領域 $p_M p_C FM$ だけ増えて、領域 FAC だけ減少することになります。

$$
\begin{array}{r}
消費者余剰の増分 = \ominus p_M p_C CM \\
+)\quad 生産者余剰の増分 = \oplus p_M p_C FM + \ominus FAC \\
\hline
総余剰の増分 = \ominus MAC
\end{array}
$$

すなわち、領域 MAC だけ総余剰は減少します。これが売り手独占力行使がもたらす過小生産に伴う厚生損失（または死荷重）、つまり社会的損失を表します。*15

簡単に確認できるように、競争的市場であっても、図の線分 MA だけの物品税が課されれば、売り手独占の場合と同額の死荷重が発生します。とはいえ、課税を実施する政府には「公共財供給のための資金調達」など何らかの大義名分があるでしょうが、私企業には自らの利潤増加以外に価格吊り上げの理由はありません。その意味で売り手独占が生む社会的損失は、同額の物品税による死荷重に比べてより深刻だといえます。そのために何らかの政策により独占の弊害を回避する、もしくはできるだけ小さくすることが望ましいといえます。

9.2.2 買い手独占市場

買い手独占市場ではどうでしょうか。たとえば他国に比べて経済規模が十分大きな日本が、牛肉をほとんど生産できないために、国内消費量の大半を米国

---

*13 総販売収入は $p_M O q_M M$、総可変費用は生産量 q_M までの限界費用曲線の下方領域 $SOq_M A$ となることに注意してください。

*14 生産者余剰の変化をこのように表すと「ひょっとしたら利潤は減るのでは？」と心配される方がいるかもしれませんが、大丈夫です。同じ図を使いながら、とくに限界収入・限界費用曲線に着目すると、生産者余剰が必ず増えることを表せるからです。つまり、生産量が q_C から q_M へと減ることで鉄道会社の生産費用は限界費用曲線の下方領域 $q_M q_C CA$ だけ減りますが、販売収入は限界収入曲線の下方領域 $q_M q_C RA$ しか減りません。したがって生産者余剰は領域 ARC だけ確実に増えることになります。

*15 通常、価格変化は売り手と買い手の利益に対して逆方向の影響を及ぼします。そのため取引量が変わらなければ、価格上昇は買い手から売り手への購買力の移転、言い換えると所得の再分配をもたらすだけです。図9-2ではこうした所得再分配は領域 $p_M p_C FM$ で示されています。しかし、実際の市場では価格上昇は購入量の減少を引き起こしますから、買い手が被る損失は売り手の得る利益を上回ります。これが図の領域 MFC に相当します。

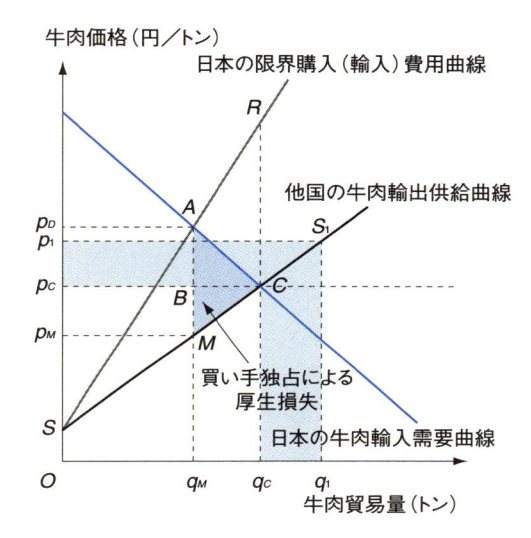

図9-3 買い手独占者の限界購入費用

やオーストラリアをはじめとした外国から輸入する場合を考えてみましょう。こうした状況を描いたのが図9-3です。[*16]

世界の牛肉市場で日本はただ1つの輸入国、つまり買い手です。買い手独占者でありながらも日本が競争的な買い手として振る舞えば、図の点Cで示される競争均衡が実現します。売り手独占の場合と同様に価格支配力を持つことで日本の輸入量決定がどのような影響を被るかを検討しましょう。

競争的買い手にとっての限界購入費用

買い手としての価格支配力、買い手独占力を行使せずに競争的な買い手として振る舞うなら、日本は世界価格を与えられたものとして輸入量を決定することになります。たとえば現行の世界価格が図9-3の p_C で当初 q_C だけ購入しているときにさらに購入量を q_1 まで増やしても価格は p_C で変わらないと考えて行動します。言い換えると、日本は現行価格の水準で数量軸に完全に水平な輸出供給曲線に直面していると考えているわけです。

[*16] 説明を簡単にするために、世界で牛肉の輸入国は日本だけとします。

	競争的買い手	買い手独占者
価格支配力の有無	なし	あり
直面する供給曲線	完全に水平	右上がり
購入量が増加すると平均購入費用(＝価格)は……	一定	上昇
（正の購入量での）価格と限界購入費用	価格＝限界購入費用	価格＜限界購入費用

表9-2 競争的買い手と買い手独占者の違い

　買い手の立場から見れば市場価格は、購入量1単位当たりについて必要な費用、つまり平均購入費用を表しますが、水平な輸出供給曲線は競争的買い手にとっては平均購入費用が購入(輸入)量を増やしても現行価格水準で変わらないことを意味します。そのため、追加購入に必要な費用増分も1単位当たりにつき現行の市場価格と等しくなります。そして日本にとっての輸入の限界便益は輸入需要曲線の高さで表されましたから、世界価格 p_C を所与としたときに、限界輸入便益と限界購入費用を等しくする輸入量は図の q_C となるわけです。

　以上からわかるように競争的買い手が直面する状況は、表9-2に表されるような特徴を持っていることになります。

買い手独占者にとっての限界購入費用

　それでは、日本が買い手独占者であること、つまり右上がりの輸出供給曲線に直面していることを十分理解して輸入量を決定する場合はどうでしょうか。直面する供給曲線が右上がりであるということは、購入量を増やすためには以前よりも高い価格を払わなくてはならない、つまり平均購入費用が上昇することに注意してください。

　そのために図9-3に描かれているように、日本が牛肉輸入量を q_C から q_1 へと増やすためには、現行価格 p_C よりも高い p_1 という価格を払わなくてはなりません。追加購入量 q_1-q_C だけではなく、これまで購入していた数量 q_C についても、このより高くなった価格 p_1 を払わなくてはなりません。このような値上がりによる費用上昇のために、競争的買い手の場合なら価格に等しかった限界購入費用は、買い手独占者の場合だと価格を上回るようになります。これらの性質は表9-2のようにまとめることができますし、またそれを踏まえて

図9-3では日本の限界購入（輸入）費用曲線が描かれています。[*17]

■ 買い手独占の弊害

それでは日本が買い手独占力を行使したら、競争均衡に比べて牛肉の貿易取引はどのような影響を被るでしょうか。日本が自国利益の最大化だけを目指して輸入量を決めれば、それは輸入の限界便益と限界購入費用が等しくなる q_M となります。競争均衡の輸入量 q_C では日本の限界輸入便益と他国の限界輸出費用が世界価格 p_C を介して等しくなります。けれども買い手独占者である日本にとっては、q_C での限界購入費用 $q_C R$ は価格を上回るために輸入量を減らすインセンティブが働きます。そのために貿易量が縮小してしまうことに注意しましょう。

日本は q_M しか輸入しません。言い換えると他国は q_M しか輸出しませんから、牛肉の世界価格は q_M の輸出を他国に促す p_M という水準となります。こうして求められた価格と数量の組み合わせ、つまり点Mが買い手独占均衡での世界市場取引を表すことになります。競争均衡に比べて買い手独占均衡では、売り手独占均衡と同様に取引量が低下しますが、売り手独占均衡とは異なり市場価格は低下します。売り手独占者は売り惜しみをして価格をつり上げることで利益を得ましたが、買い手独占者は買い惜しみ、言い換えると買いたたきをして価格を引き下げることで利益を得ていることになります。

輸入量を抑えるために日本はどのような方法をとっているのでしょうか。世界市場で買い手独占者として振る舞っても、日本国内が競争的であれば、輸入量も国内の需給圧力によって影響を被ります。第7章で学んだように各国の輸出入曲線は、それぞれの価格で生まれる国内消費需要量から国内生産量を差し引いた貿易取引量がいくらかを指し示しています。したがって図の場合には日本国内の牛肉価格は輸入需要曲線上で輸入量 $q_M A$ に対応した p_D という水準でなければなりません。牛肉の世界価格 p_M は $q_M M$ ですから、国内価格の方が高いわけです。この $p_D p_M$ だけの内外価格差を実現するためには、2つの方

[*17] 限界購入費用曲線と輸出供給曲線が価格軸で同じ切片を持つのは、当初の購入量が0であれば、追加購入に伴う値上がりによる費用増加がないからです。

法が考えられます。1つは、日本政府が内外価格差に等しい輸入税を課すことです。もう1つは、日本政府が輸入量を直接 q_M に制限することです。このような、最大輸入量を制限する政策は、輸入数量割当と呼ばれています。日本の国内市場が完全競争にあれば、いずれの貿易制限も同一の貿易規模を実現する限り全く同一の資源配分を実現します。この結果は、国際経済学では関税と割当に関する同値命題として知られています。[*18]

貿易制限と世界全体の厚生変化

競争均衡と比べると世界全体の総余剰はどのように変化するでしょうか。たとえば日本政府が牛肉1トン当たり $p_D p_M$ だけの輸入関税を課しているとしましょう。競争均衡に比べて、国内価格が p_D まで上昇するので、日本国内の消費者や生産者たちといった民間経済主体が得る貿易利益は領域 $p_D p_C CA$ だけ減少します。同時に、政府は新たに $p_D p_M MA$ だけの関税収入を得ますから、日本の政府余剰も同額だけ増加します。他方、海外の牛肉輸出国は世界価格が p_C から p_M へと低下するために、その輸出国としての貿易利益は領域 $p_C p_M MC$ だけ減少することが図から読み取れます。この結果、世界全体の総余剰は領域 MAC だけ減少します。

以上をまとめると、次のようになります。

$$\begin{array}{rl} \text{日本の貿易利益の増分} = & \ominus p_D p_C CA + \oplus p_D p_M MA \\ +)\quad \text{外国の貿易利益の増分} = & \ominus p_C p_M MC \\ \hline \text{世界全体の総余剰の増分} = & \ominus MAC \end{array}$$

すなわちどの国の政府も民間経済主体に自由に貿易取引をさせる場合に比べて、輸入国である日本は得をして、輸出国である外国は損失を被ります。ここで重要なことは、日本が輸入品に課税をして税収を得るから、日本が得をして外国が損をするのではないということです。大事なのは、日本が輸入量を制限すると世界価格が低下して、日本としては以前よりも安く牛肉を他国から購入

[*18] 同値命題については、国際経済学、とくに国際貿易政策の授業でより詳しく取り上げられることと思いますが、練習問題で先取りして検討することにしましょう。また、国内市場が完全競争になければ、こうした同値命題は実現しません。この点についても練習問題を参考にしてください。

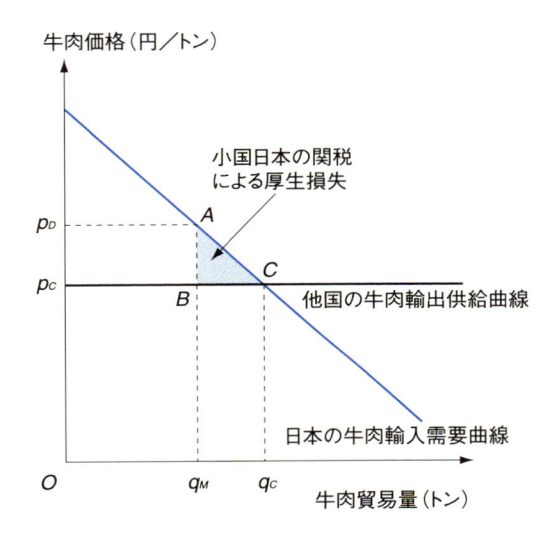

図9-4 輸入小国日本の関税政策

できるようになり、逆に他国は以前よりも低い価格でしか牛肉を輸出できなくなるということです。[*19]

　実際、図9-4のように輸入国日本が直面する輸出供給曲線が p_C の水準で完全に水平な場合を比較してみましょう。この図は、輸入国日本の輸入規模が世界の牛肉取引規模に比べて非常に微々たる割合しか占めず、したがって日本の貿易量の変化が世界価格には影響を及ぼさない、つまり**小国**のケースを描いています。小国日本は国全体としても世界市場で価格支配力を行使できないケースです。

　ここで日本政府が図の線分 $p_C p_D$ に相当する輸入関税を課したらどうでしょ

[*19] 国際経済学では、各国についてその輸出財価格を輸入財価格で割った値を**交易条件**（terms of trade）と呼んでいます。日本は外国から牛肉を輸入していますが、それ以外の財、たとえば自動車を外国へ輸出しているはずです。説明を簡単にするために牛肉貿易に対する関税政策が自動車の世界価格には影響を及ぼさないとしましょう。その場合、日本政府による関税政策がなくても、牛肉の世界価格が低下すれば、日本の交易条件の値は上昇して貿易利益は増加し、逆に外国の交易条件の値は低下して貿易利益は減少します。このように交易条件の値が高くなるほど、つまり外国へより高く輸出でき、外国からより安く輸入できるほどその国の経済厚生は高まりますから、通常は、交易条件の値が上昇することを**交易条件の改善**、逆にその値が低下することを（当該国の厚生が悪化するので）**交易条件の悪化**と呼んでいます。

うか。外国から輸入される牛肉はこの関税が上乗せされて国内販売されるために、国内価格はちょうど p_D になります。日本の民間経済主体が得る貿易余剰は領域 p_Dp_CCA だけ減少します。政府は p_Dp_CBA の関税収入を得て、同額だけ政府余剰が増えますが、民間の貿易余剰減少額の方が大きいために、一国全体としては厚生は悪化してしまいます。

日本が買い手独占国であれば、輸入制限により世界価格が低下していましたから、小国では享受できない追加的利益があります。そのために大国、つまり独占力を行使できるからこそ貿易制限により厚生を改善できることがわかります。

9.3 価格支配力への対応

これまで見てきたように売り手であれ買い手であれ、価格支配力を行使できるものがいると、市場取引には非効率が生まれます。価格支配力を持つものたちは、自己の利益増進を目指して取引量を抑制して価格を自己に有利な方向へと変えようとするからです。そのために、自由な競争的市場が備える価格機構の働きが阻害されてしまうのです。

こうした価格支配力行使に伴う弊害を排除するためには、どうしたらいいのでしょうか。考えられる対応は2つあります。以下、それぞれを検討しましょう。

9.3.1 競争促進政策

もっとも単純な対応策は、競争を促進することです。価格支配力を行使できるのは、売り手や買い手の数が限られていることがもっとも大きな原因ですから、その数を増やして売り手間、買い手間の競争を促すことで、価格支配力の行使を互いに牽制させればよいことになります。こういうととても簡単そうに聞こえますが、実際に競争を促進するのは大変ですし、また安易に競争を促進することが望ましくないことも、実は、あるのです。

参入障壁

たとえば国内のある財市場が売り手独占にある場合を考えてみましょう。そもそもなぜ独占になってしまったのでしょうか。なぜ他の売り手が市場には現れなかったのでしょうか。他の売り手が市場に参加することを阻む要因を参入障壁と呼びますが、これは次のような２つに大別できます。

１つは技術的参入障壁です。鉄道事業を行うためには大規模な設備投資が技術的条件から必要です。さらに鉄道は敷けても、それを実際に運転する技術も不可欠です。鉄道に限らずこうした技術的要因が他の売り手の参入を困難にすることがあります。他の売り手では決してまねができない品質の財やサービスを提供できるなら、やはり独占者となれます。

もう１つは制度的参入障壁です。これは郵便事業や電気通信事業などのように政府の許認可行政により売り手が制限されたり、また特許制度などによりある財やサービスの生産に不可欠な技術を利用できるものが制限されたりする場合です。

制度的参入障壁、とくに政府が人為的に売り手の数を制限している場合であれば、参入制限を撤廃すればよいといえることもあります。日本のさまざまな産業で戦後長い間実施されてきた規制は20世紀末に次々と撤廃されてきましたが、その中でもこうした参入制限撤廃は大きな役割を果たしてきました。[20]

競争と技術進歩

しかし、もし技術的要因が強く働いていて独占となっている場合に、売り手の数を増やそうとすれば、技術の独占を禁止しなければなりません。競争相手も同じ技術を利用できるようになれば、元の技術保有者自身が獲得できる利潤は減ってしまいます。適切な技術利用料を徴収できない限り、せっかく開発した技術からの見返りもさほど多いとはいえません。

そうなることがあらかじめわかっていれば、他企業にまねのできない技術を開発しようという意欲をどの企業もそがれてしまいます。技術進歩が社会的に

---

[20] 公共投資事業請負者を決める場合でも、あらかじめ入札に参加できる業者を制限した指名入札制度からどの事業者も入札に参加できる競争入札制度への移行が促進されてきたのも、その一例です。

も望ましいものであれば、闇雲に売り手の数を増やせばよいというわけではなさそうです。[*21]

9.3.2 価格支配力規制

産業によっては、技術的条件などから多くの売り手が生産するよりもごく少数、とくに一社で生産する方が社会的には割安となることがあります（自然独占産業）。前章でも紹介したように、生産量が増えるほど財1単位当たりの費用が逓減するといった規模の経済が働くなら、総費用だけを考えると一社だけに生産させる、つまり政策的に参入制限を実施する方が、社会的には効率的といえます。

しかし、自由な価格設定を許せば、私的利益を追求した売り手独占、つまり私的独占の弊害が生まれます。そのために、売り手の価格設定への規制、料金規制を同時に実施する必要があります。このような規制を受ける企業または事業を公益事業と呼んでいます。

公益事業規制の問題

ごく単純に考えれば、公益事業に対しては、価格支配力を行使しなかった場合に実現するはずの限界費用に等しい水準に価格を設定するように規制（限界費用料金規制）すればよいことになります。それにより、総余剰は最大となるからです。しかしこの規制を実施すると、多くの場合、公益事業は赤字になってしまいます。規模の経済を生む大規模な設備投資に必要な費用を回収できるほど高い料金は期待できないからです。そのために限界費用料金規制を維持するためには、事業赤字を政府が何らかの形で補塡しなければなりません。

とはいえ、事業赤字は本当に回避できなかったのでしょうか。公益事業者が経営効率改善を怠っても赤字は生まれ、ふくれあがっていきます。[*22] 有力な競争相手がいなかったり、また赤字が生じても政府が補塡してくれるような場合

[*21] 技術開発においても競争は重要な働きを果たします。ですから、現在利用可能な技術知識を皆が共有して、さらに新しい技術を目指した競争が多くの経済主体の間で行われることは望ましいのではないかという議論もあります。しかし、技術開発のテンポは、競争者の数がごく少数、つまり独占でも完全競争でもない寡占のときに最大となるという議論もあります。こうした問題はより上級レベルの問題です。

には、事業者には経営効率改善のインセンティブは失われていき、事業活動の非効率は大きくなっていきます。この非効率はしばしばX非効率と呼ばれています。[*23]

9.3.3 国際経済の問題

国際経済における価格支配力については、対応が非常に難しくなります。「世界政府」が存在しないために、各国の利害を調停し、かつ合意の結果をそれぞれの国に強制することができません。そのために価格支配力規制はもちろん、9.3.1項で取り上げた競争促進政策も、各国が足並みをそろえて実施することが難しいからです。

GATT/WTO と貿易自由化

しかし、それにもかかわらず世界全体で望ましくない事態が起これば、必ず損失を被る国がいます。また、そうした損失を受けるのが、現在は外国であっても、将来いついかなるときに自国となるかわかりません。その意味で世界全体を見渡した経済取引上のルールについて互いに協議し、合意を形成し、各国がそれぞれそのルールを守るようにすることが望ましいといえます。こうしたルールは国内法のような強制力は持ちませんが、一種の紳士協定としての役割を果たすことが期待されます。いったんルールを破れば国際社会の中で孤立（仲間はずれ）してしまうという政治経済的費用を良識ある政府は避けようとするからです。

こうした国際的なルール作りの代表例が戦後から現在まで数量割当や関税などの貿易障壁撤廃のために各国が一堂に会して協議をし、互いの利害を調整しながら自由貿易を促進してきた GATT/WTO です。各国政府を安易な貿易制限により国内産業を保護するといった保護貿易主義に走らせることを食い止める上で大きな役割を果たしてきました。

[*22] 旧国鉄（現 JR）の民営化が決定された頃に抱えていた巨額の債務は、依然として返済しきれていません。

[*23] 公益事業規制にかかわる問題については、練習問題でも取り上げられています。ただし本気で踏み込んで考えると、情報の経済学やゲーム理論が必要となる中級・上級のレベルになってしまいますから、ご注意ください。

多角主義と地域主義

とはいえ、最近では北米自由貿易協定などの自由貿易協定（free trade agreement, FTA）や EU といった地域統合（regional integration）を通じて、GATT/WTO 主導の世界レベルでの貿易自由化ではなく、地域的な貿易自由化の動きが強まっています。「友達の友達はみな友達」といった効果が期待されれば、地域的な貿易自由化促進は世界全体での貿易自由化も促進することになります。しかし、特定の仲良しグループが互いに対立を深めるおそれもないわけではありません。GATT/WTO 流の各国が一堂に会した協議、つまり多角主義（多国間主義）と特定国だけでの協議、つまり地域主義とは互いに補完的なのでしょうか、それとも対立するものなのでしょうか。こうした国際社会の枠組み作りを考える上でも、経済学的考え方は非常に重要ですし、有効です。というのは、ルールの遵守は、そのルールのもとで人々が自己の経済的インセンティブを十分に活かせるか否かにかかわっているからです。

本章の要点

❶ 価格支配力：市場全体の取引規模のうち十分大きな割合を占める主体が、自らの取引量を変化させて市場価格に及ぼせる影響力。

❷ 売り手独占市場：ほかに密接な代替財を供給するものがいず、1人の売り手がすべての需要をまかなう市場。
  ⓐ 売り手独占者の価格支配力（売り手独占力）：売り手が価格支配力を持つことと、以下の条件は同等。
   ・右下がりの需要曲線に直面している。
   ・販売量を増やすためには、価格（売値）を引き下げなくてはならない。
   ・（販売量が正ならば）限界収入＜価格（売値）。
  ⓑ 売り手独占者の最適販売量：限界収入＝限界費用。
  ⓒ 売り手独占均衡：競争均衡に比べて価格は高く、取引量は少なくなる。その結果、厚生損失が発生する。

❸ 買い手独占市場：ほかに買い手がおらず、1人の買い手がすべての供給を引き受ける市場。

ⓐ 買い手独占者の価格支配力（買い手独占力）：買い手が価格支配力を持つことと、以下の条件は同等。
  ・右上がりの供給曲線に直面している。
  ・購入量を増やすためには、価格（買値）を引き上げなくてはならない。
  ・（購入量が正ならば）限界購入費用＞価格（買値）。
ⓑ 買い手独占者の最適購入量：限界便益＝限界購入費用。
ⓒ 買い手独占均衡：競争均衡に比べて価格は低く、取引量は少なくなる。その結果、厚生損失が発生する。

❹ 大国の保護貿易主義：
ⓐ 大国：世界の貿易取引規模と比べて十分大きな輸出入規模を持つ国は、世界の貿易市場で価格支配力を持つ大国である。
ⓑ 貿易制限のインセンティブ：輸入大国は、政策的に輸入量を減らすことで、交易条件を改善させることができ、競争的な自由貿易に比べてより高い厚生を得る。しかし、これは他国の厚生悪化を招き、世界厚生も悪化させる。

❺ 独占への対応：独占者の価格支配力を抑制するためには、①競争促進政策、または②料金規制や競争ルール作りを通じた価格支配力行使に対する牽制が必要である。

❻ 公益事業規制：規模の経済が著しいなどの理由で社会的には一社生産が望ましい（自然独占）産業では、特定の一社を公益事業者として指名したうえで、①他の事業者に対する参入規制と②公益事業者に対する料金規制により私的独占の弊害を避けることが望ましい場合がある。しかし競争圧力がないために公益事業者には経営効率改善のインセンティブが働かない（X 非効率）おそれがある。

練習問題

問1. 下の図のパネルaにはリンゴの需要曲線に対する限界収入曲線、パネルbにはミカンの供給曲線に対する限界購入費用曲線が、それぞれ直線として描かれています。下記の問に答えなさい。

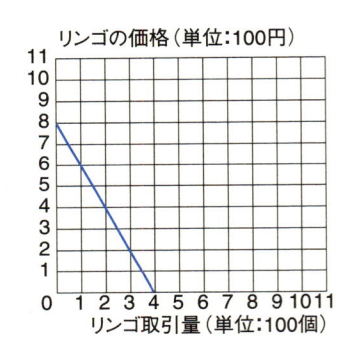

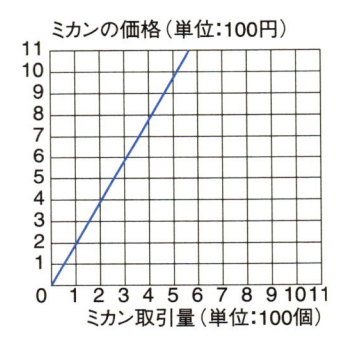

パネルa：リンゴの限界収入曲線　　パネルb：ミカンの限界購入費用曲線

① リンゴの需要量が200個のとき売り手の総収入はいくらでしょうか。また、そのときのリンゴの価格はいくらでしょうか。
② 前問と同じ要領で各需要量に対するリンゴの価格を求めることで、リンゴの需要曲線を図に描きなさい。
③ ミカンの供給量が200個のとき買い手の総購入費用はいくらでしょうか。また、そのときミカンの価格はいくらでしょうか。
④ 前問と同じ要領で各供給量に対するミカンの価格を求めることで、ミカンの供給曲線を図に描きなさい。

問2. 独占の規制：次の図はある売り手独占市場における市場需要曲線、それに対応する限界収入曲線、そして売り手独占者の限界費用曲線を描いたものです。それぞれの曲線は直線として描かれていることに注意して、以下の各問に

答えなさい。

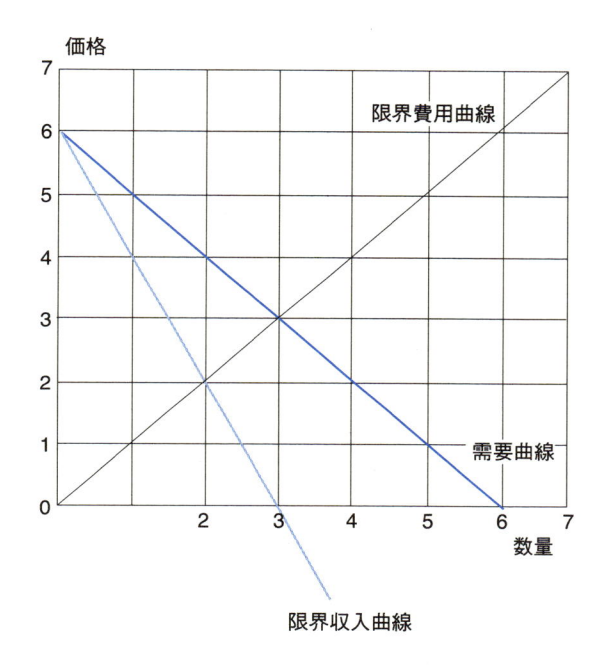

① 売り手独占者が価格支配力を行使せずに、競争的売り手として行動すると、均衡における価格と数量はいくらになるでしょうか。
② 売り手独占者が価格支配力を行使すると、均衡における価格と数量はいくらになるでしょうか。
③ 売り手独占均衡で発生する厚生損失を求めなさい。
④ 政府が売り手独占者に対して単位当たり3の生産税を課すことにしました。均衡における価格と数量はいくらになるでしょうか。また、発生する厚生損失はいくらになるでしょうか。
⑤ 政府が売り手独占者に対して単位当たり一定の生産補助金を供与することにしました。1単位当たりいくらの生産補助金を供与すれば、効率的な資源配分が実現できるでしょうか。
⑥ 政府が価格5の水準で上限価格規制を実施すると、売り手独占者が実質的に直面する需要曲線はどうなるでしょうか。

⑦ 上の問⑥で求めた需要曲線に対応する限界収入曲線はどうなるでしょうか。
⑧ 政府が価格5という上限価格規制を実施すると、どのような均衡が実現するでしょうか。
⑨ 政府が独占による弊害を完全に除去するためには、上限価格をいくらに設定すればよいでしょうか。

問3. 公益事業規制：下の図はある売り手独占市場における市場需要曲線、対応する限界収入曲線、そして売り手独占者の限界費用曲線を描いています（それぞれの曲線は直線として描かれています）。また売り手独占者は生産量の大小にかかわらず総額6だけの費用（つまり固定費用）を負担しなければなりません。その結果、生産量単位当たりの総費用（つまり平均総費用）は、下図の右下がりの直角双曲線として表されるものとして下記の各問に答えなさい。

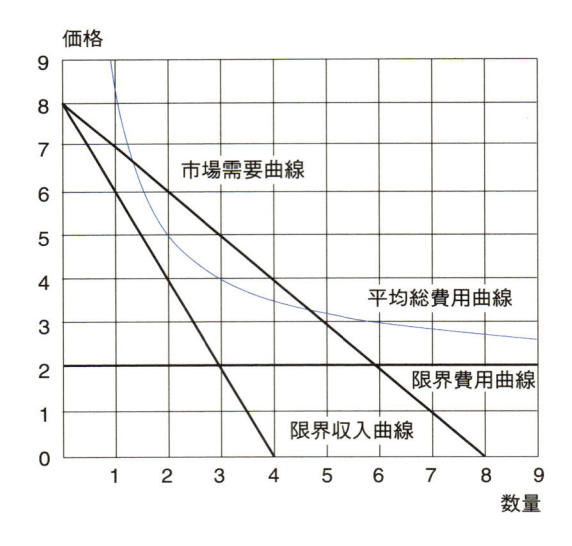

① 売り手独占者が価格支配力を行使しない場合には、均衡における価格と数量はいくらになるでしょうか。またこのとき企業が得る利潤はいくらになるでしょうか。
② 売り手独占者が価格支配力を自由に行使するとき、均衡における価格と数

量はいくらでしょうか。また、利潤および厚生損失はいくらになるでしょうか。

③ 売り手独占者の費用条件を政府は完全に知っているものとします。政府が厚生損失を回避する目的で上限価格規制を課すことにしました。上限価格はいくらに設定すればよいでしょうか。また上限価格規制に加えて必要となる政策は何でしょうか。

④ 政府が売り手独占者の費用条件を全く知らずに、独占者による報告をなんの疑いもなく受け入れて上限価格規制を行うものとします。このとき売り手独占者が政府に報告する限界費用はいくらになるでしょうか。

⑤ 政府が市場需要条件と売り手独占者の費用条件を完全に知っている場合、売り手独占者が損失を避けること（独立採算主義）を義務づけつつ経済厚生をできるだけ多くするためには、上限価格をいくらに設定すればよいでしょうか。またこのとき厚生損失はいくらになるでしょうか。それぞれ図解しなさい。

⑥ 前問のような独立採算主義に基づく料金規制は、どのような点が問題でしょうか。

問4. カルテル：次の図はある生産物市場の状況を描いています。生産物は同一の費用条件を持つ2社により供給され、それぞれ価格受容者として振る舞う場合の個別供給曲線は図の直線 OS で描かれています。また市場需要曲線は図の直線 DD'、対応する限界収入曲線は4点 D、C、F、G を通る直線として描かれています。下の各問に答えなさい。

① 2社を合わせた市場供給曲線を求めなさい。また、このとき実現する競争均衡では価格と数量はいくらになるでしょうか。

② 2社がいわゆるカルテルを結んで、結託して売り手独占力を行使して合計利潤の最大化を図ると、価格と数量はいくらになるでしょうか。また、先の問と比べたときに発生する厚生損失を表す領域を図で示しなさい。

③ 2社のうち1社（以下、企業1と呼ぶ）だけは価格受容者として振る舞い、もう1社（以下、企業2と呼ぶ）は価格支配力を行使するものとします。企業2がどんな価格をつけても、市場ではまず企業がその価格を与えられたものと

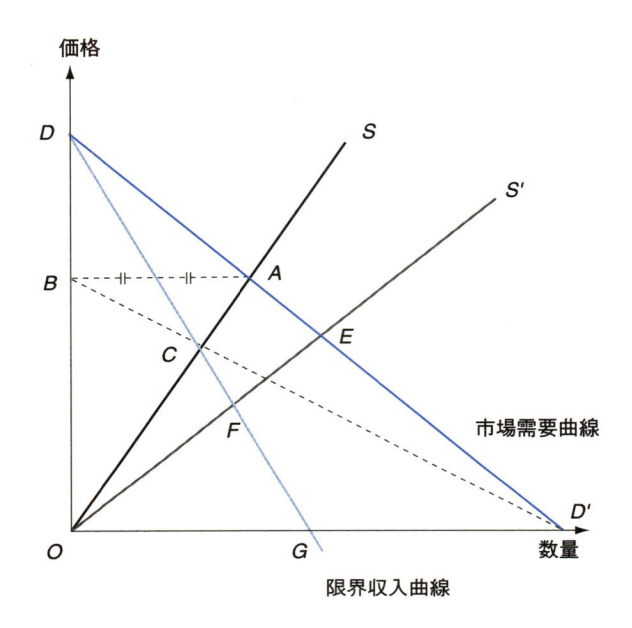

して供給量を決定するとき、企業2が直面する需要曲線はどのように表せるでしょうか。

④ 上の問の状況で、企業2はどのような価格を設定すると考えられるでしょうか。またその価格は競争均衡やカルテル均衡に比べてどのような水準となるでしょうか。さらに、当初企業2だけが市場で生産物を供給している場合に比べてはどうなるでしょうか。

問5. 市場構造と技術革新インセンティブ：次の図はある生産物市場における市場需要曲線とその財を1単位生産するために必要な限界費用 $c_0 = 6$ を表す限界費用曲線が描かれています。生産に際しては固定費用は全く必要ないものとして、下の各問に答えなさい。

① この生産物市場が完全競争であれば、価格と取引量はいくらになるでしょうか。また個々の企業が得る利潤はいくらでしょうか。

② この生産物市場が売り手独占にあれば、価格と取引数量はいくらになるでしょうか。また独占企業が得る利潤はいくらでしょうか。

第9章 価格支配力と不完全競争

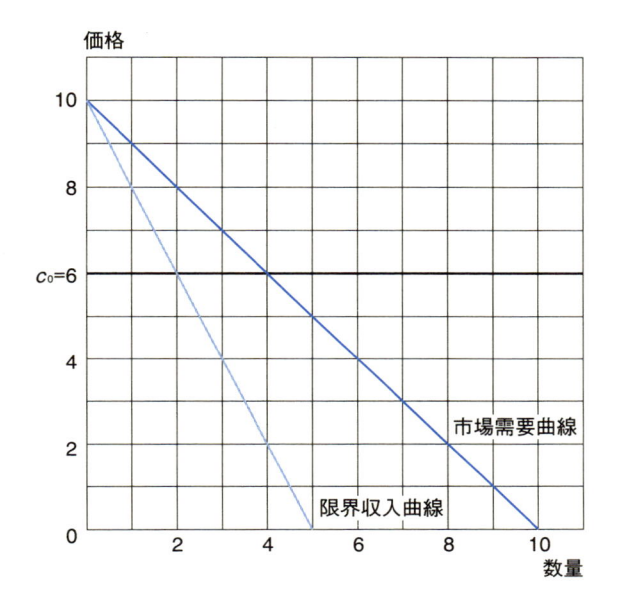

③ 当該生産物の限界費用を 4 まで引き下げる新技術が、ある発明家により開発されました。発明家がこの新技術をもっとも高額の利用料を申し出る 1 社だけに提供するとしたら、競争的市場では発明家が得る最大利用料はいくらでしょうか。
④ 上と同じ状況で、生産物市場が売り手独占市場ならば、発明家が得ることができる最大利用料はいくらでしょうか。
⑤ 新技術を利用した場合の限界費用が 1 ならば、発明家が得ることのできる最大利用料は、競争的市場と売り手独占市場ではそれぞれいくらになるでしょうか。

問 6. 流通の経済学：あるテレビが売り手独占市場にあるとしましょう。次の図はこのテレビに対する市場需要曲線と独占的テレビ・メーカーの限界費用曲線を表しています（それぞれ直線で表されています）。このテレビを消費者に販売するためには、小売店を通さなければならず、小売店は 1 店しか存在しません。小売店はメーカーがつける卸売価格を与えられたものとしてテレビの卸

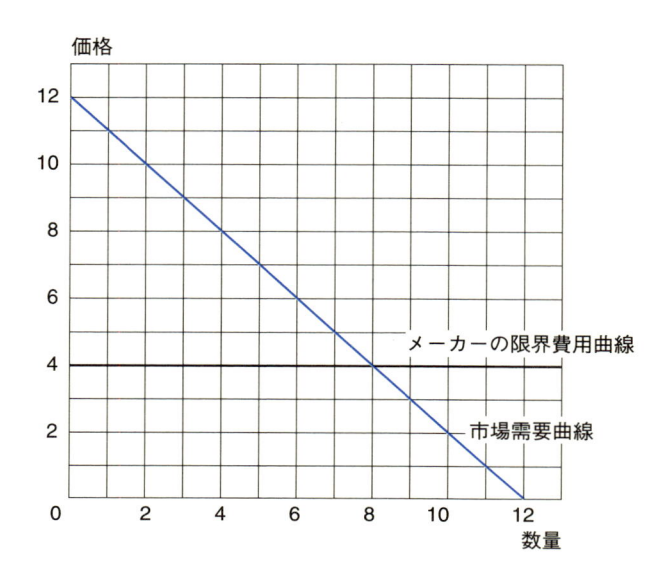

量を決め、それを消費者に転売します。小売店の販売には直接費用がかからないものとして、下の各問に答えなさい。

① メーカーが直接消費者にテレビを販売できる場合、価格と数量はいくらになるでしょうか。

② メーカーが1台当たり8の卸売価格を設定するとき、テレビの小売価格と販売量はいくらになるでしょうか。

③ メーカーが1台当たり4の卸売価格を設定するとき、テレビの小売価格と販売量はいくらになるでしょうか。

④ 以上の分析をもとにしてメーカーが直面するテレビの卸売需要曲線を求めなさい。

⑤ 上の結果をもとにしてメーカーがつける卸売価格、それに対応した小売価格と販売量を求めなさい。また、独占力を持つ流通業者がメーカーと消費者の間に介在することの経済的影響について考察しなさい。

問7. ある珍種のチューリップの球根を取引する市場を考えましょう。チューリップの球根は合計で1000個あります。これを花屋Aと花屋Bという2軒の花

第9章 価格支配力と不完全競争

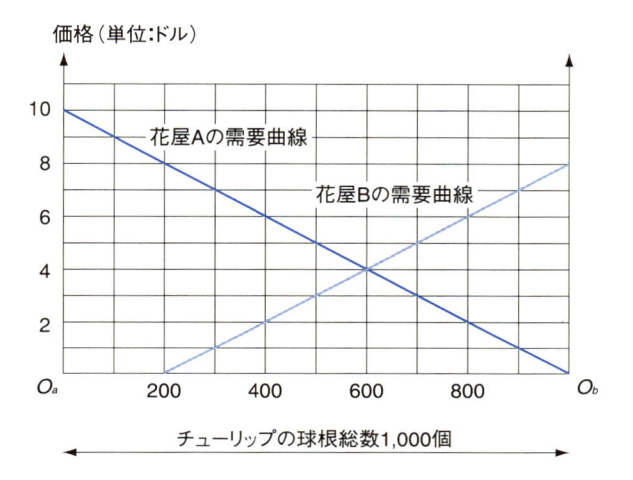

価格（単位:ドル）

花屋Aの需要曲線
花屋Bの需要曲線

チューリップの球根総数1,000個

屋が需要しています。上の図はそれぞれの花屋の需要曲線を表しています。球根1000個はどんな価格でもいつでも1000個市場で供給されるものとして、以下の各問に答えなさい。

① 競争市場均衡では球根の価格はいくらになるでしょうか。またそのときの花屋Aの球根購入量はいくらになるでしょうか。

② 花屋Aが価格支配力を持つことに気づけば、それが直面する供給曲線はどのように表されるでしょうか。

③ 上の問の状況で、球根価格と花屋Aの球根購入量はいくらになるでしょうか。

問8. 貿易制限の効果：日本が牛肉輸入国、米国が輸出供給国となる牛肉世界市場を考えましょう。世界はこの2国からなるものとして、日本の輸入需要曲線と対応する限界収入曲線、米国の輸出供給曲線と対応する限界購入費用曲線が次の図のように（直線で）表されているとします。図中の記号等を用いて、下の各問に答えなさい。

① 両国政府が牛肉貿易に何ら介入しない自由貿易が行われるとき、牛肉の世界価格と貿易取引量はいくらになるでしょうか。

② 米国政府が自由貿易政策を堅持しているときに、日本政府が日本の国益だ

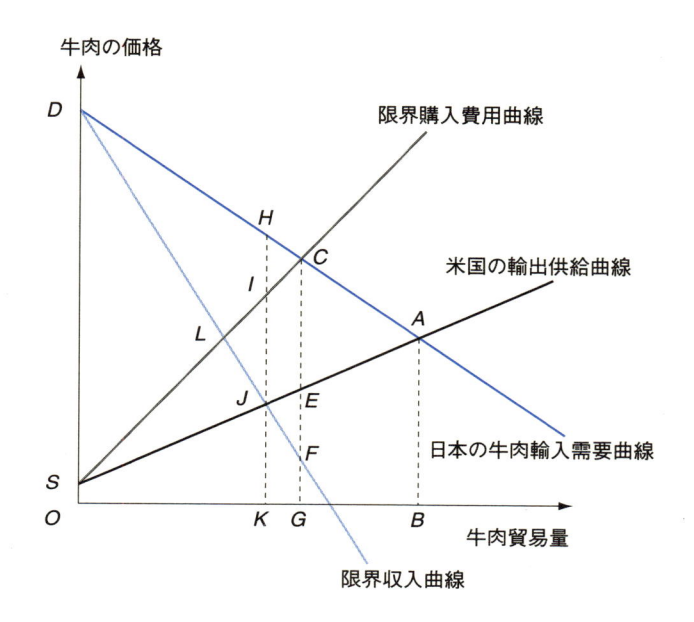

けを考えて貿易政策を決定すれば、牛肉の世界価格と貿易取引量はいくらになるでしょうか。

③ 日本政府が自由貿易政策を堅持しているときに、米国政府が米国の国益だけを考えて貿易政策を決定すれば、牛肉の世界価格と貿易取引量はいくらになるでしょうか。

問9. 貿易制限と国内流通構造Ⅰ：次の図は牛肉を輸入する小国・日本の国内市場の状況を描いています。日本の国内では牛肉は全く生産されずに、現在のところ、ある牛肉輸入業者が一手に海外から牛肉を輸入し、国内販売を行っているとのことです。日本の牛肉国内需要曲線は図の青い実線、対応する限界収入曲線は青の網かけで、そして図の黒い点線は（牛肉国内価格−2）輸入量＝16となる直角双曲線を表しています。牛肉の輸入および国内販売に直接かかる費用はないものとして、下の各問に答えなさい。

① 牛肉輸入業者が価格受容者として振る舞えば、牛肉の国内価格と輸入量はいくらになるでしょうか。

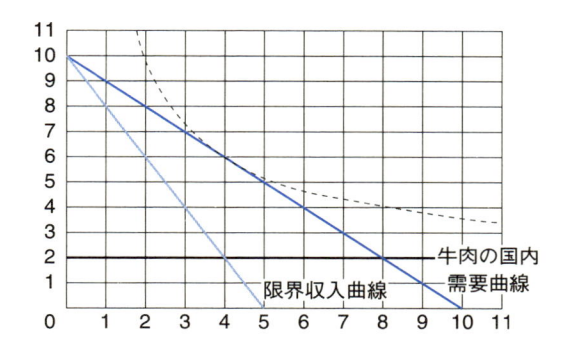

第9章 | 価格支配力と不完全競争

② 牛肉輸入業者が国内販売で売り手独占力を行使すれば、牛肉の国内価格と輸入量はいくらになるでしょうか。

③ 日本政府が輸入数量割当を課して、牛肉を7単位を超えて輸入することを禁止しました。牛肉の輸入に際してはあらかじめ政府が発行する輸入許可証を購入しなければなりません。輸入許可証さえ購入できれば誰でも牛肉の輸入が既存の輸入業者と同じ費用条件で行うことができ、かつ政府はどの輸入業者にもほんのわずかしか輸入許可証を売却しないという条件で輸入許可証の競争入札を行うものとします。このとき、牛肉輸入量1単位当たりの輸入許可証の落札価格はいくらになるでしょうか。また、この場合牛肉の国内価格はいくらになるでしょうか。

④ 前問と同じ状況で輸入許可証を入札にかける際に、政府は1事業者が輸入許可証すべてを入手することを認めたら、牛肉輸入量1単位当たりの輸入許可証落札価格はいくらになるでしょうか。また、この場合牛肉の国内価格と輸入量はいくらになるでしょうか。

問10. 貿易と国内流通構造II：前問と同様の日本の牛肉国内市場を考えましょう。次の図は、国内需要曲線に加えて、日本が直面する牛肉の輸出供給曲線は右上がりの実線、対応する限界購入費用（＝限界輸入費用）曲線は点線で示されています。牛肉の輸入および国内販売はただ1社の輸入業者により行われ、牛肉の輸入および国内販売に直接かかる費用はないものとして、下の各問に答えなさい。

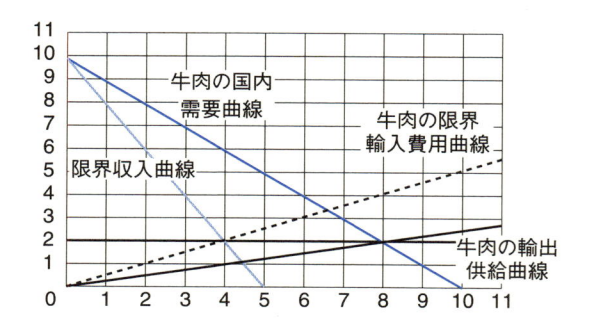

（グラフ：牛肉の国内需要曲線、限界収入曲線、牛肉の限界輸入費用曲線、牛肉の輸出供給曲線）

① 牛肉輸入業者が競争的に振る舞うとき、国内の牛肉価格と牛肉輸入量はいくらになるでしょうか。

② 牛肉の国際価格が2で一定のもとで牛肉輸入業者が国内における売り手独占力を行使したら、牛肉の国内価格と輸入量はいくらになるでしょうか。

③ 以上の分析をもとにして牛肉輸入業者が国内市場で売り手独占力を行使する場合、牛肉の国際価格、日本国内価格、そして輸入量がいくらになるかを求めなさい。

④ 牛肉輸入業者が国内市場では価格支配力を行使せずに、牛肉輸出国に対して買い手独占力を行使するとき、牛肉の国際価格、国内価格、そして輸入量はいくらになるでしょうか。

⑤ 牛肉輸入業者が国内販売における売り手独占力と牛肉輸出国に対する買い手独占力をともに行使すると、牛肉の国際価格、国内価格、そして輸入量はいくらになるでしょうか。

補論　平均値と限界値の相互関係

　この補論では、①平均値と限界値の間に密接な関係が成り立つこと、そしてそれを使って②需給曲線が直線で表せるときに対応する限界収入・購入費用曲線の描き方について解説します。①は、入門レベルはもちろんですが、中級の経済理論を学ぶ上でもとても便利なものです。②も不完全競争市場を考えるときに非常に有用ですが、あらかじめ講義できていれば教員が試験問題を考える際にとても重宝する事項ともいえます。

　本文でも説明しましたが、右下がりの需要曲線に直面する売り手独占者にとっては販売量を増やせば平均収入（＝価格）が低下し、限界収入は平均収入を下回ります。また、右上がりの供給曲線に直面する買い手独占者にとっては、購入量を増やせば平均購入費用（＝価格）が上昇し、限界購入費用は平均購入費用を上回ります。そして、競争的売り手・買い手であれば、取引量を増やしても平均収入・購入費用は一定で、限界収入・購入費用は平均の値と一致しました。

　ですから、売り手の立場から、平均値と限界値の関係を整理してみると次のようになります。

平均値と限界値の相互関係

$$
\text{販売量増加時に、} \quad \text{平均収入} \begin{cases} \text{減少} \\ \text{不変} \\ \text{増加} \end{cases} \iff \text{平均収入} \begin{cases} > \\ = \\ < \end{cases} \text{限界（追加）収入}
$$

　この関係は非常に身近な所でも見受けられます。たとえば中学や高校の頃、期末テストが近づくと担任が「今度こそは学年上位を目指そう」と躍起になっていたことはありませんか。そんなところに転入生が来たらどうでしょうか。転入生の成績がこれまでのクラス平均よりも高ければ、転入生は笑顔で担任に

迎えられるでしょう。でも、そうでなければ……。

　この場合、クラス全体で獲得できる合計点数を生徒数で割ればクラス平均点が求められます。転入生の点数はクラスの総点に加えられる追加点数、言い換えると限界点数です。転入生が入ってくれば、クラス生徒数が増えます。このとき平均点が下がるなら、転入生の限界点数はクラス平均点未満というわけです。平均点があがるようなら、逆の結果が成り立っていなければなりません。そして、転入生を迎えても平均点が変わらなければ、転入生の限界点数はクラス平均点と同じだったはずです。

　こうした平均値と限界値の関係は、経済学を学んでいるとさまざまな場面で登場します。この関係をきちんと理解しているだけで、不必要に複雑な計算もしなくても済むようになりますから、是非、身につけておきましょう。

直線の需給曲線と限界収入・購入費用曲線

　前節の平均値と限界値の関係に注意しつつ、需要曲線や供給曲線が直線で表せるときに、対応する限界収入曲線や限界購入費用曲線を求めてみましょう。

限界収入曲線

　たとえば次の図9-5のように右下がりの直線で表されるコーラの需要曲線に売り手独占者が直面する場合を考えてみましょう。結論から先にいえば、対応する限界収入曲線も直線で表され、次のような性質を満たします。

　性質１：それぞれの価格で水平線を引いてできる線分の中点を限界収入曲線は通る（図の線分 $Cp = CA$ という性質に相当）。

　性質２：各生産量に対する限界収入と需要曲線の切片の値のちょうど1/2が価格と等しくなる（図の線分 $pD = pE$（$= AB$）という性質に相当）。

　厳密な証明は大変ですが、ここでは（証明抜きで）需要曲線が直線ならば限界収入曲線も直線となるという結果を使わせていただくことにして、上の２つの性質が成り立つことを確認しましょう。最初の性質は次のようにして確かめられます。

第9章 | 価格支配力と不完全競争

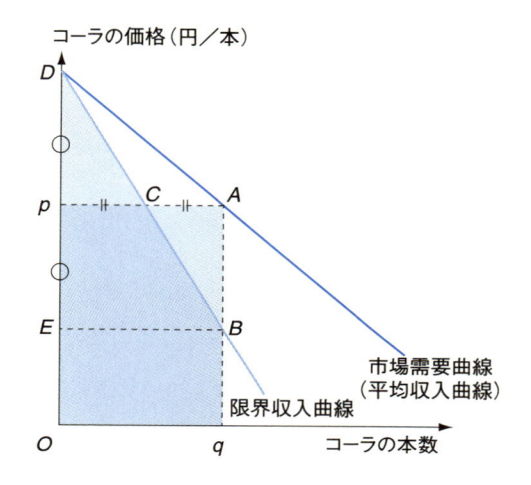

図9-5 直線の需要曲線と限界収入曲線

性質1

限界収入の累積値としての総収入と価格（＝平均収入）と数量の積としての総収入が等しくなることに着目すると、この性質は簡単に確認できます。実際、限界収入は販売量増加に伴う追加収入でしたから、たとえば販売量 q まで累積合計すれば、対応する総収入は限界収入曲線の下方領域 $DOqB$ の面積に等しくなります。他方、需要曲線を用いれば総収入は長方形 $pOqA$ にも等しくなります。2つの領域を比べるとわかるように、三角形 CAB と三角形 CpD とは同じ面積でなければなりません。ところがこれらの三角形はともに直角三角形で、かつ対頂角が等しいので相似です。相似で面積が等しいのですから、合同。したがって、対応する辺の長さは相等しくなりますから、$CA = Cp$ という関係が成り立ち、性質1が確認されます。

性質2

2番目の性質はどうでしょうか。性質1の議論からわかるように線分 $AB = pE$ となりますから、これで確認終了ともいえますが、別の方法も紹介しましょう。

性質1の場合と同様に販売量 q に着目すると、対応する価格 p は販売量1単

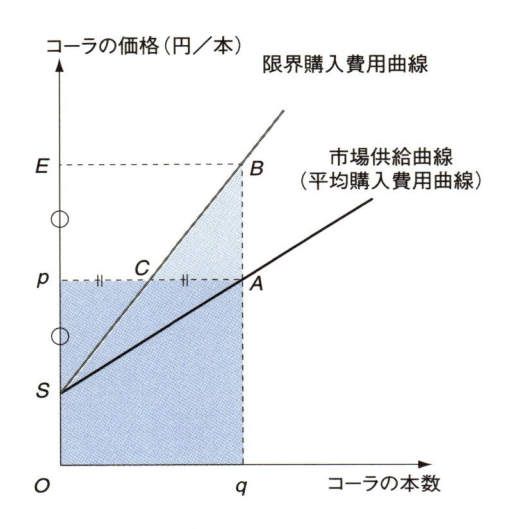

図9-6 直線の供給曲線と限界購入費用曲線

位当たりの収入、すなわち平均収入を表します。他方、この平均収入は、販売量 q までの各販売量に対する限界収入の平均でもなければなりません。図の限界収入曲線が表すように、限界収入は販売量とともに一定割合で低下していきます。したがって、求める平均値はもっとも高い限界収入（＝需要曲線の切片値 OD）ともっとも低い限界収入（＝問題となる販売量に対する限界収入 qB）の1/2とならなければなりません。このようにして第2の性質が成り立つことも確認されました。[24]

限界購入費用曲線

図9-6では、コーラの買い手独占者が直面する右上がりのコーラ供給曲線が直線で描かれています。限界収入曲線の場合と同様に、買い手独占者が直面する供給曲線が直線ならば、対応する限界購入費用曲線も直線となります。[25] この場合には、限界収入曲線と同様に次の2つの性質が成り立ちます。

---

[24] どちらの性質を見てもわかるように、需要曲線が直線ならば対応する限界収入曲線の数量軸に対する傾きの大きさは、需要曲線の傾きの大きさの2倍に等しくなります。
[25] 限界収入曲線の場合と同様に厳密な証明は省略します。

性質1：それぞれの価格で水平線を引いてできる線分の中点を限界購入費用曲線は通る（図の線分 $Cp = CA$ という性質に相当）。

性質2：各生産量に対する限界購入費用と供給曲線の切片の値のちょうど $1/2$ が価格と等しくなる（図の線分 $pS = pE$（$= AB$）という性質に相当）。

　限界購入費用、つまり追加1単位当たりに必要な購入費用増分を購入数量に応じて累積合計してやれば、総購入費用となります。この点に注意すれば、限界収入曲線の場合と同じようにして上の2つの性質が成り立つことを確認できます。この点は読者の練習問題としておきましょう。

中級への道

　本書を読むうえで参考となる類似書をお探しの方、また本書を読破した後でさらに中級レベルのミクロ経済学を学ぼうとする方には、次のような本をとくにお薦めしておきます。

入門書

- マンキュー『マンキュー経済学Ⅰミクロ編・第3版』（東洋経済新報社）：本書とほぼ同レベル。個人的にはお勧めですが、ただでさえ厚い教科書が、第2版以降さらに厚くなった（ため息が出ます）。
- スティグリッツ『入門経済学・第4版』（東洋経済新報社）：マンキューよりもエレガントな内容で、これも個人的にはお勧め。チャート式で経済学を学ぼうという方ではなく、じっくりと腰を据えて学ぶ方向けです。でも、これもやっぱり厚い（紙質がいいのか、厚さの割にページ数が多い）。
- 伊藤元重『入門｜経済学・第4版』（日本評論社）：本書と同じ精神で書かれており、内容が豊富です。マクロ経済学の入門レベルの内容も解説されています。
- 倉澤資成『入門｜価格理論・第2版』（日本評論社）：気どらずに、しっかりと勉強したい方にお勧めです。

中級書

- 奥野正寛『ミクロ経済学入門』（日経文庫）：コスト・パフォーマンスを考えると、これが一押しです。でも、結構、手強い。
- 西村和雄『ミクロ経済学入門・第2版』（岩波書店）：とってもいい教科書ですが、数学が嫌いな方にはお勧めしません。記号や数式で書かれたことをきちんと言葉で置き換えて考えるようにしながら、読み進むことが重要です。
- レイヤード・ウォルターズ『ミクロ経済学』（創文社）：絶版のようですが、

本書なら応用ミクロ経済学を学ぶうえでの基礎をきっちりと身につけることができます。古本屋で見つけたら、「買い」です。
● 丸山雅祥・成生達彦『現代のミクロ経済学——情報とゲームの応用ミクロ』（創文社）：ちょっと難しそうですが、数学ができる方で企業間競争に興味のある方にお勧めします。

経 済数学

　中級以上の経済理論を学ぶためには、数学は不可欠となります。そのためには、次の 1 冊をまず読まれることをお勧めします。
● A. C. チャン・K. ウエインライト『現代経済学の数学基礎・第 4 版（上・下）』（シーエーピー出版）：必ず紙と鉛筆を持って練習問題を解くようにしてください。なお第 4 版には動的最適化の基礎についても触れられてあります。元気があれば挑戦してください。大学院進学を考える方は、必ずこのレベル（最低、上巻）は修得して下さい。それがだめなら、進学後の将来は暗闇に包まれてしまうでしょう。

練習問題解答例

第1章

問1 ①選択、希少、配分
②効率性、公平性、制度
③機会、最大逸失利益

問2 ①線分 CA 分の鉄生産量。
②いえない。点 A に比べて米も鉄もより多く生産することが可能だから。
③いえる。この点より両方の財を同時に増やすことができないから（もしくは、米と鉄のいずれについても、一方の財の生産量を、他財の生産量を減らすことなく増やすことはできないから）。

問3 この問題は、集団的意思決定制度としての投票が持つ限界を表す、**投票のパラドックス**をとりあげたもの。①日本。
②日本と米国の間で多数決が行われれば、父と子は日本、母は米国に投票するので、日本が勝つ。この日本と中国の間で多数決が行われれば、父が日本、母と子は中国に投票するので、中国が勝つ。
③米国と中国の間で多数決が行われれば、父と母は米国、子は中国に投票するので、米国が勝つ。この米国と日本の間で多数決が行われれば、日本が勝つ。
④米国が勝てる相手国は、中国である。そして中国が勝てる相手国は日本である。したがって、最初に日本と中国、そして次にその勝者と米国の間で多数決を行えばよい。
⑤すべての国が母の出した条件を満たす。

問4 ①1. 混雑しない座席指定車両への乗車料金。2. 通常のラッシュ時間帯に通勤しなくてすむ職業に就くための費用またはそれで被る所得の低下。3. ラッシュ時間帯に混雑がひどくならない地域へ移動したときに被る所得の低下、4. 学力低下による将来所得の低下、等々。
②民間企業に勤めたら得られる所得の増加。
③都心に住む場合の家賃高騰など生活費の増加。

第2章

問1 省略。

問2 省略。

問3 ①郵便：電話、電子メール、直接会いに行くこと等。
②電力：熱源としてならガス、灯油。電気としてなら電池等。
③学校教育：塾、予備校、自宅学習等。
④警察による治安維持：自警団、自己防衛（民間警備会社との委託契約など）等。
⑤単行本小説：文庫本小説、雑誌、映画、ビデオ等。

問4 ①和服：帯、足袋等。
②海外旅行：ガイドブック、観光ガイド。
③音楽鑑賞：一杯のコーヒーとクッキー、CDコンポ。

問5 省略。

問6 ①2000円。
②別の水売り商人がもともとの水売り商人と競争すれば、水の値段は500円になる。
③2人の商人が互いに協力すれば、やはり2000円。

第3章

問1

図A

図B

問2

図C

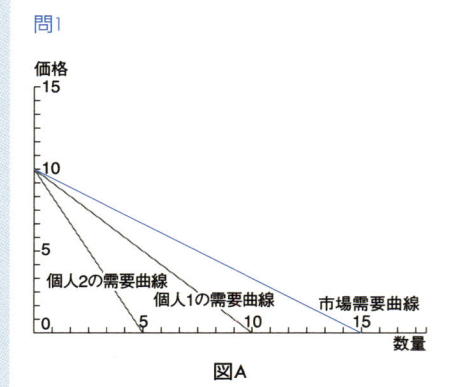

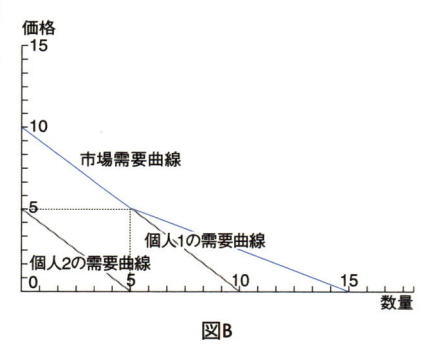

図D

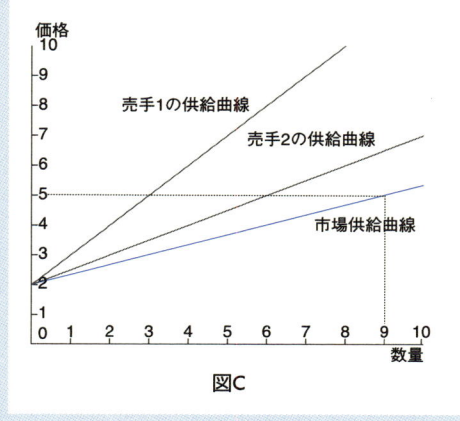

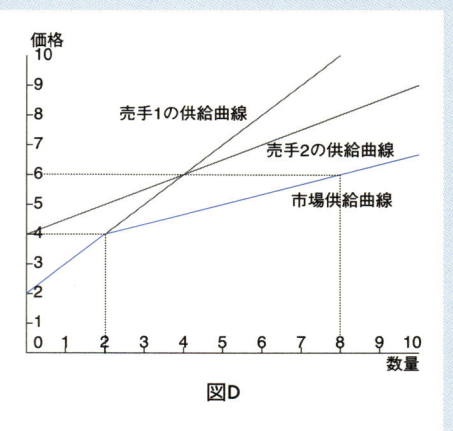

問3 当初の均衡は下図Eの点 E_0 で表されることに注意してください。

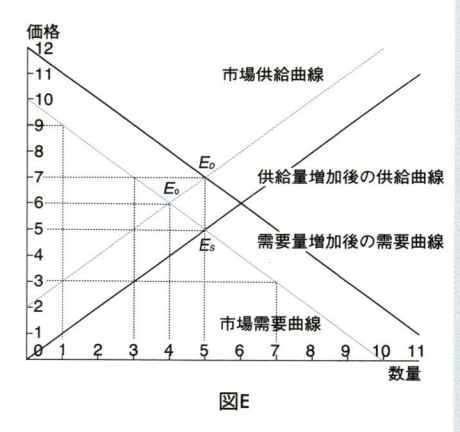

図E

① 価格が7のときには市場需要量＝3、市場供給量＝5、市場は超過供給の状態。
② 価格が3のときには市場需要量＝7、市場供給量＝1、市場は超過需要の状態にある。
③ 市場均衡価格＝6、均衡取引数量＝4。
④ 均衡とは本来（**誰も行動を変えるインセンティブを持たない**）状態だが、市場取引における均衡では（**需要量**）と（**供給量**）が等しくなる状態を指す。
⑤ 需要量を D、価格を p として、

$D = 10 - p$

ただし厳密には下記の通り。

$$D = \begin{cases} 10-p & (p \in [0, 10] \text{ のとき}) \\ 0 & (p > 10 \text{ のとき}) \end{cases}$$

⑥供給量をS、価格をpとして

$S = p - 2$

ただし厳密には下記の通り。

$$S = \begin{cases} p-2 & (p \geq 2 \text{ のとき}) \\ 0 & (p < 2 \text{ のとき}) \end{cases}$$

問4 ①市場需要曲線は右方に2単位だけシフトして、新しい均衡点 E_D が実現する。以前よりも、価格は上昇、取引数量は増加する。なお新しい需要関数は、$D = 12 - p$（図Eを参照のこと）。
②市場供給曲線は右方に2単位だけシフトして、新しい均衡点 E_S が実現する。以前よりも価格は低下、取引数量は増加する。なお新しい供給関数は $S = p$。

問5 骨董品をダイヤモンド、日用品を水になぞらえて、本文中の水とダイヤモンドの逆説を用いればよい。

第4章

問1 ①価格、需要量、1%、減少率
②30、20、減少
③5、増加、5、減少
④1を上回る、1を下回る
⑤30、−60
⑥−50、100
⑦減少
⑧増加
⑨はない、は（も）ない

問2 当初の均衡では価格が6、取引数量が4となることに注意。
①買い手の支出額は当初 $6 \times 4 = 24$。価格が1低下すれば支出額は $5 \times 5 = 25$ へと増加する。したがって、需要の価格弾力性は1より大。

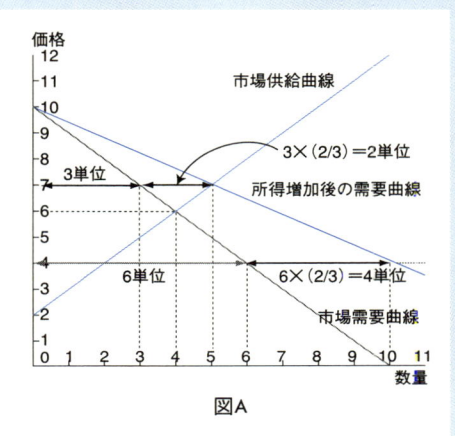

図A

②需要曲線が右方（または上方）にシフトして、価格は上昇、取引数量は増加する。
③需要曲線が左方（または下方）にシフトして、価格は低下、取引数量は減少する。
④供給曲線が左方（または上方）にシフトして、価格は上昇、取引数量は減少する。
⑤所得倍増とは所得が100%増加すること、そして需要の所得弾力性が2/3なので以前の需要量の2/3だけ増加することになる。そこで計算しやすい需要量が6単位（または3単位）のところで所得増加後の需要曲線を求めると図Aのようになる。

問3 エンゲル曲線が直線 b となるとき、所得変化率と需要量の変化率が等しくなることに注意すること。
a：需要の所得弾力性＞1（奢侈財）
b：需要の所得弾力性＝1
c：需要の所得弾力性は正だが1未満（必需財）
d：需要の所得弾力性＝0（中立財）
e：需要の所得弾力性＜0（劣等財）

問4 図解省略。豊作となれば供給曲線は右方にシフトして、価格は低下、取引数量は増加する。売り手の販売収入は買い手の支出額に等しいが、この支出額が価格低下により増えるためには需要の価格弾力性が1

を上回らなければならない。

問5 図解省略。
(a)A国向けツアー旅行市場：需要曲線が左方にシフトして、A国向けツアー料金は低下し、旅行者数は減る（ただし旅行業者もツアー提供を差し控える場合には、供給曲線も左方にシフトして、ツアー料金は低下するか否か定かでなくなる。ただし旅行者数はいっそう減る）。
(b)国内旅行市場：代替財としての国内旅行需要が増えるために需要曲線が右方シフトして、国内旅行料金は上昇し、国内旅行者数は増える（ただし旅行業者もA国向けツアーを差し控えて国内旅行パック販売促進に努めれば、供給曲線も右方シフトし、国内旅行料金が上昇するか否かは定かでなくなる。ただし旅行者数はいっそう増える）。

問6 図解省略。国内労働市場での供給曲線が右方にシフトするために、賃金は低下し、雇用量が増える（その結果、当初の賃金で予測されたほどには海外からの移入労働者数は増えないだろう）。

問7 図解省略。需要曲線が右方にシフトして、防災用品価格が上昇し、その取引量が増える。

問8 支出額を求めると、$px = Ap^{1-\varepsilon}$ となる。したがって価格 p が上昇するときに支出額が増えるのは ε が1を下回るときに限る。このことからもわかるように、$x = Ap^{-\varepsilon}$ という需要関数で表される財需要の価格弾力性は ε となる。

第5章

問1 ① a. 父の消費者余剰＝$1/2 \times 5 \times (1000-500) = 1250$円
b. 子の消費者余剰＝$1/2 \times 9 \times (1400-500) = 4050$円

②行くのは子供だけ。
③父が行かないので、子供も行けなくなる。
④入園料を1250円に設定すればよい。

問2 下の図を参照。

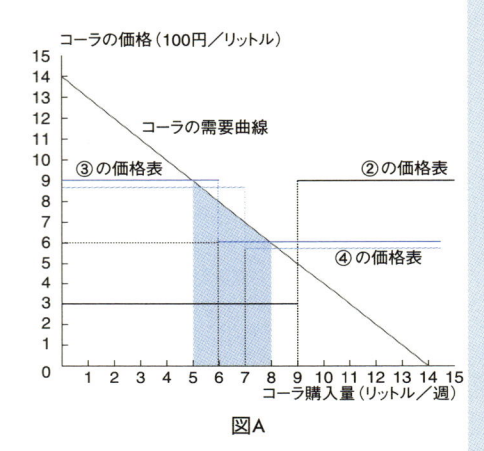

コーラの価格（100円／リットル）

図A

①需要量＝8リットル、消費者余剰＝$1/2 \times 8 \times (1400-600) = 3200$円。
②各購入量での限界消費費用は、図の②の価格表によって示されている。9リットル未満では限界消費便益が限界消費費用を上回るので消費量を増やすほうが得だが、9リットルを超えると限界消費便益と限界消費費用の大小関係は逆転して消費量を減らすほうが得。したがって、9リットルの購入で消費者の純便益は最大となる。
③図Aの③の価格表が各購入量での限界消費費用を表すことに注意。この限界消費費用曲線と限界消費便益曲線は、5リットルと8リットルの消費量の水準で交わる。どちらが望ましいかは実際にそれぞれの消費量での純便益を比較してやればよい。ここでは5リットルの消費量から8リットルまで消費量を増やしたときの純便益の増分が正となるか負となるかを計算してみる。消費便益の増分は図の青アミ領域の面積に等しく、$1/2 \times (600+900) \times 3 = 2250$円。他

方、追加購入に必要な費用増分は900×1＋600×2＝2100円となる。したがって、5リットル購入する場合に比べて8リットル購入すれば、2250－2100＝150円だけ得である。すなわち、8リットルの購入が選ばれる。
④図の④の価格表が各購入量での限界消費費用を表すことに注意しつつ、前問と同様の方法で解答できる。追加便益は2250円のまま追加購入費用が300円増えるために、8リットル購入して得られる追加純便益は－150円となる。すなわち、5リットルの購入が選ばれる。

問3 ①線分 cA に相当する子供数。
②養育の限界費用曲線が上方にシフトするために、養育子供数が減る。
③子供が正常財であれば子供への需要曲線が右方にシフトして、養育子供数が増える。しかし、子供が劣等財ならば逆の結果となる（子供が正常財、劣等財とはどのようなことを意味しているか、検討してみると興味深いと思います。とくに途上国における子供に対する需要と先進国における子供に対する需要とを比べて考えてみましょう）。

問4 ①領域 $bO\widetilde{T}E$ の面積相当額。
②自分で土地を使えば、人に貸したら得られたはずの借地地代という収入を失う。この逸失収入を機会費用として考慮すれば、地主は線分 rA だけを自分で利用して、残りの線分 AF に相当する土地を他人に貸す。その結果、自分ですべての土地を利用する場合に比べて、領域 AEF の面積相当額だけ得をする。

第6章

問1 ①地主Aの土地では7人雇って得られる利潤は $1/2×7×(11000－4000)＝24500$ 円、地主Bの土地では2人雇って得られる利潤は $1/2×2×(6000－4000)＝2000$ 円。

②どんな人でも地代込みで2000円の利潤を稼げるので、地代がそれを上回らない限り土地を借りる方が得である。みんなが他の人よりも高い地代を払おうとする競争の結果、地主Bは2000円の地代を得ることができる。
③地主Bが地代を取ろうとしても、他に代替的土地がいくらでもあるので農家は他の土地でメロンを生産しようとする。その結果、地主Bは全く地代を取れなくなる。つまり、地代＝0となる。
④地主Bの土地やそれと全く同じ地味の土地で耕作すれば2000円の利潤が得られる。しかし、地主Aの土地が使えれば24500円の利潤が得られる。そのため地主Aの土地を借りるための地代が24500－2000＝22500円を超えない限り、農家はみな地主Aの土地を借りようとする。その結果、地主Aの土地の地代は22500円となる。

問2

図A

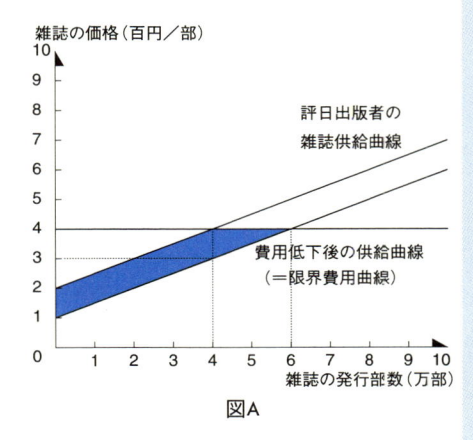

①発行部数は4万部、生産者余剰は $1/2×4万×(400－200)＝400万円$。
②限界費用が1部当たり100円低下するので供給曲線は下方にシフトする。発行部数は6万部へと増加し、生産者余剰は図Aの青領域の面積、すなわち $100×4万＋1/2×$

100×2万$=500$万円増加する。新しい印刷機械の導入のために200万円の追加投資が必要なので、結局、300万円の利潤増が見込める。

③評日出版社は発明家に対する技術使用料を支払っても以前より利潤を増やせるならば、新技術の利用を望む。したがって、発明家は最大300万円の技術使用料を評日出版社に払わせることができる。

問3 次の2つの点に注意すれば、下図Bのような限界費用曲線を求めることができる。
(注意1) 各発電所は発電能力を超えては発電できない（フル稼働での限界費用は無限大）。
(注意2) 発電量を増やすとき、限界費用の少ない発電所の稼働率を高めれば、費用は最小化できる。

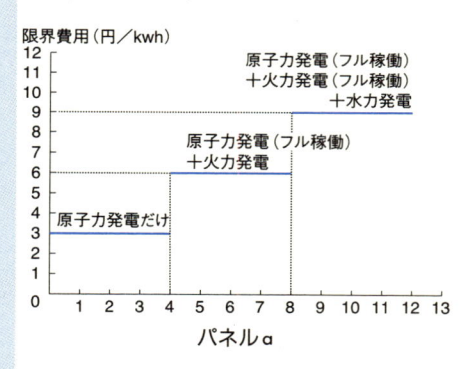

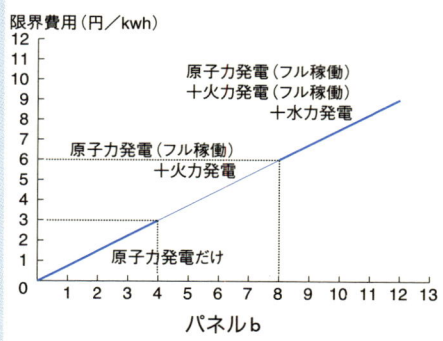

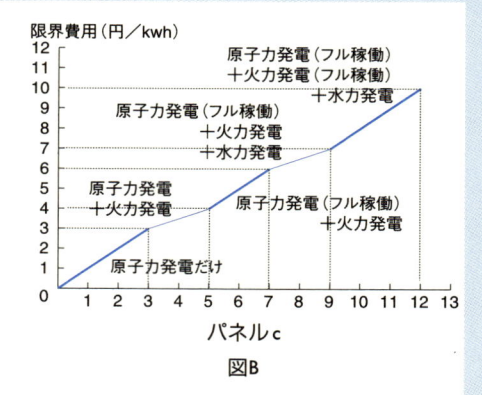

図B

問4

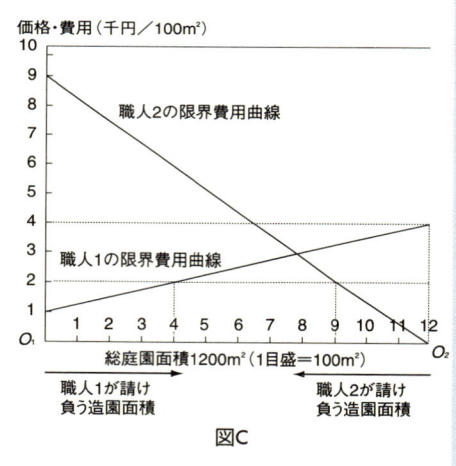

図C

①それぞれの限界費用曲線の下側の面積を求めればよい。したがって、職人1ならば$1/2 \times (1000+4000) \times 12 = 30000$円、職人2ならば$1/2 \times 9000 \times 12 = 54000$円。
②両職人の限界費用が等しくなるように仕事を分ければよいので、職人1は800㎡、職人2は400㎡を請け負えばよい。
③100㎡当たりの報酬が2000円ならば、職人1は400㎡、職人2は300㎡だけ請け負う。報酬が100㎡当たり3000円ならば、職人1は800㎡、職人2は400㎡請け負う。
④自分1人だけで造園した場合の総費用が

少ない職人1が指名を受けられる。このとき職人1は職人2の総費用54000円（をわずかに下回る額）で仕事を請け負う。
⑤ ③の方法をとる場合には100㎡当たりの報酬額を3000円とすればよいことに注意すること。そうすれば次のような表を作成できる。この表からわかるように、庭園すべての造園を一括して入札にかけるよりも、価格メカニズムを導入する方が王様にとっても、また社会全体の効率性の観点からもよいことがわかる（競争入札であっても、入札制度の設計に注意しなければならないという教訓が得られる）。

	職人1の造園費用	職人2の造園費用	総造園費用	王様の負担額
③	16000	6000	22000	36000
④	30000	0	30000	54000

第7章

問1 下の図Aには一定規模の土地が宅地用と農地用に需要される土地市場が描かれている。用途にかかわらず土地利用が自由ならば、地価は宅地需要量と農地需要量の総和が土地総量に等しくなるように決まる。つまり、図の点Eに対応する地価r^eが実現する。しかし、ここで政府が線分$O^F\bar{T}$は農地としてのみ利用可能、言い換えると農地の宅地への転換を禁止すれば、宅地用土地市場と農地用土地市場は分断され、宅地価格はr_H、農地価格はr_Fとなる。この結果、農地利用は線分$\bar{T}T^e$だけ社会的に過剰となり、青領域EFHだけの厚生損失が発生する。

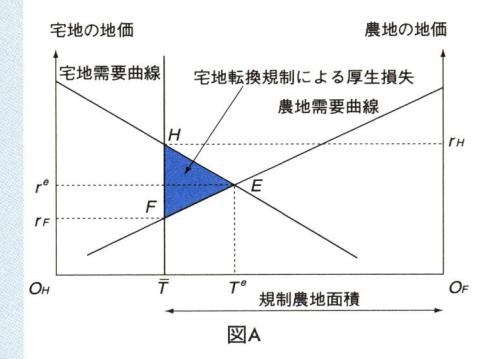

問2 以下、説明を簡単にするために当該経済に存在する産業は2つ（産業1と2）だけとする。図Bのパネルaには、男性・女性を合わせた総労働供給曲線と経済全体での総労働需要曲線が描かれている。図からわかるように労働市場は賃金w_A、総雇用量L_Aで均衡する。パネルbには、この総雇用量が点S_Aで男性・女性によるどれだけの労働供給によってまかなわれ（男性労働供給曲線の原点はO_M、女性労働供給曲線の原点はO_F）、また点D_Aで各産業によりどのように需要されるか（産業1の労働需要曲線の原点はO_M、産業2の労働需要曲線の原点はO_F）が表されている。ここで男性は産業1だけで、女性は産業2だけで就労可能となれば、男性労働市場と女性労働市場は分断されてしまう。男性労働市場は点O_Mを原点とした産業1の労働需要曲線と男性労働供給曲線の交点E_Mで、女性労働市場は点O_Fを原点とした産業2の労働需要曲線と女性労働供給曲線の交点E_Fで均衡する。その結果、各経済主体の余剰の変化を計算すると次の通り。

産業1の余剰増分＝$\ominus w_M w_A D_A E_M$
男性労働者の余剰増分
　　　　　＝$\oplus w_M w_A S_A E_M$
産業2の余剰増分＝$\oplus w'_A w_F E_F D_A$
＋）女性労働者の余剰増分＝$\ominus w'_A w_F E_F S_A$
　総余剰増分＝$\ominus E_M S_A D_A + \ominus E_F S_A D_A$

第1の厚生損失は男性労働市場で、第2の厚生損失は女性労働市場で生まれる。このように職業ごとに性別による就労差別を行えば、経済全体で労働の利用に非効率が生まれる。

図A

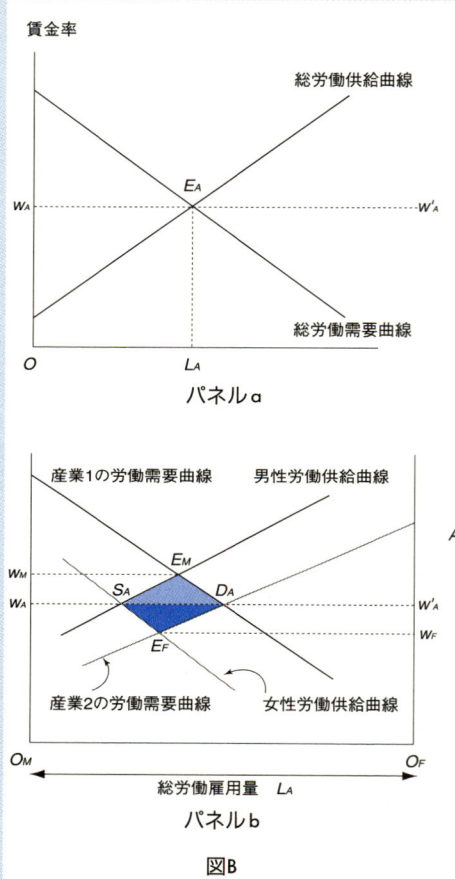

パネルa

賃金率／総労働供給曲線／総労働需要曲線／E_A／W_A／W'_A／O／L_A

図C

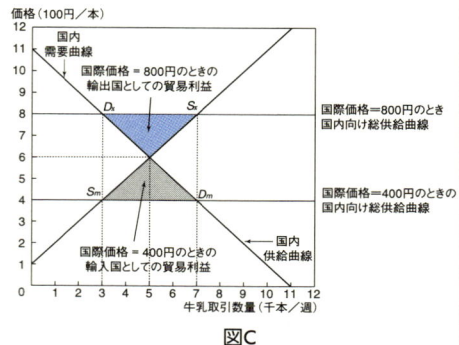

価格(100円／本)／国内需要曲線／国内供給曲線／国際価格＝800円のときの輸出国としての貿易利益／国際価格＝400円のときの輸入国としての貿易利益／国際価格＝800円のとき国内向け総供給曲線／国際価格＝400円のときの国内向け総供給曲線／D_m, S_m, D_M, S_M／牛乳取引数量（千本／週）

パネルb

産業1の労働需要曲線／男性労働供給曲線／産業2の労働需要曲線／女性労働供給曲線／E_M, E_F, S_A, D_A／W_M, W_A, W'_A, W_F／O_M, O_F／総労働雇用量 L_A

図B

図D

価格／国際価格＝800円のときの輸入国としての貿易利益／国際価格＝400円のときの輸入国としての貿易利益／$A=6$／X_1, X_2, M_1, M_2／数量

問3 ①価格＝600円、消費者余剰＝125万円、生産者余剰＝125万円。

②図Cを参照。国内価格＝400円、国内消費量＝7000本、国内生産量＝3000本、輸入量＝4000本となる。また、貿易利益（図のシャドウ領域）＝40万円。

③図Cを参照。国内価格＝800円、国内消費量＝3000本、国内生産量＝7000本、輸出量＝4000本となる。貿易利益（図の青領域）＝40万円。

④図Dを参照。輸入需要曲線を描く際には次の点にとくに注意すること。

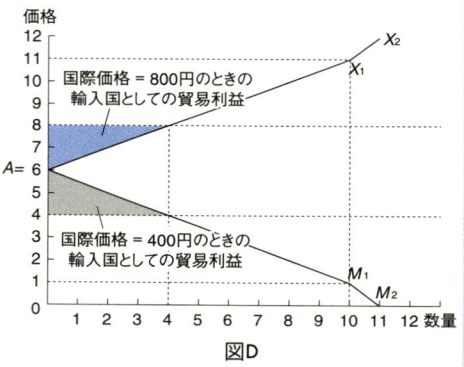

(i)国際価格が自給自足価格（＝600円）未満のときに輸入国となる。

(ii)国際価格が100円未満となると国内生産がやむために、価格低下時の輸入量の増加率が減る。

⑤図Dを参照。輸出供給曲線を描く際には次の点にとくに注意すること。

(i)国際価格が自給自足価格（＝600円）を超えるときに輸出国となる。

(ii)国際価格が1100円を超えると国内消費がやむために、価格上昇時の輸出量増加率が減る。

問4 ①価格＝600円、取引数量＝5000kg。消費者余剰＝125万円、生産者余剰＝125万円。

②新技術導入後の供給曲線（＝限界費用曲線）は図Eに描かれた通り。その結果得ら

れる費用削減利益＝生産者余剰は図の青色領域とシャドウ領域の合計、つまり55万円。したがって、新技術導入費用53万円を差し引けば、2万円だけ得する。

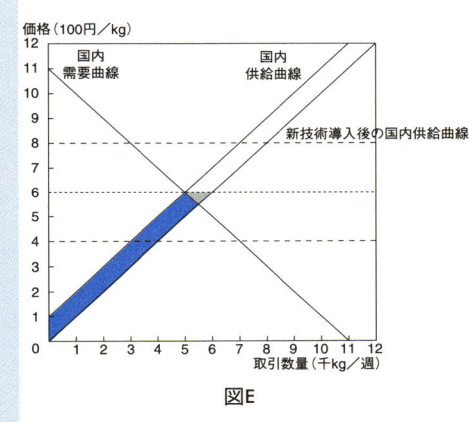

価格（100円／kg）
国内需要曲線
国内供給曲線
新技術導入後の国内供給曲線
取引数量（千kg／週）
図E

③新しい価格＝550円。消費者余剰の増分＝2625000円。総余剰の増分（青領域）＝525000円。
④新技術導入により価格が低下するために、生産者たちは技術導入の社会的利益、つまり総余剰の増分（＝525000円）すべてを得ることはできない。総余剰すべてを手に入れたとしても、その利益は技術導入費用を下回るので、生産者たちは問題となる新技術を導入しようとはしない（余裕があれば、新技術を導入したときに、技術導入費用を無視したら得られる生産者余剰の増分はいくらになるか考えてみよ）。

問5 ①価格＝600円のとき、購入量＝6000個、消費者余剰＝90万円。価格＝400円のとき、購入量＝1万個、消費者余剰＝250万円。
②1日当たりの平均価格は次式のようにして求められる。
　　50/100×600円＋50/100×400円
　　　＝500円
1日当たりの平均消費者余剰は、次式のようにして求められる。
　　50/100×90万円＋50/100×250万円
　　　＝170万円
③価格が500円に安定化されれば、消費者余剰＝160万円。
④結果は次のようにまとめられる。
　a：価格が600円のときの販売数量＝1万個、生産者余剰は250万円
　b：価格が400円のときの販売数量＝6000個、生産者余剰は90万円
　c：1日当たりの平均価格は500円
　d：1日当たりの平均生産者余剰は170万円
　e：価格が500円で安定化された場合の生産者余剰は160万円
⑤価格安定化は消費者・生産者の双方にとって望ましくない（実際に価格安定化を行う場合には、売れ残り分を物不足のときに備えてどう備蓄するかという制度の構築も問題になる）。

第8章

問1 人口の増加、交通手段等の発達により、封建時代に比べて格段に多くの人たちがより容易に地域間を移動できるようになった。そのために封建時代のような検問費用が著しく高くなり（単純に検問役の数を増やすだけでなく、不法な移動を取り締まるための費用も含まれる）、困難になった。加えて、いちいち検問するよりも、それによって自由な商取引や労働移動を阻害することによる損失の方が大きくなったために、検問が廃止された。経済学的にいえば、人口動態や技術の変化によって道路利用における排除費用が急速に高くなったからといえる。

問2 同一の宗教・慣習を持つ者同士が住む社会であれば、そうでない場合に比べて諍いは減ると考えられる。その限りで、これらは公共財と考えることできる。他方、異

なる宗教・慣習を持つ者同士が混在する社会では、隣人が異なる慣習等にしたがえば自分は損失を被る。利益をもたらす同一慣習等を「正」の公共財といえば、異なる慣習等は「負」の公共財といえる（互いに政治的に対立する国々について、各国の安全保障を考えても同じような問題が生まれることに注意）。

問3 ①12単位。
②企業自身は生産費用に比べて税も負担することになるので、その私的費用は課税額だけ増える。課税額は生産物1単位当たり4なので、限界費用が4だけ上昇することになるので、同額だけ供給曲線（＝税込み限界費用曲線）が上方にシフトする。したがって、企業の供給量は4単位となる。
③前問とは逆に企業の私的限界費用は4だけ低下する。したがって供給曲線も同額だけ下方シフトするので、供給量は20単位となる。
④48。
⑤生産にかかる総（可変）費用は、限界費用曲線の下方領域の面積に等しく20。また、補助金収入を16だけ失う。したがって、経済的費用の総額は36。
⑥生産量が12単位未満では、追加生産により生産費用が増え、補助金収入を失っていく。したがって、補助金収入喪失を機会費用として考慮した実質的な限界費用は、以前よりも追加生産量1単位当たり減産補助金4だけ増える。対応する限界費用曲線は図Aの黒い太線。生産量が12単位を上回れば、補助金の受け取りはなくなるので、以前と同じ限界費用曲線にしたがうことに注意。
⑦0単位。
⑧4単位。
⑨生産物の市場価格が12のとき、限界費用曲線と価格線が交わるのは生産量8単位と16単位。8単位の生産量から16単位まで生産量を増やせば、収入の増分は96、他方、費用の増分は(i)8単位から12単位までの生産増による費用増分＝52と(ii)12単位から16単位までの生産増による費用増分＝44の合計、つまり96。したがって、生産量8でも生産量16でも得られる利潤は変わらない。どちらの生産量を供給してもかまわない（注意：答えは1つとは限らない）。
⑩20単位。
⑪図Aに描かれた青実線。

問4 需要の価格弾力性がゼロ（需要が価格に対して完全に非弾力的）となる場合、ま

図A

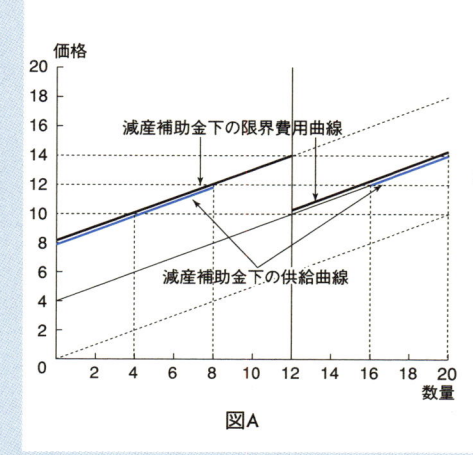

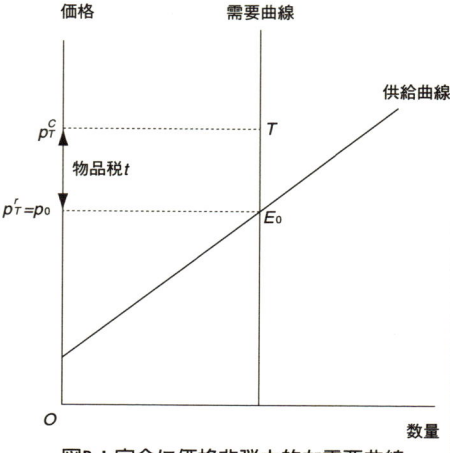

図B：完全に価格非弾力的な需要曲線

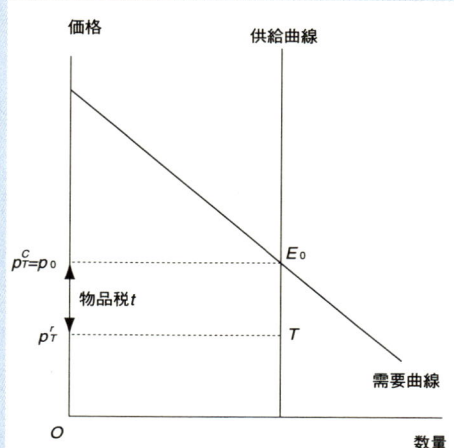

図B′：完全に価格非弾力的な供給曲線

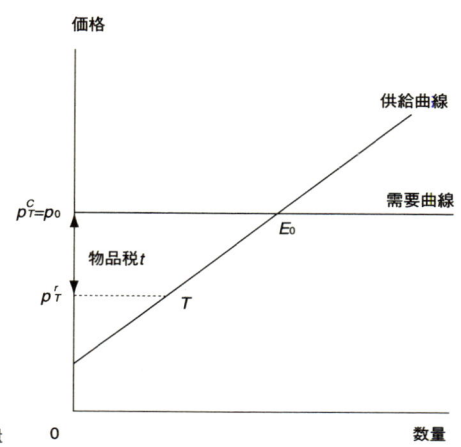

図C：完全に価格弾力的な需要曲線

たは供給の価格弾力性がゼロ（供給が価格に対して完全に非弾力的）となる場合。図B、B′を参照。それぞれの図で点 E_0 は課税前の均衡を表す。次の点に注意。

a：需要の価格弾力性＝0の場合は、課税後も生産者価格は不変（p_0）、消費者価格のみが税額分だけ上昇（$p_0 \to p_T^c$）。

b：供給の価格弾力性＝0の場合は、課税後も消費者価格は不変（p_0）、生産者価格のみが税額分だけ低下（$p_0 \to p_T^r$）。

問5 a. 買い手に対する物品税の帰着が0となる場合：
(i)供給の価格弾力性＝0の場合（図B′参照）
(ii)需要の価格弾力性＝無限大の場合（図C参照）

b. 売り手に対する物品税の帰着が0となる場合：
(i)需要の価格弾力性＝0の場合（図B参照）
(ii)供給の価格弾力性＝無限大の場合（図C′参照）

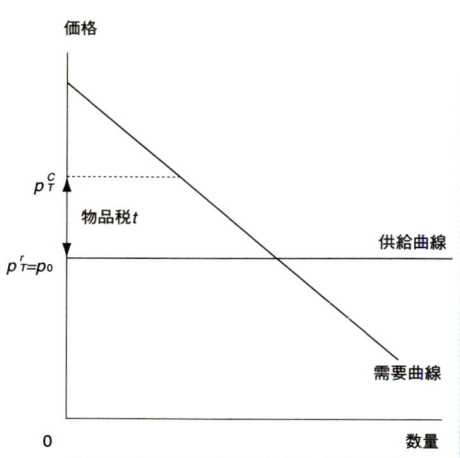

図C′：完全に価格弾力的な供給曲線

問6 社会保険料は労働サービスに対する物品税と同等なので、それが労働サービスの売り手（＝労働者）と買い手（＝企業）の間でどのように負担されようとも総額が変わらなければ、労働雇用量には影響を及ぼさない。

問7 アーモンド・クッキーだけに課税すれば、課税による価格高騰は(i)同じクッキー

でもアーモンド・クッキー以外のクッキーへの代替および(ii)クッキー以外への代替という2つの代替が起こる。他方、すべてのクッキーに同額の課税をすれば、アーモンド・クッキー需要量の減少幅を左右する(i)の代替が起こらなくなるので、この場合のアーモンド・クッキー需要の価格弾力性の方がより小さくなると考えられる。需要の価格弾力性が大きいほど同率の価格上昇に対する需要量の減少率は大きくなるので、アーモンド・クッキーだけに課税する場合の方がアーモンド・クッキー取引数量の減少幅は大きくなる。

問8 供給の価格弾力性が無限大でない限り、消費税率引き上げと同率で消費者価格が上昇することはない（各自、図を描いて確認されたい）。

問9 図Dを参照。
①消費者価格＝60円、生産者価格＝40円、取引数量＝4万箱、税収＝80万円。
②タバコ1箱当たり80円の課税をすれば、税収は同額となる。
③上の問からもわかるように、同額の税収は異なる税率でも得ることができる。しかし、総余剰は取引数量が多いほど多くなるので、同額の税収を得るならもっとも低い税率が望ましい、といえる（注意：以前、米国の経済学者ラッファー（A. Laffer）教授が税率を上げていくとき低い税率の領域では税率引き上げとともに税収は増えるが、高い税率のもとでは税率引き上げはかえって税収を減らしてしまうという現象を、横軸に税率、縦軸に税収を取って山形の曲線で表しました。これがいわゆるラッファー・カーブです。人々の労働意欲など、供給サイドにおける経済主体のインセンティブが経済のパフォーマンスを決める上で主要な役割を果たすというサプライ・サイダー（サプライ・サイド重視の経済学者）たちの見解をある意味で象徴的に表しています）。

問10 前問と同じタバコ市場を考える。
①4万箱の供給が行われるためには、生産者価格は1箱40円となるが、この50％が税金として上乗せされた価格が市場価格としてつけられなければならないので、60円でなければならない。同様にして6万箱が供給されるためには、市場価格は90円でなければならない。
②図Eを参照。
③4万箱。
④たとえば4万箱需要されるためには、消費者価格は60円でなければならない。これは店頭価格に50％の税を課した後に消費者が負担する価格だから、店頭価格は40円でなければならない。同様にして考えていけば、図Eのような需要曲線を描くことができる。消費者に対して店頭価格の50％の従価税を課したら、市場価格と需要量を表す

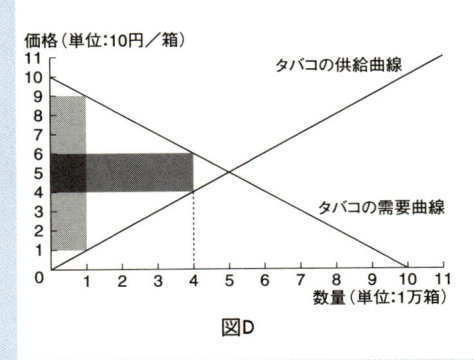

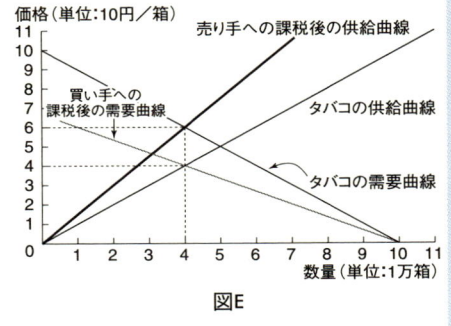

図D

図E

市場需要曲線はどうなるか。またそのときの均衡で実現する取引量はいくらか（注意：同率の課税ならば、売り手に課しても、買い手に課しても実現される均衡では消費者価格＝60円、生産者価格＝40円、取引数量＝4万箱と同じになる。従量税における売り手への課税と買い手への課税との同等性が確認された）。

問11 下図Fを参照。
①価格＝5、数量＝5。
②市場価格＝8。このとき、国内需要量＝2なので、6単位の超過供給（売れ残り）が生じる。
③政府の生産者からの買い付け費用は8×8＝64であるのに対して、消費者への販売から得られる収入は4×6＝24。したがって、図Fの太い実線で囲まれた領域の面積（＝64－24＝40）だけの政府余剰の減少が生じることに注意したうえで、以下のように総余剰の変化を計算することができる。

$$
\begin{array}{l}
\text{消費者余剰の増分} \\
\quad =\oplus 5.5\,(\text{図の青領域}) \\
\text{生産者余剰の増分（図の} \\
\quad \text{陰影領域）}=\oplus 19.5 \\
\underline{+\ )\ \text{政府余剰の増分}=\ominus 40} \\
\text{総余剰の増分}=\ominus 15
\end{array}
$$

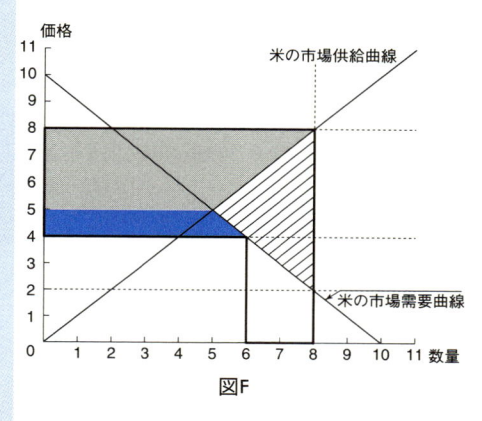

④需給不均衡を避けるためには国内消費量を8単位としなければならず、そのためには消費者価格を2にしなければならない。前問と同様に総余剰の変化を計算すると、総余剰は9だけ減少することが確認される（図の斜線領域）。

第9章

問1 ①総収入＝12万円。リンゴの価格＝600円。

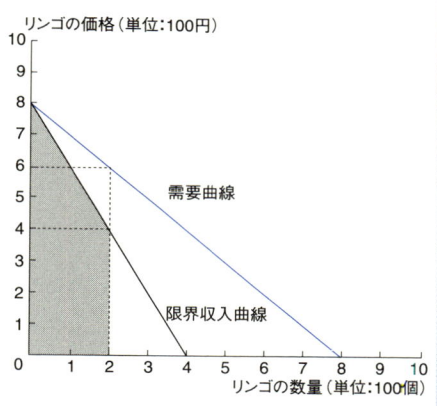

パネルa：リンゴの限界収入曲線

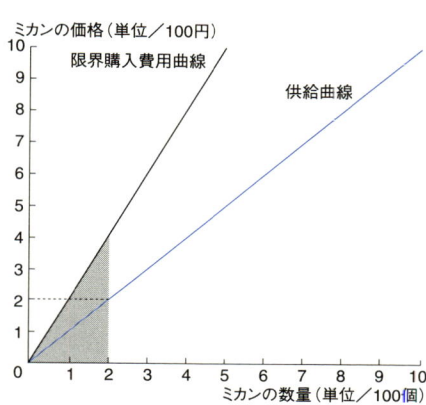

パネルb：ミカンの限界購入費用曲線

図A

②図Aのパネルaを参照。
③総購入費用＝4万円。ミカンの価格＝200円。
④図Aのパネルbを参照。

問2 下図Bを参照。

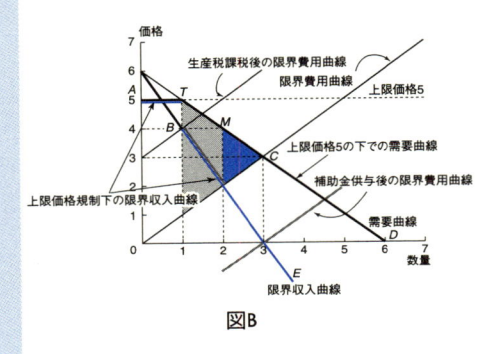

図B

①均衡は図Bの点Cとなり、価格＝3、取引数量＝3となる。
②均衡は点Mとなり、価格＝4、取引数量＝2となる。
③1（図の青領域）。
④対応する限界費用曲線は図に描かれたとおりとなり、点Tが均衡となる。価格＝5、取引数量＝1となり、厚生損失＝4（図の灰色領域と青領域の和）。
⑤生産量1単位当たり3の生産補助金。これが供与されれば、対応する限界費用曲線は図に描かれたとおりとなり、利潤最大化は生産量＝3、価格は3となる。
⑥価格5を超える価格をつけることができないので、図の折線 ATD で示される需要曲線に直面する（価格5では生産量0から1までの範囲を自由に選べることに注意）。
⑦上の問⑥からわかるように生産量1までは需要曲線は水平なので、限界収入＝価格、すなわち図の線分 AT（青の実線）で表せる。生産量1を上回ればもともとの需要曲線に直面するので、対応する限界収入曲線ももともとの需要曲線に対応したも

の、つまり線分 BE（青の実線）となる。上限価格規制下で独占企業が直面する限界収入曲線は、これら2本の線で表せる。
⑧限界収入と限界費用が等しくなるのは、生産量＝2なので、規制がない場合の売り手独占均衡が実現する。
⑨上限価格を3に設定すればよい（各自、上の問いと同じ要領で対応する需要曲線と限界収入曲線を求め、確認されたい）。

問3

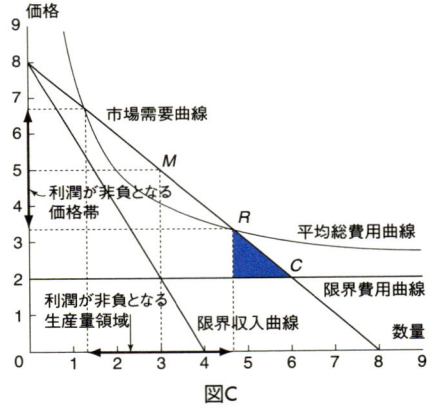

図C

①価格＝2、数量＝6、利潤＝－6（図Cの点Cを参照）。
②価格＝5、数量＝3、利潤＝3（図Cの点Mを参照）。厚生損失＝4.5。
③上限価格＝2、必要な追加的政策＝損失6の一括補填（注意：市場取引を通じて総余剰が最大化されるためには、価格を介して限界費用と（需要曲線の高さで表される）限界便益が等しくならなければいけない。売り手独占者に対しては価格は限界費用に等しく設定させればよいが、こうした規制は**限界費用料金規制**と呼ばれた）。
④限界費用＝5と報告する。なぜならば政府は申告した限界費用に等しい上限価格を設定するが、そのとき実現するのは独占均衡であり、利潤は最大になるから（注意：

5を上回る限界費用を申告して上限価格が5を上回る水準に設定されても、独占均衡は実現可能。しかし、申告した限界費用を下回る価格がつけられるのは不合理。そんな価格をつけたら減産して利潤を増やせるはずなのに、企業がそうしないのは真の限界費用がもっと低いはずだから。企業は政府に虚偽申告を知られてしまう）。

⑤企業に損失が発生しないのは、平均総費用曲線が需要曲線の下側を通る生産量領域または価格帯である。対応する生産量領域内では生産量が多いほど総余剰は多くなる。したがって、点Rに対応する価格を上限価格として設定すればよい。また、このときに発生する厚生損失は図Cの青色の領域で示すことができる（注意：このような独立採算原理に基づきつつ厚生損失を最小化する料金の水準は、平均費用と等しくなることから**平均費用料金規制**と呼ばれる。また、**ラムゼイ最適料金**とも呼ばれることもある。平均費用料金規制と限界費用料金規制の違いについて理解すること）。

⑥次の2つの点がとくに重要。
a：（限界費用料金規制を適切に課す場合に比べて）厚生損失が発生する。
b：（限界費用料金規制と同様に）X非効率の問題が発生する（注意：売り手独占者が常に潜在的な新規参入の脅威にさらされ、かつ参入・退出には何ら特別の費用がかからなければ、政府による平均費用料金規制がなくても、それと同一の資源配分が実現するという議論もある。これは**コンテスタブル市場**の理論と呼ばれている）。

問4 図Dを参照。①市場供給曲線＝設問図の直線OS'、均衡価格と数量は点Eに対応する価格と数量。
②合計利潤を最大にするためには、どんな生産量を2社で合わせて生産する場合でも、2社全体として総生産費用が最小になるように、すなわち各企業の限界費用が等しくなるように生産量を配分しなければならない。したがって、カルテルが直面する

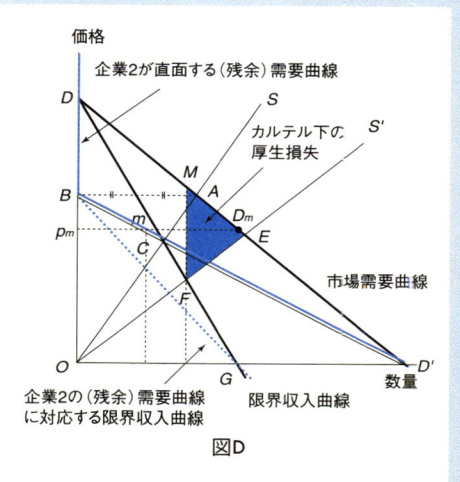

図D

限界費用曲線は先に求めた市場供給曲線と一致する（注意：個別供給曲線＝個別企業の限界費用曲線）。後はカルテルを結んだ2社が売り手独占社と考えれば、図の点Mで表される売り手独占均衡が実現する。このとき発生する厚生損失は図の青色領域の面積に等しい。

③企業2が線分OBを上回る価格をつければ企業1の供給量だけで、市場は超過供給となる。そのために企業2は全く販売できない。線分OBを下回る価格をつければ、市場需要量から企業1の供給量を差し引いた残りしか企業2は販売できない。したがって、企業2は図の青い太線で記したような需要曲線に直面することになる（注意：このように、他の売り手（複数でも可）が価格受容者として振る舞い、その行動をあらかじめ読み込んで価格設定する、つまり価格支配力を行使する売り手が1人いる市場は、**部分独占市場**と呼ばれている。前者の価格受容者である売り手は**価格追従者**または**価格フォロワー**、後者は**価格先導者**または**価格リーダー**と呼ばれる。価格追従者であるライバルがいるために、価格先導者の価格支配力は不完全で、市場全体に及ばないことから、「部分」独占という名前が付けられている。なお、本問で求

めた価格先導者が直面する需要曲線は、市場需要のうち価格追従者が販売した後に残された需要という意味で、**残余需要曲線**と呼ばれている）。

④上の問③で求めた企業2が直面する（残余）需要曲線に対応する限界収入曲線は、図の青の点線のように表される（需要曲線が直線であれば、対応する限界収入曲線は、原点と需要曲線の数量軸との切片の中点を通る）。この限界収入曲線と企業2自身の限界費用曲線（＝直線 OS）との交点に対応する生産量で企業2は利潤を最大化する。対応する市場価格は、企業2の需要曲線状の点 m に対応する p_m となる。価格受容者である企業1は線分 mD_m だけ供給するので、市場取引は需要曲線上の点 D_m で表せる。

問③の状況で、企業2はどのような価格を設定すると考えられるか。価格水準を他の均衡と比較した結果は下記の通り（市場における競争のあり方と売り手の価格支配力の強さの関係などにとくに注意）。

- **競争均衡との比較**：競争均衡に比べて高くなる（注意：図を正確に描かないと確認できない）。
- **カルテル均衡との比較**：カルテル均衡に比べて低くなる。
- **企業2による独占との比較**：売り手独占の場合に比べて低くなる。

問5 図Eを参照。
①点 C_0 が実現し、価格＝6、数量＝4、利潤＝0。
②点 M_0 が実現し、価格＝8、数量＝2、利潤＝4（注意：独占者の生産者余剰を求めるためには、(i)(価格－平均総費用)×数量という方法だけでなく、(ii)限界収入曲線の下方領域より求めた総収入から限界費用曲線の下方領域より求めた総可変費用と総固定費用を差し引くという方法もあることに注意。後者の方法では、図の青領域が独占利潤である。
③新技術を利用できる1社は、文字通り市

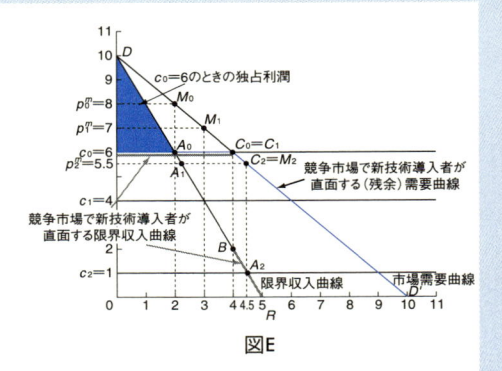

図E

場を独占できれば点 M_1 に対応した価格をつけて、利潤9を得る。しかし、現実には価格6を上回る価格をつけると、従来の技術を使ったライバルたちが市場をすべてとってしまう。新技術導入者が実際に独占者となれるのは、他社の平均総費用6を下回る価格をつけるときに限られる。したがって、それが直面する需要曲線（前問の用語を用いれば「残余需要曲線」）は図の折線 c_0C_0D' のようになる。対応する限界収入曲線は、線分 c_0C_0 と BR で表されている。その結果、新技術導入者は価格6（をわずかに下回る価格）をつけて、（ほぼ）4の数量を販売し、利潤8を得る。どの売り手も技術使用料が新技術導入により得られる利潤増分を下回る限りこぞって技術使用を希望するため、発明家は最大8の使用料を獲得できる。

④当初の限界費用の水準では売り手独占者の利潤は4だが、新技術が導入されれば点 M_1 が新たな独占均衡となり、利潤は9へ増える。利潤増分は5なので、発明家はたかだか5の使用料しか獲得できない。

⑤2つの市場を比べてみると、次のような結果を得る。

- **競争的市場の場合**：限界費用が1ならば、単純な売り手独占均衡は点 M_2 となる。対応する独占価格5.5はライバル企業の平均総費用6を下回るので、新技術導入者はライバルによる市場蚕食を心配するこ

となく独占価格5.5を設定可能。その結果、独占利潤20.25を得る。したがって、発明家は最大20.25の使用料を獲得できる。

・**独占市場の場合**：限界費用1のもとでの独占均衡M_2では、当初の均衡M_0に比べて利潤は16.25だけ増える。したがって発明家が得られる最大使用料は16.25（注意：同一の開発費用を必要とする新技術を考えると、生産物市場が独占である場合に比べて競争的である方が新技術導入の利益は大きい。したがって、後者の場合の方が技術開発インセンティブが強いといえる。ただし、独占では売り手が1人、競争的市場では無数といえるほど多いということから、生産物市場で売り手の数が多いほど技術開発インセンティブが強まるかというと、必ずしもそうではないことが知られている。詳細について理解するためには、寡占市場についての経済理論を学ぶ必要がある。これは中級以上の議論）。

問6 図Fを参照。
①(i)メーカー直販時には、メーカーは直接市場需要曲線に直面して、売り手独占者として振る舞うから、図の点Mが実現する。したがって、小売価格＝8、数量＝4。

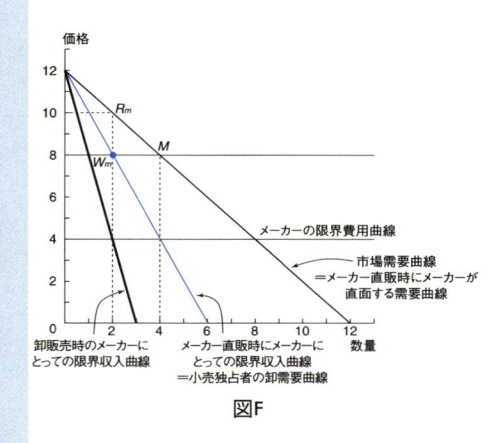

図F

②小売店の限界費用は8であることに注意

すると、点R_mが小売り独占均衡として実現する。したがって、小売価格＝10、数量＝2。

③小売店の限界費用は4となるから、点Mが小売独占均衡として実現する。したがって、小売価格＝8、数量4となる。

④以上の分析からわかるように、メーカーがつけた卸売価格とそのもとで生まれる卸売需要量との関係は、市場需要曲線に対する限界収入曲線（図の青い実線）として表される。

⑤前問で得た需要曲線に対応する限界収入曲線は図の太い実線で表される。したがって、メーカーが卸売による利潤を最大にする卸売独占均衡は図の点W_mとなり、卸売価格＝8。対応する小売価格＝10となり、数量は2となる。以上の結果からわかるように、直販であればメーカーの価格支配力に応じた価格引き上げだけが起こるが、独占力を持つ流通業者が介在すると価格支配力に基づく価格引き上げは、メーカー卸売段階と流通業者小売段階の二重に行われる（注意：このように卸売・小売といった多数の流通過程を経て財が販売されるとき、よりメーカーに近い独占的流通業者が次の過程の独占的流通業者に対して価格支配力を行使するような多層な独占市場は、しばしば**継起的独占**と呼ばれる。本問からわかるように継起的独占では、各流通段階で販売原価に利潤マージンが上乗せされる形で小売価格が決定される。こうした多重の利潤マージンは、しばしば**二重マージン**と呼ばれている）。

問7 下図Gを参照。
①価格＝4ドル、花屋Aの球根購入量＝600個（図の点Cを参照）。
②価格がゼロならば花屋Bが800個需要するので、花屋Aは1000－800＝200個買える。また、たとえば価格が4ドルなら花屋Bが400個需要するので、花屋Aは600個買える。このように考えると、図の青線のように花屋Aが直面する供給曲線を導ける。

図G

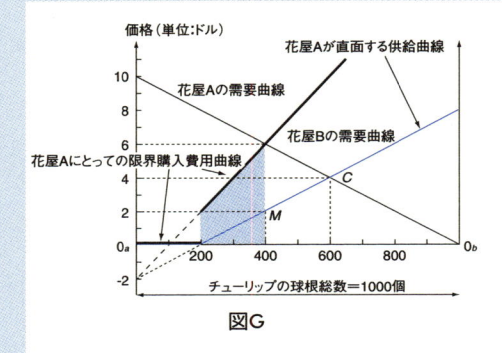

価格(単位:ドル)
花屋Aが直面する供給曲線
花屋Aの需要曲線
花屋Bの需要曲線
花屋Aにとっての限界購入費用曲線
チューリップの球根総数＝1000個

③この問は難度の高い問題（微分概念と限界概念の対応関係を学ぶ中級レベルの知識を持っているならば、比較的容易に解けるはず）。数量200個までは価格ゼロで供給曲線は水平なので、限界購入費用はゼロ（図の購入量0から200までの太い実線を参照）。数量200個を超えて購入すると（最初の200個も含めて）正の価格を払わなくてはならなくなる。そのために購入量200個での限界購入費用はゼロからある正の水準へと不連続にジャンプする。購入量200個を超えたときに直面する供給曲線は直線だから、購入量200個を超えた領域で限界購入費用曲線も直線となることに注意（ただし、これは補論での説明にあるように直観的な説明で、厳密には別途証明が必要だが、それは入門レベルを超える）。そのうえで次の2点に注意する（補論の議論を参照）。

(i)直線の供給曲線に対応する限界購入費用曲線の傾きは、元の供給曲線の傾きの2倍となる。
(ii)限界購入費用曲線の下方領域の面積は、総購入費用に等しい。たとえば球根を400個購入する場合を考えると、価格は2ドルなので、総購入費用は800ドルとなる。そこで図の太線のような傾きが供給曲線の傾きの2倍となる直線をずらしながら、購入量200個から購入量400個までの下方領域にできる台形の面積がちょうど800ドルとなるように位置を決めてやる。そうすると、

図の青色の台形のように数量200個のときに2ドル、数量400個のときに6ドルとなるように、限界購入費用曲線を描けばよいことがわかる。このようにして求めたのが、購入量200個を上回る領域で引いた太い実線である。買い手独占力を行使する花屋Aは限界購入費用と限界便益を等しくする購入量400個を選ぶので、価格は2ドルとなる（図の点Mを参照）。

問8 本文中の図を参照。
①点Aに対応する価格と数量。
②点Eに対応する価格と数量（日本は牛肉の買い手独占者となることに注意）。
③点Hに対応する価格と数量（米国は牛肉の売り手独占者となることに注意）。

問9 図Hを参照。

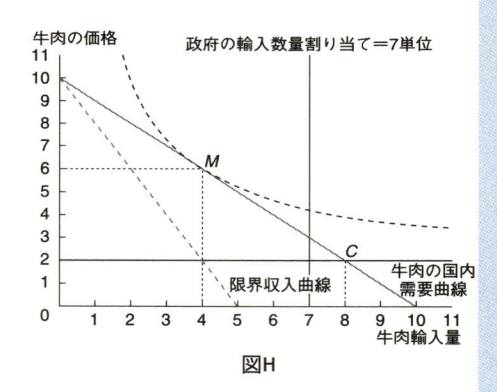

図H

牛肉の価格
政府の輸入数量割り当て＝7単位
限界収入曲線
牛肉の国内需要曲線
牛肉輸入量

①点Cが実現し、価格＝2、輸入量＝8。
②点Mが実現し、価格＝6、輸入量＝4。
③輸入許可証の入札は競争的に行われ、かつ入札後の国内牛肉市場にも無数の牛肉輸入業者が供給するので、市場は競争的となる。その結果、国内価格は3となり牛肉輸入量単位当たり1の超過利潤が発生する。輸入許可証の入札価格がこの超過利潤1を超えない限り、入札に参加する輸入業者は入札価格を引き上げるので、最終的には輸入許可証の入札価格＝1となり、国内価

格＝3となる。
④1人の輸入業者が輸入許可証を買い占めることができれば、牛肉市場を独占でき、点Mが実現する。その結果、16の超過利潤を得る。各輸入業者は輸入許可証入札総額がこの超過利潤を超えない限り、こぞって入札価格を引き上げる。したがって、牛肉輸入量1単位当たりの入札価格は$16/7$となる。輸入数量割当は7単位だが、独占的輸入業者は4単位しか輸入せず、国内価格は6となる。

問10 図Ⅰを参照。

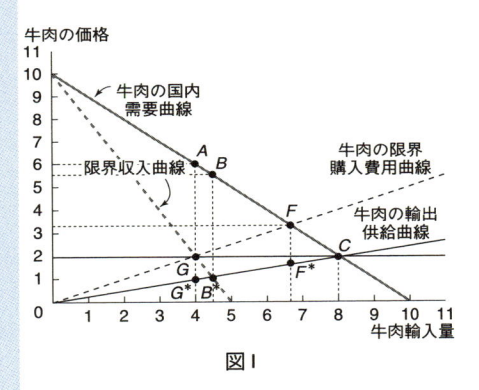

図Ⅰ

①国内価格＝2、輸入量＝8（点Cを参照）。
②国内価格＝6、輸入量4（点Aを参照。牛肉輸入業者にとっての国内販売のための限界費用は国際価格2で一定となることに注意。また、問9の②と同じことが問われていることに注意）。
③国内販売における輸入業者の売り手独占力行使をふまえると、輸入業者の牛肉需要曲線は国内牛肉需要曲線に対応した限界収入曲線と一致することに注意すれば、牛肉の国際市場均衡は点B^*、国内均衡は点Bとなる（ちなみに、輸入量＝$40/9$、国際価格＝$10/9$、国内価格＝$50/9$となる）。
④輸入業者が国内販売について価格支配力を行使しなければ、牛肉輸入需要曲線＝国内需要曲線となり、それが同時に輸入業者にとっての限界輸入便益曲線となることに注意。そのうえで、輸入業者が買い手独占力を行使することを考慮すると、輸入量は牛肉国内需要曲線と牛肉輸入の限界購入費用曲線との交点F^*で決まる（国際市場の均衡点）。この輸入量が国内市場で販売されるので、国内価格は点Fとなる（国内市場の均衡点）。ちなみに輸入量＝$20/3$、国際価格＝$5/3$、国内価格＝$10/3$となる。
⑤輸入業者にとっての牛肉輸入の限界便益曲線（＝牛肉国内販売についての限界収入曲線）と限界購入費用曲線との交点Gに対応する輸入量が実現。その結果、国際価格＝1、輸入量＝4、国内価格＝6となる（注意：国際市場の均衡は点G^*、国内市場の均衡は点Aとなる）。

索 引

ア

R&D	29
アウトプット	14
赤字主体	17, 145
一般均衡	142
——分析	142
インセンティブ	21
インプット	14, 127
売り手独占（者）	35, 196, 203
——力	197, 199
X非効率	215
エンゲル曲線	90
OJT	30
温室効果ガス	177, 199

カ

外国為替レート	143
買い手独占（者）	35, 196, 207
——均衡	209
買い手独占力	197, 199, 207
外部経済	159
外部損失	178
外部不経済	159
外部便益	178
価格	10
——機構	11
——競争	28
——裁定	144
——差別	49, 144
——支配力	32, 161, 195
——受容者	37
——弾力性が0	75
——弾力性が無限大（∞）	75
——弾力的	75
——非弾力的	75
下級財	67
革新	29
家計	14
下限価格規制	180
貸付利子率	145
寡占	35
売り手——	35
可変費用	118
借入利子率	145
カルテル	38
為替レート決定理論	143
元金	145
関税と割当に関する同値命題	210
間接金融	18, 146
完全競争	37, 195
——市場	37
完全に（価格）弾力的	75, 78
完全に（価格）非弾力的	76, 78
機会費用	5
企業	14
技術開発	29
技術知識	3, 16
技術的参入障壁	213
希少	4
——性の指標	58
帰着	165
規模の経済	161, 214
基本料金	104
逆選択	31
逆淘汰	31
供給	21
——価格	120
——曲線	54
——独占	35, 196
——の法則	55
——量	54
行政指導	159

競争促進政策	162
共謀	38
均衡	59
──価格	59
──数量	59
金融	17, 145
──市場	18
──仲介機関	18, 146
金利	145
クールノーの極限定理	197
クラウディング・アウト	147
黒字主体	17, 145
計画経済	8
経済厚生	150
経済合理性	103
経済財	60
経済主体	14
経済変数	50
ゲーム理論	35, 198
限界概念	98
限界外部損失	179
限界原理	103
限界支払い意欲	99
限界支払い要求	120
限界収益逓減の法則	100
限界収入	121
──生産力	127
限界消費費用	101
限界消費便益	98
限界生産費用	119
限界費用	101, 103
──逓増の法則	120
──料金規制	214
限界便益	98, 103
研究開発	29
公益事業	161, 214
交易条件	211
──の悪化	211
──の改善	211
公共財	15, 160
公債負担	19, 171
厚生経済学の第１基本定理	141
厚生経済学の第２基本定理	141
厚生損失	169
公平	7
効率的	6, 107
国債	19
固定費用	118
固定料金	104
個別供給曲線	56
個別需要曲線	49

サ

サービス	3
財	3
財貨	3
最終財	16
最大逸失利益	5
最適	100
──化	102
財についての情報	47
産出（物）	14
参入規制	38, 161
参入障壁	38, 162, 213
参入制限	214
死荷重	172
シグナリング	31
シグナル	31
資源	3
──配分の効率性	7
死重的損失	172
市場	9
──介入	157
──機構	11
──供給曲線	56
──均衡	59
──経済	9
──構造	34
──シェア	198
──需要曲線	52
──の失敗	61, 158
自然独占	39, 214
実験経済学	48
実数	50

索 引

実物資本	3
私的限界（消費）便益	136, 158
私的限界（生産）費用	137, 158
私的財	159
私的情報	123
私的所有権	9
私的独占	214
自発的失業	181
支払い意欲	98
資本財	16
資本市場	18
社会主義経済	9
社会的限界（消費）便益	137
社会的限界（生産）費用	138
社会的限界支払い意欲	137
社会的限界支払い要求	138
社会的分業	20
社会的余剰	138
奢侈財	80
従価税	164
集権的意思決定制度	8
集権的制度	8
自由財	60
自由主義経済	9
集団的意思決定	8
自由変動相場制	143
自由貿易協定	216
自由貿易利益	144
従量税	164
従量料金	103
受益者負担の原則	192
需給調整	58
主体的均衡	142
需要	41
——価格	99
——曲線	48
——独占	35, 196
——の価格感応度	73
——の価格弾力性	74
——の所得弾力性	79
——の法則	48
——量	46
上級財	67
小国	199, 211
消費	14
——均衡点	168
——財	15
——者	14
——者価格	165
——者余剰	93
——の競合性	159
——の排除性	159
——配分	107
所得	129
——再分配	150
——税	163
——分配	150
新機軸	29
人的資本形成	30
人的投資	30
信用の入手可能性	47
垂直的差別化	36
水平的差別化	36
スクリーニング	31
ストック変数	51
生産	14
——・消費構成	139
——可能性フロンティア	23
——均衡点	168
——者	14
——者価格	166
——者余剰	93, 115
——配分	126
——物	14
——物市場	16
——要素	14, 127
——要素市場	16
正常財	67
成長会計	86
制度設計	8
制度的参入障壁	213
正の外部効果	159
税の超過負担	170
製品差別化	28
政府	15
——余剰	170

選好	*47*
選択	*4*
戦略的参入阻止行動	*38*
戦略的相互依存関係	*35, 198*
総支払い意欲	*99*
総支払い要求	*120*
総消費便益	*97*
総費用曲線	*201*
総余剰	*138*
粗利潤	*119*

タ

大国	*199*
代替財	*33, 35, 76*
多角主義	*216*
多国間主義	*216*
ただ乗り	*160*
多様性	*36*
炭素税	*179*
ダンピング	*144*
地域主義	*216*
地域統合	*216*
知的財産権	*16*
知的所有権	*16*
中間財	*16*
中級財	*67*
中立財	*67*
超過供給	*57*
――量	*56*
超過需要	*57*
――量	*56*
直接金融	*18, 146*
賃金線	*128*
転嫁	*165*
天然資源	*3*
投機	*47*
投資財	*16*
同質的	*37*
投入(物)	*14, 127*
投入要素	*127*
独占	*35*

売り手――	*35*
買い手――	*35*
供給――	*35*
需要――	*35*
――禁止法	*38*
――的競争	*36*
特化	*19*

ナ

内外価格差	*144*
2部料金制	*104*

ハ

排出税	*179*
配当	*18*
配分	*6*
パレート効率	*141*
パレート最適	*141*
パレート非効率	*141*
比較優位	*20*
被課税主体	*165*
非競合性	*160*
ピグー的補正策	*179*
非効率	*107, 126*
非自発的失業	*180*
非対称情報	*31, 123*
必需財	*80*
非排除性	*160*
非労働所得	*129*
不完全競争	*195*
不均衡	*59*
複占	*35*
売り手――	*35*
負の外部効果	*159*
部分均衡	*142*
プライス・テイカー	*37*
フリー・ライダー	*160*
フリー・ライド	*193*
フロー変数	*51*

索　引

分業	20
分権的意思決定制度	8
分権的制度	8
分配	7
──の公平性	7
平均購入費用	208
平均収入	202, 232
法人税	163
補完財	33
保護貿易主義	200, 215
本源的生産要素	17

マ

密接な代替財	34
民間経済主体	16
無名数	52
無理数	50
模倣	29

ヤ

闇市場	105
誘因	21

融資	18
有理数	50
輸出供給曲線	143
輸入需要曲線	143
輸入数量割当	210
用役	3
要素需要曲線	127

ラ

利子	145
──率	52, 145
流数	51
溜数	51
料金規制	214
累進税	162
劣等財	67
労働	3
──所得	129

ワ

割当	123, 181

清野　一治（きよの　かずはる）

●略歴
1957年生まれ。早稲田大学政治経済学部卒業。東京大学大学院経済学研究科満期退学。1993年より、早稲田大学政治経済学部（2004年より、政治経済学術院）教授。2009年没。

●主要著書
・『産業政策の経済分析』（伊藤元重・奥野正寛・鈴村興太郎氏と共著、1988年、東京大学出版会）
・『規制と競争の経済学』（1993年、東京大学出版会）
・『入門　国際経済学』（石井安憲氏他との共著、有斐閣、1999年）

シリーズ・新エコノミクス
ミクロ経済学入門（けいざいがくにゅうもん）

2006年4月30日　第1版第1刷発行
2018年3月30日　第1版第8刷発行

著　者　清野一治
発行者　串崎　浩
発行所　株式会社日本評論社
　　　　〒170-8474　東京都豊島区南大塚3-12-4
　　　　電話　03-3987-8621（販売）　03-3987-8595（編集）
　　　　https://www.nippyo.co.jp/　振替　00100-3-16
印刷所　精文堂印刷株式会社
製本所　株式会社難波製本
イラスト　森田サトル
ブックデザイン　Push-up（清水良洋＋渡邉雄哉）

検印省略 © Kazuharu Kiyono 2006　落丁・乱丁本はお取替えいたします。
Printed in Japan　　ISBN 4-535-04116-4

JCOPY 〈(社) 出版者著作権管理機構　委託出版物〉
本書の無断複写は著作権法上での例外を除き禁じられています。複写される場合は、そのつど事前に、(社) 出版者著作権管理機構（電話 03-3513-6969、FAX 03-3513-6979、e-mail：info@jcopy.or.jp）の許諾を得てください。また、本書を代行業者等の第三者に依頼してスキャニング等の行為によりデジタル化することは、個人の家庭内の利用であっても、一切認められておりません。

初学者のニーズにマッチした経済学の新しい教科書シリーズ

NEシリーズ 新エコノミクス

倉澤資成[監修]

ミクロ経済学入門
清野一治／著

まったくの初学者を対象とした、経済学学習の最初の一冊。ていねいな解説と図解で、読者をミクロ経済学の世界へ導く。

■本体2200円＋税　A5判　ISBN978-4-535-04116-5

マクロ経済学入門[第3版]
二神孝一／著

マクロ経済学の初学者を対象にやさしく解説。図表データ、文献情報、経済状況などを更新する。非伝統的金融政策についても触れる。

■本体2200円＋税　A5判　ISBN978-4-535-04124-0

金融論[第2版]
村瀬英彰／著

好評テキスト待望の改訂版！リーマンショックや近年の中国経済の急成長といった最新トピックスをカバーする新たな章を追加。

■本体2200円＋税　A5判　ISBN978-4-535-04125-7

都市経済学
山崎福寿・浅田義久／著

都市・住宅政策の効果を検討することに主眼を置き、住宅から土地、都市へと考察対象を広げながら最適な土地・住宅市場を考える。

■本体2300円＋税　A5判　ISBN978-4-535-04121-9

日本評論社

※表示価格は本体価格です。別途消費税がかかります。